朝日新書
Asahi Shinsho 818

宗教は嘘だらけ

生きるしんどさを忘れるヒント

島田裕巳

朝日新聞出版

はじめに――宗教と嘘とはどう関係するのか？

嘘についてのことわざには、さまざまなものがある。

「嘘から出たまこと」
「嘘つきは泥棒のはじまり」
「嘘も方便」
「嘘をつくと閻魔様に舌を抜かれる」
「善意の嘘は悪意ある正直に勝る」
「嘘も上手につけば真実と同じ」
「嘘も１００回言えば真実になる」

他にも、嘘にまつわることわざはある。嘘をつくことを悪事としてまっこうから否定するものもあれば、その効用を説くものもある。

いったい嘘は悪いことなのか、それとも社会生活を円滑にするために必要不可欠なものなのか。人間の営む社会は複雑であるだけに、その答えは簡単には出てこない。

矛盾した物言い、パラドックスの代表として持ち出されるのが、ギリシャのクレタ島出身の詩人であったエピメニデスが言ったとされる「クレタ人は嘘つきだ」ということばである。クレタ人の一員であるエピメニデスが、自分たちは嘘つきだと言っている。そのことは嘘なのか、それとも本当なのか。ひとたびこのことについて考え出すと、頭は混乱し、わけが分からなくなってくる。

小説のなかには、作者の実際の人生が反映されている作品がある。日本の自然主義文学、私小説などはその代表である。

しかし、多くの小説は、実際には起こっていないことを描いたフィクションである。考えようによっては、作者は嘘を書いている。小説家とは巧みな嘘つきである。その面はある。

ところが、読者はそれが嘘だと分かっていながらも、その世界にのめりこんでいく。サスペンス小説など、結末がどうなるのかが気になって寝食も忘れ、昼夜にわたって読みふけったりする。

小説は嘘だからくだらない、そんなものは読まないという人もいるが、一方で、一編の感動的な小説に出会って、人生が変わってしまったという人もいる。

小説ははじめからフィクションだと分かっていて、読者もそのつもりで読み進めていくわけだが、世の中には、頻繁に嘘をつく「虚言癖」のある人物もいる。そうした人物の言っていることのうち、どれが本当で、どれが嘘なのか。巧みな嘘をつかれると、それが判断できなくなってくる。

優れたドキュメンタリー作品で知られる映画監督、原一男の代表作に「全身小説家」(1994年)がある。これは映画賞を総なめにした作品だが、主人公の小説家、井上光晴自身が語る人生が、実は嘘であることが判明する場面が出てくる。だからこそ全身小説家というタイトルがつけられているわけだが、果たして井上のそれを虚言癖と言ってしまっていいのか、それとも小説家には不可欠な能力として評価すべきか、その判定は難しい。

この本のテーマとなる宗教の世界にも、さまざまな嘘が存在する。

たとえば、キリスト教の開祖であるイエス・キリストは12月25日に生まれたとされる。そこから12月25日はクリスマスと呼ばれる。クリスマスとはキリストのミサという意味で、キリストが生まれたことを祝福する降誕祭のことである。

クリスマスがあるために、世界中の多くの人たちは、キリスト教徒であろうと、それ以外の宗教の信者であろうと、イエス・キリストは12月25日に生まれたと思い込んでいる。

ところが、聖書のどこを見ても、イエスが生まれた日について書かれた箇所を発見することはできない。「マタイによる福音書」や「ルカによる福音書」には、イエスが生まれたときのことは記されている。だが、それがいつのことだったかについては、何も語られていない。そもそも聖書では、それぞれの出来事がどういう季節に起こったかも記されていない。

「時しも頃は如月」(「勧進帳」)のような感覚は、イエスが生まれた中東にはまったくない。では、なんでクリスマスは12月25日になったのだろうか。

それはキリスト教が異教の祭を取り込んだからである。キリスト教が広がる前には、それぞれの地域で土着の信仰が生きていた。それはキリスト教からすれば異教の信仰である。そうした信仰の世界では、古い年が終わって、新しい年がはじまる冬至が重視され、その日に新しい年の訪れを祝う祭が行われていた。それをキリスト教が取り込んだのだ。要するにクリスマスは日本の正月のようなものなのである。

「クリスマスなんか嘘だ」

キリスト教の信者に対して、そう言ったとしても、ただ困惑するだけだろう。何しろ、相当に昔からキリスト教徒は12月25日にクリスマスを祝ってきた。キリスト教を信仰しない日本人も、明治の時代からクリスマスを季節のイベントとして受け入れ、クリスマス・セールなどを行ってきた。そこには長い伝統がある。

しかし、アメリカ合衆国では、土着の信仰が取り入れられるのを良しとしないキリスト教徒が多くいて、長い間、クリスマスは祝われてこなかった。嘘を受け入れるわけにはいかないというわけだ。現在でも、キリスト教系の新宗教であるエホバの証人では、クリスマスを祝うことはない。

信仰の対象になっていることは、皆本当のことなのだろうか。そこに嘘は含まれていないのだろうか。

そのように考えはじめると、あらゆることが疑わしく思えてくる。何しろ、それぞれの宗教のはじまりは相当に昔のことで、古代に遡ることが少なくない。時代が古くなれば、史料は乏しく、それが真実であるかどうかの証明は当然にも難しくなってくる。

その一方で、最初の章で見ていくように、それぞれの宗教は、嘘をつくことを戒めている。嘘をつくことは罪深い行為で、それはあってはならないことだというわけだ。

宗教と嘘とはどう関係するのか。それを解き明かしていくことがこの本の課題である。そのなかでは、嘘をつくことが本当に悪いことであるのかどうかについても検討を加えていかなければならない。

嘘は悪い。単純にはそう言い切れない場面はいくらでもある。

実は、嘘はいけないとする風潮のほうが、はるかに大きな問題をはらんでいるかもしれないのである。

宗教は嘘だらけ　生きるしんどさを忘れるヒント

目次

イラスト　越井　隆

第1章　戒律で禁じられた嘘

嘘はいけないの？

宗教の戒律は、「嘘をついてはならない」とする戒めが普遍的だと示唆している。

仏教が禁じる嘘

それぞれの宗教には戒律が存在している。

戒律ということばは、仏教から生まれたもので、信者が守らなければならない規則や規範を意味している。

戒律を英語にすれば、「commandment」である。このことばには神の掟の意味がある。「Ten Commandments」と言えば、よく知られたモーセの十戒のことをさす。

戒律という形で、一つのことばとして扱われることが多いが、本来、戒と律とは分かれている。

戒が自発的に守ろうとする規律であるのに対して、律は外側から与えられる他律的な規則を意味する。

戒の場合、それを破っても罰が下されることはないが、律の場合には、集団の規則という意味合いがあり、それを破れば罰が下されることも少なくない。

主に死者に対して葬儀の際に与えられるものに戒名がある。戒名の戒は戒律の戒である。

仏教式の葬儀は、宗派によってやり方が異なるが、浄土真宗と日蓮宗を除くと、死者に戒を授け、その上で戒名を与えるということが、そのなかに組み込まれている。死者は、もう生きて活動しないわけだから、戒を授ける必要などないはずなのだが、現実にはそうしたことが行われている。そこに仏教の嘘を見出すこともできる。

「仏教の戒律」と言ったとき、それにはさまざまな種類がある。最も有名なものが五戒である。他に八斎戒《はっさいかい》、十戒、具足戒《ぐそくかい》、菩薩戒、十重四十八軽《きょうかい》戒などもある。

仏教は、発祥の地であるインドから北の地域に広がった大乗仏教と、南のほうに広がった部派仏教（もしくは上座部仏教）とに分けられる。戒律がとくに重視されるのは部派仏教のほうで、大乗仏教も戒律については部派仏教の経典に頼ってきた。

奈良時代の南都六宗のなかには、戒律についてとくに研究する律《りつ》宗がある。これは、中国から鑑真によってもたらされた宗派である。律宗では四分律を重んじるが、これは、部派仏教のなかの法蔵部（曇無《どんむ》徳部《とくぶ》）に伝えられてきたものである。

したがって、パーリ語で記された部派仏教の経典では戒律について言及されている。従来、仏典のなかで最も古いとされてきた「スッタニパータ」では、戒律について次のように述べられている。

三九四　生きものを（みずから）殺してはならぬ。また（他人をして）殺さしめてはならぬ。また他の人々が殺害するのを容認してはならぬ。世の中の強剛《きょうごう》な者どもでも、また怯《おび》えている者どもでも、すべての生きものに対する暴力を抑《おさ》えて――。

三九五　次に教えを聞く人は、与えられていないものは、何ものであっても、またどこにあっても、知ってこれを取ることを避けよ。また（他人をして）取らせることなく、（他人が）取り去るのを認めるな。なんでも与えられていないものを取ってはならぬ。

三九六　ものごとの解った人は婬行を回避せよ。――燃えさかる炭火の坑《あな》を回避するように。もし不婬を修することができなければ、（少くとも）他人の妻を犯《おか》してはならぬ。

三九七　会堂にいても、団体のうちにいても、何びとも他人に向って偽《いつわ》りを言ってはならぬ。

また他人をして偽りを言わせてもならぬ。

また他人が偽りを語るのを容認してはならぬ。

すべて虚偽《きょぎ》を語ることを避けよ。
三九八　また飲酒を行なってはならぬ。
この（不飲酒の）教えを喜ぶ在家者は、他人をして飲ませてもならぬ。他人が酒を飲むのを容認してもならぬ。――

これは終《つい》に人を狂酔《きょうすい》せしめるものであると知って――

（『ブッダのことば――スッタニパータ』中村元訳／岩波文庫）


これが、仏教の最も基本的な戒律となる五戒である。

五戒とは、不殺生戒《ふせっしょうかい》、不偸盗戒《ふちゅうとうかい》、不邪淫戒《ふじゃいんかい》、不妄語戒《ふもうごかい》、不飲酒戒《ふおんじゅかい》の五つをさす。不妄語戒とは、スッタニパータが語っているように、偽りを言うことを戒めたものである。つまり、五戒では、嘘が戒められ、嘘をついてはならないとされているのである。

八斎戒の場合には、在家の信徒が戒を守るべき日とされる斎日に実践するもので、そのなかには、五戒がすべて含まれる（ただし、不邪淫戒は不淫戒となり、性交自体が戒められる）。五戒以外は、装身具をつけず歌舞を見ないこと、ベッドに寝ないこと、正午以降に食事をしないことが戒めとなる。

十戒となると、装身具をつけないことと歌舞を見ないことが二つに分けられ、さらに財産を持たないことが含まれる。

具足戒や十重四十八軽戒となれば、出家した僧侶に求められるもので、当然、不妄語戒を含む五戒はそこに含まれている。

要するに、五戒に示されたそれぞれの戒めは、在家出家を問わず、仏教徒全体が守らなければならない基本的な戒とされているわけである。

キリスト教、イスラム教、儒教が禁じる嘘

では、キリスト教ではどうだろうか。

キリスト教の「旧約聖書」は、もともとはユダヤ教の聖典である「トーラー」をもとにしたもので、「出エジプト記」や「申命記」には、有名なモーセの十戒が登場する。それ

は、次のようにまとめられる。

1 あなたには、わたしをおいてほかに神があってはならない。
2 あなたはいかなる像も造ってはならない。
3 あなたの神、主の名をみだりに唱えてはならない。
4 七日目は、あなたの神、主の安息日であるから、いかなる仕事もしてはならない。
5 あなたの父母を敬え。
6 殺してはならない。
7 姦淫してはならない。
8 盗んではならない。
9 隣人に関して偽証してはならない。
10 隣人の家を欲してはならない。

(『旧約聖書』新共同訳)

このうち、最初の四つの戒めは、この世を創造した神にかかわるものであり、ユダヤ教からはじまる一神教の根幹をなす戒めである。

それに対して、5以下は、一神教の教えとは直接にはかかわらない。どの宗教、どの民族や社会にも共通する戒めであるように思われる。そのなかには、仏教の五戒の不妄語戒にあたる、「隣人に関して偽証してはならない」も含まれている。

キリスト教では、イエス・キリストやその弟子たちの行動や言ったことを「新約聖書」にまとめた。一方で、ユダヤ教から引き継いだ旧約聖書も、それと並ぶ聖典に位置づけている。したがって、旧約聖書にあるモーセの十戒はキリスト教徒にとっても戒めである。

モーセの十戒のなかに、仏教の五戒と同様に、嘘をついてはならないとする戒めが含まれるということは、この戒めが普遍的なものである可能性を示唆している。

ユダヤ教やキリスト教がすでに信仰されているなかで、イスラム教が生まれた。イスラム教は、最も新しい一神教であるということになる。

イスラム教では、ユダヤ教のトーラーやキリスト教の聖書を聖典として認めているわけではない。しかし、モーセやイエス・キリストを預言者の一人としてとらえ、彼らが神から啓示を受けたことは認めている。啓示は受けたものの、それを彼らは正しく理解できなかったというのが、イスラム教が主張しているところである。

したがって、「コーラン」（クルアーン）のなかには、モーセの十戒にあたるものが示されている。それが、第6章「家畜」の151節である。そこには、次のようにある。

言え、「来るがよい。おまえたちの主がおまえたちに禁じ給うたものを私が読み聞かせよう。おまえたちは彼になにものをも並び置いてはならない。そして、両親には善行を。また、困窮からおまえたちの子供を殺してはならない。われらがおまえたちと彼らを養う。また、顕れたものにしろ隠れたものにしろ醜行に近づいてはならない。また、アッラーが（不可侵として）禁じ給うた命を正当な理由なしに殺してはならない。それが彼がおまえたちに命じ給うたものである。きっとおまえたちは理解するであろう」、と。

（『日亜対訳クルアーン』中田考監修／作品社）

このなかには、モーセの十戒のうち、1、5、6、7が含まれていると見ることができる。醜行とは姦淫のことだ。

ただし、イスラム教には、世俗の世界から離脱した聖職者は存在せず、最後の預言者とされるムハンマドも生涯俗人だった。したがって、性行為を否定するような考え方はない。

ここには嘘を禁じる戒めは見られない。だが、これに続く箇所では、そのように受けとれる神の啓示が示されている。


また孤児の財産には、彼が壮年（三十―四十歳）に達する（行為能力者となる）までは、より良いものによってしか近づいてはならない。また升目と秤は公正に量りきれ。われらは誰にもその能力以外のものを課すことはない。また、おまえたちが語る時にはそれが近親であっても公正にせよ。また、アッラーとの約定は果たせ。それこそが、彼がそれを命じ給うたこと。きっとおまえたちは留意するであろう。

「公正に量れ」とか、「公正にせよ」とは、要するに嘘をついてはならないということである。コーランに特徴的なのは、「アッラーとの約定は果たせ」という形で、神に対して嘘をついてはならないとされている点である。アッラーは、アラビア語で神を意味する普通名詞である。

他に聖典のある宗教としては儒教がある。儒教の聖典は、開祖である孔子の言行録である「論語」だ。その論語には、「子路、君に事《つか》えんことを問う。子曰《のたま》わく、『欺《あざむ》くことなかれ。而《しか》してこれを犯せ』」とある。

これは、孔子が弟子の子路《しろ》に、君主に仕えるときの心得を尋ねられたときの答えである。欺くことなかれとは、嘘をついてはならないということである。犯せというのは、君主が過ちを犯しているのなら、逆らってでも諫《いさ》めよという意味である。儒教においても嘘は戒められているわけである。

理由が示されない戒

嘘はいけない。

これが、聖典を持つ宗教に共通する戒めである。嘘を戒めることは宗教に普遍的な事柄なのである。

しかし、ここで一つ注目しなければならないことは、なぜ嘘をついてはいけないのか、その理由が示されていないことである。

これは、ここまで見てきたどの宗教の聖典にも共通している。理由を示さないまま、嘘をついてはならないとされている。それは、他の戒めについても共通している。

嘘をついてはならないと言っているのは、仏教なら釈迦、ユダヤ教やイスラム教なら神、そして儒教なら孔子ということになる。神仏の啓示や開祖のことばは、それぞれの宗教において絶対的なものとしてとらえられている。それぞれの宗教の信者は、それをそのまま受け入れ、なぜ理由が示されないのか、そこに疑問を抱いたりはしないということかもしれない。

しかし、理由も示さずに、ただ戒めだけがあるというのは不合理ではないか。現代社会の価値観からすれば、そうした疑問が浮上してくる。理由が示され、それが納得できるものでなければ、戒めには従わない。現代の人間はそのように考える。ただ、宗教において、つねに戒めだけが示され、理由が説明されないというわけではない。

イスラム教において、酒を飲むことが戒められていることはよく知られているが、酒が禁じられるまでの過程については、それを確認することができる。

コーランを読んでみると、亡くなった後に信者が赴く天国には酒があるとされていることに気づかされる。

第47章「ムハンマド」の15節には、「畏れ身を守る者たちに約束された楽園の喩えは、そこには腐ることのない水の川、味の変わることのない乳の川、飲む者に快い酒の川がある。また、彼らにはそこにあらゆる果実と彼らの主からの御赦しがある」とある。

このなかには、「飲む者に快い酒の川」という表現が出てくる。天国には酒の川があるというのだ。

酒の川が流れているということは、天国に召されたら、無限に酒を飲めるということである。

第78章「消息」の第34節でも、天国では、「そして満たされた酒杯（があり）」と記されている。

ところが、別の箇所では、次のように述べられている。

第5章「食卓」の第90節では、「信仰する者たちよ、酒と賭け矢と石像と占い矢は不浄であり悪魔の行いにほかならない。それゆえ、これを避けよ。きっとおまえたちは成功するであろう」とある。酒は悪魔の業とされ、信仰者には禁じられているのだ。

こうしたコーランの記述を見てみると、矛盾しているのではないかと感じられることだろう。

天国でふんだんに酒が飲めるというのであれば、現世で飲んでもかまわないのではないか。

ところが、現世では酒を飲むことは悪魔の行いとして禁じられているのである。

この矛盾を解消するヒントは、コーランの第37章「整列」の第43節にある次のことばにある。

至福の楽園の中で。寝台の上で向かい合って。彼らには（酒の）泉からの酒杯が回される。真っ白で、飲む者に美味である。そこには悪酔いはなく、彼らはそれに酩酊することもない。

これは、天国の酒についての描写である。天国の酒は美味しいだけではなく、悪酔いせず、酩酊することがないというのだ。

一方、現世で飲む酒の場合には、酔う可能性がある。悪酔いだって起こる。だから、酒を飲んではならないとされているのではないか。そのように見ることができる。

ただ、酒を禁じるべきであるかどうかについて、コーランでは、神による啓示が下された時期によって変化している。

預言者ムハンマドは最初、世界中のイスラム教徒がそこにむかって礼拝しているカーバ神殿のあるメッカで活動していた。

ところが、従来とは異なる新しい信仰を説きはじめたことで、周囲から迫害を受けるようになった。そのため、622年にムハンマドはメッカからメディナに移っている。これは「ヒジュラ」と呼ばれる。ヒジュラは移住を意味する。

こうした出来事が起こったために、神の啓示は、メッカ時代の「メッカ啓示」と、メディナに移った後の「メディナ啓示」に分けられる。コーランのそれぞれの章のはじめの部分では、それがメッカ啓示なのか、メディナ啓示なのかが明記されている。

メッカ啓示に属している第16章「蜜蜂」の第67節には、「また、ナツメヤシとブドウの果実からも。お前たちはそれから酔わせるものと良い糧を得る」とある。

この箇所について、『日亜対訳クルアーン』では、「この節は酒が禁止される以前に啓示されたものである」という注がつけられている。イスラム教の初期の時代において、酒は禁じられていなかったのだ。

ところが、それよりも後の時代のメディナ啓示のなかには次のようにある。第2章「雌牛」の第219節である。

「彼らは酒と賭け矢についておまえに問う。言え、『その二つには大きな罪と人々への益があるが、両者の罪は両者の益よりも大きい』」

『日亜対訳クルアーン』では、ここにも注がついている。その注では、酒が禁じられるまでの経緯が説明されている。

今見た神の啓示にもとづいて、罪が大きいとされた酒を遠ざけた者たちもいた。だが一方には、酒には「益がある」とされていることから、酒を飲み続ける者たちもいた。

ところが、アブドゥッラフマーン・ブン・アウフという人物がムハンマドの弟子たちを食事に招き、その席で酒を飲ませるということがあった。

そのうち日没の礼拝の時間が訪れたため、そのなかの一人に先導させてコーランを読誦させた。すると間違って読んでしまったのだ。

そこで神は、「信仰する者たちよ、おまえたちが酔っている時には、言っていることが分かるようになるまで、礼拝に近づいてはならない」（第4章「女性」の第43節）という啓示を下した。

ここでも酒を飲むこと自体は禁じられていない。ただ、酔って礼拝に行くことが禁じられている。

実際、人々は礼拝のときには酒を避けたが、夜の礼拝が終わると飲み、さらには夜明け前の礼拝が終わった後にも飲んだという。

そんな状態だったため、宴席で暴力沙汰も起こった。そこで、ウマル・ブン・アル＝ハッターブが「アッラーよ、われらに酒についてはっきりとした明証を示し給え」と願った。すると、先に引いた第5章第90節の啓示が下され、飲酒は悪魔の行いとして禁じられるようになったのだ。

このように飲酒が明確に禁じられるまでには、それなりの経緯があった。酔っ払うことで問題が起こるため、徐々に禁止されていったのである。

コーランで、具体的な経緯が説明されているわけではないにしても、今見たように、他に経緯を理解する手立てがあるのなら、なぜその戒めを守らなければならないのか、合理的に理解することができる。

ところが、これは例外で、ほとんどの場合に、なぜその戒めを守らなければならないのか、理由が示されることはない。神や仏は、理由を示さないまま、人間に戒めを押しつけてくるとも言えるのだ。

嘘については嘘がある

なぜ理由が示されないのだろうか。

もちろん、聖典ではそのことについても説明されていない。戒めは、神仏に由来するものだからこそ、絶対視されているわけだが、理由はブラックボックスのなかにあり、たとえ信者であっても、それを知ることができないのだ。

つまり、理由は秘密にされている。

秘密とされるものは怪しい。

これは常識である。

たとえば、日本の仏教には秘仏というものがある。普段は厨子などに入れられていて、公開されない仏像のことである。

もちろん、たいがいの秘仏は公開される時期が定められている。それは開帳と呼ばれ、霊験あらたかとされている。開帳の際には、日頃目にすることができない秘仏を一目見ようと、多くの人たちが参拝に訪れる。人間は期間限定に弱い。

ところが、秘仏のなかには絶対秘仏というものもある。これは絶対に公開されない秘仏のことで、寺の住職さえ、その姿を拝見したことがないものである。絶対秘仏の代表となるのが浅草寺や善光寺の本尊である。

秘仏という考え方は、日本に密教がもたらされることで生まれた。密教経典のなかには、秘仏にすべきことを説いたものもある。

しかし、住職さえ、その姿を拝見したことがないという絶対秘仏は、厳重に秘密にされている分、怪しげにも思える。

厨子のなかに、本当に秘仏が納められているのだろうか。絶対秘仏にしなければならないほど価値のあるものなのだろうか。そんな疑問が湧いてくる。

善光寺の本尊は、6世紀に百済の聖明王《せいめいおう》から欽明《きんめい》天皇に献上されたものだとされる。善光寺の側は、それを阿弥陀三尊像であるとしているが、「日本書紀」では、三尊像であったとも、阿弥陀如来像であったとも記されていない。

江戸時代には、善光寺の本尊は偽物ではないかという風聞が起こったため、上野の寛永寺から僧侶が派遣され、実際に三尊像であることを確かめたとされる。その際に、大きさは測られたようだが、どんな姿をしているかは示されなかった。

絶対秘仏は、そうしなければならないほど価値のあるものなのだろうか。実は、そこには裏の事情があるのではないか。私たちは、どうしてもそのように考えてしまう。ブラックボックスに入った戒律も、絶対秘仏のように怪しいものなのではないだろうか。それが本書の考察の出発点になる。


なぜ、理由も示されないまま嘘をついてはならないと、どの宗教でも説かれるのか。そこには、何らかの、それこそ理由があるのではないか。理由を言ってしまうと、問題が起こるので、あえて説明は省かれている。

嘘については嘘がある。

そうとらえたほうが、いいのかもしれないのである。

第2章　嘘も方便

方便って何？

「嘘も方便」という
ことばの背景を考えるには、
法華経を理解しなければ
ならない。

法華経と方便

「はじめに」で、嘘にまつわることわざとして「嘘も方便」を紹介した。実は、方便は仏教に由来することばである。

嘘も方便とは、嘘は本来なら悪いことだが、時と場合によっては、よい結果をもたらすために嘘をつく必要があるということである。

第1章で、仏教では、基本的な戒律において嘘が戒められていることを確認した。もちろん、嘘も方便ということわざは、そのことを踏まえた上で、あえて嘘が必要な場合についてふれていることになる。

だが、基本となる戒めをそう簡単に破ってしまっていいものなのだろうか。当然、そうした疑問が湧いてくる。

仏教関係の事典を引いてみると、方便について、次のように説明されている。

接近する、到達する、という意味の動詞から派生したウパーヤが対応サンスクリット語であり、衆生を導くためのすぐれた教化方法、巧みな手段を意味する。方便は真実と対になる概念で、衆生に真実を明かすまでの暫定的な手段を意味する。

（『岩波 仏教辞典』岩波書店）

方便は、本来、教えを伝える優れた方法のことをさすとされている。ただ、真実の反対語であるともされている。何か奥歯にものがはさまったような説明の仕方ではないだろうか。

『岩波 仏教辞典』では、この説明に続いて、「この方便の思想は、法華経において特に重要視される」と述べられている。

法華経は、大乗仏教の経典のなかでも代表的なものの一つで、これを信仰の対象とする人々からは「諸経の王」とも呼ばれている。仏典はあまた存在するが、そのなかで最も価値があるのが法華経だというわけである。

日本に仏教が伝えられた初期の段階から、法華経は注目されていた。聖徳太子の著作とされるものに『法華義疏《ほっけぎしょ》』（６１５年）があるが、これは、法華経に注釈を施したものである。

その後、中国からは天台宗の教えが伝えられることになるが、天台宗で根本経典とされるのが法華経である。日本の天台宗を開いた最澄も、その影響を色濃く受けた日蓮宗の日蓮も、法華経を最も重視した。

法華経は全部で28の章に分かれていて、それぞれの章を「品《ほん》」と呼ぶ。法華経には、仏典としては珍しく序文があり、それが序品第一と呼ばれるが、その次が方便品《ほうべんぽん》第二である。「嘘も方便」ということばが生まれてきた背景を考えるには、法華経について理解しなければならない。その法華経のなかで、最も重要とされているのが方便品であり、それと並ぶのが如来寿量品第十六である。

方便の意義

では、方便品において、何が方便だとされるのだろうか。

方便品には、釈迦とともにその弟子である舎利《しゃり》弗《ほつ》が登場する。舎利弗のサンスクリット語での呼び方は「シャーリプトラ」で、10人いた釈迦の直弟子のなかでは筆頭にあげられ、智慧第一とされている。深い智慧を持っているというわけだ。

その舎利弗に対して、釈迦はこんなことを言い出す。


やめなさい、舎利弗よ。説くことはできない。なぜかというと、仏が成しとげたいちばん希有で解りにくい真理は、仏と仏だけが一切存在の真実の姿を究めつくすことができるのだ。


釈迦の悟った真理というものは理解することが難しいものだから、一般の人間に説くことなどできないというのである。

しかし、そうなると、釈迦の教えは誰にも伝わらないことになってしまう。そこで舎利弗は、釈迦に対して何とか真理を説いてくれるよう懇願する。釈迦はそれでも説こうとはしないが、舎利弗は執拗に懇願を続ける。すると、釈迦はようやく究極の真理について語りはじめた。

釈迦は、そのときはじめて説法したというわけではない。すでに説法をくり返してきたのだが、ここで、それまで語っていなかったことを語り出す。それは、一乗の教えである。釈迦は、それについて、「舎利弗よ、如来はただ一つの仏の乗り物（一仏乗）だけのために衆生に教えを説くのであり、二とか三とか、他の乗り物はない」と言うのだった。

ここで、一や二、三という数が出てくるのは、悟りに至る道が三つあるという「三乗」のことをさしている。三乗とは声聞乗《しょうもんじょう》、縁覚乗《えんがくじょう》、菩薩乗《ぼさつじょう》のことで、乗は乗り物の意味である。要は、悟りに至るには三つの異なる乗り物、道筋があるというわけである。

声聞とは仏の教えを聞いて悟りを開く仏弟子たちのことで、縁覚とは自分一人の力で悟りを開く人間のことをさし、独覚《どっかく》とも言われる。大乗仏教の立場からすれば、そこまでが小乗仏教における悟りの方法ということになる。大乗仏教では、自分だけの悟りをめざすのではなく、他者を救う菩薩の生き方が求められている。

この三乗の区別は、あまりピンとこないところがあるのだが、法華経が強調するのは、悟りへの道が三つあるのではなく、ただ一つしかないということで、これが一仏乗ということになる。

この点の議論は非常に難しく、三乗か一乗かで論争も起こった。重要なのは、釈迦がここではじめて本当の正しい教えを説いたということである（法華経については、末木文美士著『仏典をよむ――死からはじまる仏教史』〈新潮文庫〉を参照）。

では、それまで説いてきたことはどうなるのだろうか。

それが、方便ということになる。

つまり、釈迦は、自らの悟りが難解で、それを直接説いても一般の人間は理解できないので、仮の教えだけを説いてきたというのである。となると、もし舎利弗がくり返し懇願しなかったとしたら、釈迦は正しい真理を説かないまま、説法を止めてしまったかもしれない。

釈迦が自らの悟りの内容が高度なので、説法をしようとしなかったという話は、すでに、仏教の最初の段階からあった。悟りを開いた直後の釈迦が梵天や帝釈天に請われ、それでようやく説法をはじめたという話は「初転法輪」と呼ばれた。法華経で語られていることは、そのバリエーションである。

しかし、法華経の場合には、天台宗が生まれ、さらには日本で天台宗に引き続き日蓮宗が生まれることで、この方便ということの意味が拡張され、こうした宗派の信仰において決定的な意味を持つこととなった。

簡単に言ってしまえば、釈迦がそれまで本当の教えを説かず、仮の教えしか説いていなかったという話に大きな意味が与えられるようになっていくのである。

智顗独自の教判

中国における天台宗の開祖とされるのが智顗《ちぎ》である。智顗は538年に生まれ、598年に亡くなった。時代としては南北朝時代から隋にかけてである。

智顗には慧思《えし》という師匠がいて、慧思にはさらに慧文《えもん》という師匠がいるため、智顗は天台宗の開祖ではなく第三祖とされることもある。

ただし、智顗が天台宗を開いたことで、慧文が初祖と位置づけられたのであって、天台宗は実質、智顗からはじまると考えていい。

智顗は、「法華玄義《ほっけげんぎ》」、「法華文句《ほっけもんぐ》」、「摩訶止観《まかしかん》」という講義録を残している。それは、天台三大部として重要視されており、その業績は多岐にわたっている。

ただここで重要なのは、智顗が五時八教という独自の教判を確立したことにある。教判というのは、釈迦が行った説法を時代別に分け、どの時代の説法が最も重要なものであるのかを判別する試みのことをさす。

そうした試みが必要だったのは、仏教の開祖である釈迦は膨大な仏典を残しているからである。

現代では、仏典は釈迦が亡くなってから相当に時間が経ってから作られたもので、そこには釈迦の教えが直接的な形では残されていないと考えられている。

前の章でスッタニパータについてふれた。スッタニパータは、パーリ語で書かれた仏典で、そのなかには一部、釈迦の時代の教えが含まれているとされてきた。それを日本語訳した前掲の『ブッダのことば』の解説で、翻訳者の中村元は、スッタニパータが「仏教の多数の諸聖典のうちでも、最も古いものであり、歴史的人物としてのゴータマ・ブッダ（釈尊）のことばに最も近い章句を集成した一つの聖典である」と述べている。

ただ、スッタニパータに釈迦の直接の教えが含まれているのかどうかについては、はっきりと立証されているわけではない。その後、各種のパーリ語の仏典が生まれ、さらには大乗仏教の教えを示したサンスクリット語の仏典が作られていったが、釈迦の直接の教えは明らかではないというのが、仏教学の基本的な認識である。

智顗の時代には、膨大な数が存在する仏典、それはインドから中国に伝えられた大乗仏典ということになるが、それらはすべて釈迦が説いたものだということが前提になっていた。仏典は必ず「如是我聞《にょぜがもん》」ということばではじまり、それは「私は釈迦の教えをこのように聞いた」という意味で、仏典は釈迦の説法集の意味を持っているのである。

しかし、それぞれの仏典で説かれる内容は異なっている。たとえば、法華経と般若経では、中心となる教えはまったく違ったものになっている。

それでは、釈迦の教えがいかなるものであったのかを体系的な形で明らかにすることはできない。仏典によって教えの内容が異なるのだから、ときには矛盾も生じてくる。そこで考え出されたのが教判で、それぞれの仏典の内容の違いは、説かれた時期が違うからだという理屈をつけたのである。

智顗以前にも、中国の高僧たちが教判を試みたが、智顗は独自の教判として五時八教説を唱えた。時とは時代のことで、教とは教えのことである。重要なのは五時のほうで、それは、華厳時《けごんじ》、阿含時《あごんじ》、方等時《ほうどうじ》、般若時《はんにゃじ》、法華涅槃時《ほっけねはんじ》の五つの時代に分けられた。

釈迦は最初、華厳経に示された教えを21日間にわたって説いた。けれども、その内容があまりに難しいもので、説法を聞く人間が理解できなかったため、華厳経よりもはるかに易しい阿含経を12年間説いた。

続く16年間にわたる方等時では、浄土教信仰にかかわる阿弥陀経《あみだきょう》や観無量寿経《かんむりょうじゅきょう》、密教の教えを説く大日経《だいにちきょう》、在家の意義を強調する維摩経《ゆいまきょう》や勝鬘経《しょうまんぎょう》などを説いた。そして、次の般若時では、空の教えについて論じた般若経典を14年間にわたって説いた。

最後の法華涅槃時では、8年間にわたって法華経の教えを説き、最後の一日一夜で涅槃経の教えを説き、釈迦はそれで涅槃に入った。それぞれの時が何年続いたかについては異なる説もあるが、智顗の教判においては、最後に説かれた法華経の教えが最も重要なものとされたのである。

釈迦の真実の教え

釈迦の生涯については、すべて伝説として考えるべきものだが、それによれば、29歳のときに出家した釈迦は、35歳のときに悟りを開いたとされる。その後、インド各地をまわりながら説法を続け、亡くなったのは80歳のときだった。35歳から80歳まで、説法の月日は45年に及んだ。ただ、智顗の教判では、五時に費やされた年月は50年にもなっており、その点では伝説と合わない。

釈迦が最後に説いたのは涅槃経だが、その期間は短く、実質的には法華経が釈迦の最後の教えだった。釈迦は、自らの説法の最後の最後になって本当の教えを説いた。だからこそ法華経が最重要の経典であり、そこで示された一仏乗こそが究極の教えなのである。それが天台智顗の独特な解釈だった。

法華経に釈迦の本当の教えが説かれているのなら、それを説く以前の釈迦は、真実ではない、嘘の教えを説いていたことになる。それは、真実にたどり着くまでには不可欠の行程で、方便であったとされてはいるものの、釈然としないところがあるのも事実である。

では、智顗の教判に根拠はあるのだろうか。

法華経の序品には、釈迦が「大乗経の無量義・教菩薩法・仏所護念と名づくるを説きたもう」と記されている。

ここに無量義《むりょうぎ》ということばが出てくるが、智顗は、この無量義が無量義経という仏典をさすととらえた。そして、無量義経を法華経の序論に相当する開経と位置づけた。あわせて観普賢経《かんふげんきょう》を結経《けっきょう》とした。観普賢経が法華経の最後におかれた普賢菩薩勧発品《かんぼっぽん》第二十八を受けた内容だからである。これによって、無量義経、法華経、観普賢経からなる法華三部経が成立することになる。

智顗は、その上で、無量義経にある「四十余年未顕真実」ということばに着目した。智顗は、このことばを、釈迦は40年間にわたる説法のなかで真実を明らかにしなかったという意味でとらえた。そこから、法華経が説かれることで、はじめて真実の教えが説かれたという主張が生まれたのである。

ところが、無量義経の本文には、「四十余年未顕真実」ということばは含まれていない。それは、南斉の時代の劉虬《りゅうきゅう》（438～95年）が書いた序文に述べられている。しかも、その意味は、それまで釈迦の説法を40年間聞いてきた人間たちのあいだで理解に差が生まれ、それを是正するために方便の教えではなく真実の教えを説いたので、人々ははじめて真実の教えに接した、ということである。そこには法華経のことはまったく出てこない。つまり、無量義経において法華経が真実の教えだとされているわけではないのである。

智顗は、相当に強引なやり方をとっている。それによって、法華経にこそ真実の教えが説かれており、それまでの教えは法華経に導くための方便の教えであったとされることとなった。文字通りの牽強付会《けんきょうふかい》であり、智顗は大嘘をついたことになる。だがそのことは、日本の仏教に絶大な影響を与えていくことになる。

最澄の野心

日本には、奈良時代に、のちに「南都六宗」と呼ばれるようになる宗派の教えが中国から伝えられた。南都ということばは「南の都」の意味で、平安京が生まれてからのものである。

南都六宗は、三論《さんろん》宗、成実《じょうじつ》宗、法相《ほっそう》宗、倶舎《くしゃ》宗、華厳《けごん》宗、律宗である。このうち成実宗は三論宗に、倶舎宗は法相宗に付属している寓宗と見なされていたので、実質四つの宗派があったことになる。

ただ、この時代の宗派は、現代のものとは性格が異なっている。現代の仏教宗派は、それぞれが教団を組織しているが、南都六宗の場合には、学派としての意味合いが強かった。したがって、この時代には、「六宗兼学」ということが言われた。つまり、それぞれの宗派の教えは学科のようなもので、すべてを学ぶことが当時の僧侶に求められていたのである。

重要なのは、このなかに天台宗が含まれていないということである。すでに中国では天台宗が生まれていたにもかかわらず、である。

それは、智顗の弟子である灌頂《かんじょう》以降になると、天台宗が衰えてしまっていたからである。章安《しょうあん》灌頂は５６１年に生まれ、６３２年に没している。衰えた天台宗を再興したのが荊渓湛然《けいけいたんねん》で、湛然は日本にあてはめれば奈良時代の人物だった。

日本で天台宗に注目したのが平安時代の最澄である。

そこには鑑真の来日が影響していた。鑑真は、日本で律宗を開いたように、戒律についての大家だったわけだが、同時に天台宗の教えも学んでいて、日本にやってくるときに天台関係の典籍を数多く携えてきた。これで、日本にはじめて天台宗の教えが伝えられたのである。

最澄は、鑑真のもたらした天台関係の典籍を通して天台宗の教えを学んだ。遣唐使船で唐にわたった際には、天台宗の拠点である天台山に登り、そこで湛然の弟子である行満《ぎょうまん》から、天台宗の教えを学んでいる。それによって、最澄は日本で天台宗を開き、彼が開いた比叡山延暦寺は天台宗の総本山となったのである。


では、なぜ最澄は天台宗にひかれたのだろうか。

この点についてでは、あまり問われることはないように思うが、私は最澄の強い野心が関係していると考えている。最澄は、同じときの遣唐使船で唐にわたり、密教をもたらした空海と対比され、一般には仏教界のエリートとしてとらえられることが多い。

しかし私は、空海のほうがはるかにエリートだったのではないかと考えている。詳しくは、拙著『空海と最澄はどっちが偉いのか？――日本仏教史　七つの謎を解く』（知恵の森文庫）で論じた。空海は、朝廷の周囲にいなければ接することができなかった中国の書聖、王羲之《おうぎし》の書を学んでいるし、中国にわたり、その都長安に至った際には、勅状を携え、多くの金を持っていたと、中国側の史料に記されている。金がなければ、曼陀羅や経典を書き写すことはできない。帰国後の空海は嵯峨天皇と親しく交わっていたことも、エリートだった傍証になる。

最澄のほうがエリートとされてきたのは、国費での短期留学が、明治以降の国費留学生と重ね合わせて理解されたからではないだろうか。空海は正式に出家得度《とくど》していない私度《しど》僧《そう》だったという見方もあるが、私度僧が、遣唐使と同行して長安にむかい、勅状を携えているなどということはあり得ない。

空海は南都六宗とも友好的な関係を結び、論争したり、対立することはなかった。これに対して最澄は、南都六宗の僧侶と激しい論争を闘わせたりしており、決して友好的な関係ではなかった。そこには、日本の仏教界で成り上がろうとする最澄の野心がかかわっていたのである。

最澄が天台宗に着目したのも、その教えが、南都六宗の価値を貶めることに役立つと判断したからだ。天台宗の教判では、釈迦の教えは法華経においてはじめて明かされたもので、それまでの教え、つまりは、南都六宗で学んでいる各種の仏典に記されていることは、法華経に至るまでの方便と位置づけられる。その点で、南都六宗よりも天台宗のほうがはるかに優れている。天台宗の教えを日本で確立することができるならば、南都六宗を圧倒することができるのではないか。最澄は、そのように考え、天台宗を選択したのである。

さらに最澄は、大乗戒壇《だいじょうかいだん》の建立ということを朝廷に願い出る。戒壇とは、出家者に戒を授け、正式な僧侶にするための特別な壇のことである。鑑真の来日が求められたのも、それまでの日本には戒を授けることができる正式な戒師が不在だったからである。鑑真の来日後、東大寺などに戒壇が設けられ、戒師による授戒が行われるようになった。そこで授けられる戒は具足戒で、男性の比丘《びく》（修行者）には250戒、女性の比丘尼《びくに》には348戒が授けられた。

これによって、日本で正式な僧侶になろうとすれば、東大寺などに赴かなければならない体制が確立された。東大寺は、南都六宗のうち華厳宗の総本山である。最澄は、自らが建立した比叡山延暦寺に大乗戒壇を設けることで、自前で正式な僧侶を生むことができる体制を築き上げようとした。大乗戒壇で授けられる大乗戒は在家と出家に共通するもので、具足戒よりも緩やかなものだった。

ただし、そうなると、大乗戒壇で受戒した者は、正式な僧侶とは言えないという批判が、南都六宗の側から持ち出される可能性があった。そこで最澄は、「山家学生式《さんげがくしょうしき》」を定め、比叡山の僧侶になる人間には12年間にわたって山にこもり、修行することを課した。僧侶としての質の確保をはかろうとしたのである。

最澄は、法華経以外の仏典の価値を方便の教えということで一、気、に貶める智顗の教判に強くひかれた。鑑真が来日せず、天台関係の典籍が日本にもたらされなかったとしたら、最澄の生涯はまったく異なるものになっていたであろう。それは、日本仏教のその後の歴史をも大きく変えたはずである。なにしろ比叡山延暦寺は、中世において日本仏教の総合大学としての役割を果たすようになっていくからである。

嘘を許さない日蓮

比叡山に鎌倉時代に登り、天台宗の教えに魅せられたのが日蓮だった。

日蓮といえば、現代では戦闘的な宗教家というイメージが定着している。各地に日蓮像が建立されているが、どれもしっかりと前を見据え、間違った教えを信奉している人間たちを折伏《しゃくぶく》しようとしているかのように見える。折伏は、強引な方法をとってでも相手を屈伏させ、自分たちの側に引き入れようとする布教の方法をさす。戦後、創価学会が折伏を強調したことで、よく知られるようになった。

日蓮は鎌倉時代に比叡山に登り、そこで天台宗の教えを学んでいる。日蓮は署名する場合、「天台沙門」と記すことが多かった。日蓮は、法然をはじめとする日本の宗教家を批判の対象にしたが、最澄だけは最後まで批判しなかった。

最澄の場合には、唐にわたった際、密教が流行していることを知り、最後の段階で密教について学んでいる。帰国は空海よりも早かったため、日本で最初に密教の儀礼である灌頂を行うことにもなった。これが、天台宗のなかに密教の信仰を取り入れるきっかけともなったのである。

日蓮は、そのことを十分に理解していたと思われるが、その点で最澄を批判することはなかった。日蓮は、法華経にのみ釈迦の真実の教えが示されているという立場を生涯取り続け、方便の教えを信奉している他の宗教家を徹底的に批判した。嘘は許さないというわけである。

日蓮は、法華経のなかのとくに方便品と如来寿量品を高く評価し、そこに釈迦の教えのエッセンスが示されていることを強調した。方便の教えの価値をまっこうから否定するのも、それが関係する。日蓮は、鎌倉幕府の執権だった北条時頼に「立正安国論」を宿屋入道最信を通して献上しているが、それも、幕府の力によって、世の中に間違った教えが蔓延しないようにと期待してのことだった。

しかし、日蓮が法然の浄土宗をはじめ、他の宗派を徹底して批判し、それが騒動に発展したため、幕府は2度にわたって日蓮を流罪にしている。とくに2度目の佐渡への流罪は、日蓮に過酷な生活を強いた。それでも、2年半の流罪を経て許され、信仰を曲げることはなかった。この日蓮の強さが、後世に多大な影響を与え、また、戦闘的な宗教家のイメージを強化することになった。

近世に入ると、日蓮宗の信仰は、京都や江戸といった都市で広がり、熱心な信者を生むことになった。それは近代にまで持ちこまれ、戦前には、日蓮信仰と皇国史観とを合体させた日蓮主義の運動が広まった。戦後になると、創価学会や立正佼成会といった日蓮系の新宗教が台頭し、巨大教団へと発展していった。

釈迦の壮大な嘘

釈迦は、説法をはじめてから40年間にわたって真実の教えを明かさなかった。真実は、法華経を説くことで明らかになった。

これは、法華経の価値を高めるための理屈となるものだが、考えてみれば随分とひどい話である。

法華経を説くまでの教えがすべて方便であり、仮の教えであるとするなら、釈迦の説法を聞いてきた弟子たちは、40年間、釈迦の嘘に騙《だま》されてきたことになる。法華涅槃時にまで至った弟子はまだ救われる。最後に真実の教えを知ることができたからだ。

しかし、なかにはそこに至るまでのあいだに亡くなってしまった人間もいたはずだ。そのことについては、智顗も最澄も、そして日蓮もふれていない。釈迦の嘘に騙され続けて、そのまま亡くなってしまったのだとすれば、それは悲劇である。

仏教の時間感覚は途方もないものである。それも、仏教がインドで生まれた宗教だからで、とくに釈迦が亡くなった後、56億7000万年後に弥勒菩薩が地上に現れ、釈迦によって救われなかった者たちを救うという信仰になると、あまりの時間の長さに唖然《あぜん》としてしまう。

それに比べれば、40年などたいしたことはないのかもしれない。だが、いくら真実の教えに導くために必要だったとはいえ、仮の教えだけが説かれていたというのは、釈迦に騙されているような気分になってくる。

それは、嘘を戒める不妄語戒を犯したことになるのではないか。

嘘を戒めつつ、壮大な嘘をつく。

これは仏教の本質にかかわることであり、さらには宗教の本質にかかわることなのかもしれないのである。

第3章　異端は平気で嘘をつく

平気で嘘をつくのはなぜ？

嘘をついても、
それが悪いことだとは
まったく思っていないから。

異端の誕生

宗教の世界では、平気で嘘をつく人間たちがいる。それが「異端」である。

日本でも、不受不施派《ふじゅふせは》や真言立川流《しんごんたちかわりゅう》という異端が存在した。

不受不施派は日蓮宗の一派で、他の宗派の信仰をいっさい認めなかったことから、危険な集団と考えられた。日蓮宗を開いた日蓮には四箇《しか》格言というものがあり、それは、「念《ねん》仏無間《ぶつむけん》、禅天魔《ぜんてんま》、真言亡国《しんごんぼうこく》、律国賊《りつこくぞく》」と、浄土宗や禅宗、真言宗や律宗の信仰をまっこうから否定したものである。不受不施派はその伝統の上にあった。江戸幕府は、排他的な不受不施派をキリシタンと同様に危険な存在ととらえ、禁教の対象にした。

真言立川流は、真言宗の一派で、髑髏《どくろ》を祀った性的な儀式を行ったのではないかという疑いを向けられてきたが、その実態はよく分かっていない。密教も、インドでは後期の段階に入ると、性にまつわる信仰が重視されるようになった。真言立川流はあたかも後期密教が日本に入ってきた証であるかのようにも見える。

しかし、仏教の世界に現れたこうした宗派を果たして異端と呼んでいいのかは、難しい問題をはらんでいる。

というのも、異端が生まれるには、正統の信仰が確立されていなければならないからである。

ところが、日本の仏教には正統と言えるものがない。仏教の信仰は宗派によって、その内容が大きく異なっており、そのうちのどれが正統で、どれが異端かは、判断の基準もなければ、それを判定する制度もない。禅宗と浄土真宗では、信仰のあり方はまるで違うが、どちらかが異端であるというわけではない。

前の章で教判についてふれたが、その種類は多く、仏教界全体が正しいとする教判は存在しない。

正統と異端をはっきりと区別する仕組みが備わっているのは、世界の宗教のなかでも、基本的にキリスト教のカトリック教会だけである。カトリック教会では正統とされる教義が確立されており、それから外れたものは異端の烙印が押される。キリスト教は、ユダヤ教やイスラム教とともに一神教に分類されるが、こうした仕組みを持っている一神教はキリスト教のカトリックだけである。

カトリック教会には、公会議というものが存在している。これが正統と異端を生む根本にあるものである。

最初の公会議は325年5月20日から6月19日まで小アジアのニカイアで開かれた第1ニカイア公会議である。ニカイアは、ニケアとも呼ばれ、現在はトルコ共和国に含まれている。

公会議が開かれたのは、各地域において異なる信仰が唱えられるようになっており、その統一が求められたからである。

この公会議で一番問題になったのは、アリウス派の主張だった。アレキサンドリアの司祭であったアリウスは、イエス・キリストはあくまで人間で、神としての性格は持っていないと主張した。これに反対したのがアタナシウス派で、彼らはキリストが人としての性格と同時に神としての性格を持っていると主張した。

アリウス派の主張に従うならば、イエス・キリストはたんなる人間であるにもかかわらず、救済をもたらしたことになる。そうなると、救い主であるべき神の他に救済の主体が存在することになってしまう。それでは、一神教が多神教に行き着いてしまう。アタナシウス派がアリウス派を批判したのは、一神教としての立場を守ろうとしたからである。

神学発展による異端排斥

ここには、キリスト教の信仰が抱える難しい問題がすでに示されている。キリスト教の母体となったユダヤ教では、神の啓示にもとづいてユダヤ法(ハラーハー)が確立され、ユダヤ教徒はその法に従って生活を営んでいくことになった。

ところが、キリスト教の場合には、信者の生活を律する法というものが確立されなかった。それは、当初のキリスト教が終末論を強調し、世の終わりが切迫していることを説いたからである。世の終わりがすぐにでも訪れ、最後の審判が下されるのなら、それまでの地上での生活は意味を持たない。そうである以上、日常の世界を律する宗教的な法など必要とはされなかったのである。

そこにハラーハーにあたるキリスト法が生まれなかった根本的な原因がある。法の宗教としてのユダヤ教の伝統を受け継いだのは、むしろイスラム教だった。イスラム教においても、神の啓示にもとづくイスラム法(シャリーア)が確立された。

キリスト教では、宗教的な法ではなく、教義のほうが重視された。宗教的な法が定まっているのなら、その法をどのように解釈し、現実に適用するかを課題とする法学が発展する。けれども、法を持たないキリスト教では、むしろ教義が重視され、神学が発展した。その教義は、聖書に直接示されたものではなく、人間の側、信者の側の解釈によるものだった。そこに、異なる教義が唱えられ、論争が生まれる根本的な原因があった。

第1ニカイア公会議では、ニカイア信条が採択された。そのなかには、「主は、御父より生れたまいし神の独り子にして、御父の本質より生れ」という文言があった。

これによって、アタナシウス派が正統となり、アリウス派は異端と定まった。神の独り子であるイエス・キリストは、神の本質から生まれたものだからである。異端であるということは、キリスト教会から破門されるということであり、追放されることを意味した。

その後、公会議はくり返し開かれるようになり、そのたびにキリスト教の正統となる教義が確立されていくことになる。だがそれは、異端を排斥していくことにもつながった。

431年のエフェソス公会議では、イエス・キリストの位格は神格と人格の二つに分離されるとするネストリウス派が排斥された。ネストリウス派はその後中国に伝えられ、「景教」の名で呼ばれた。

451年のカルケドン公会議では、イエス・キリストが神性と人性の二つの性を持つのではなく、一つの性を持つとする単性論が排斥された。

680年から81年にかけての第3コンスティノポリス公会議では、キリストの人格はただ一つの意志を持つとする単意論が排斥された。

信仰を持たない人間からすれば、あるいは、現代の人間からすれば、公会議での議論は過度に煩瑣《はんさ》なものにも思える。だが、イエス・キリストをどのような存在として位置づけるかは、カトリック教会の教義の根幹をなすもので、異端を排斥することによって、その点が次第に明確化されていったと見ることができる。要は、キリストが人性と神性の二つを同時に持っているという教えだけが正統と見なされたのである。

他にも、787年の第2ニカイア公会議では、イコンに対する崇敬を否定し聖像を破壊する聖像破戒論者が排斥されている。

そして、1215年の第4ラテラン公会議では、ワルドー派とカタリ派が排斥されている。この二つの異端は、ともに清貧ということを重視した。これは、古代から次々と生まれてきた修道会の目的と共通する。だが、ワルドー派とカタリ派の場合には、善悪二元論の立場をとっている点で異端とされたのである。

絶対善の矛盾

ではなぜ、善悪二元論は異端とされるのだろうか。

そこには、一神教としてのキリスト教の教義の根本がかかわっている。

神は、この世界を創造した創造主であるというのがキリスト教の基本的な立場である。それはユダヤ教から受け継いだ考え方で、イスラム教もその前提を共有している。

神は、たんに世界を創造しただけではなく、絶対的な善としてとらえられる。ところが、そういうとらえ方をすると、重大な問題が生じてくることになる。

というのも、善なる神が創造したはずの世界には、さまざまな悪が生み出されてきたからである。

なぜ絶対の善である神が創造した世界に悪が存在するのか。これは極めて重大な問題で

あり、また解決が難しい問題である。実際、キリスト教神学は、この問題を解決すること
に腐心してきたと言える。
ユダヤ教にはなかった原罪の考え方が生み出されてきたのも、この難問を解決するため
だったと考えられる。神は、悪の存在しないエデンの園という楽園を人間に対して与えた。
ところが、最初の人類であるアダムとエバは、神が食べることを禁じた善悪を知る木の実
を食べてしまった。それはエバが蛇に誘惑されたからだが、やがてこの蛇は悪魔としてと
らえられるようになる。神は善なる世界を作ったが、人間が神の命令に背き、それで悪が
この世に現れたというわけである。
しかしそうなると、今度は、ではなぜ悪魔が存在するのかということが疑問として浮上
してくる。悪魔については、天使が堕落したものだと解釈された。堕天使である。人間が
神に逆らったように、天使も神に逆らうことで堕落し、悪魔になったというのだ。
果たしてこれで、「唯一絶対の神が創造した世界に、なぜ悪が存在するのか」という難
問は解けたのだろうか。そうとも思えないが、キリスト教は善悪二元論に陥ってしまうこ
とを恐れ、そうした傾向を持つ思想を異端として排斥するようになったのである。

考えてみれば、善悪二元論のほうが、なぜこの世に悪が存在するのかをはるかに説明しやすい。善なる神と同時に悪なる神がいて、この世界に生まれる悪は、すべて悪神によるものだと考えればいいからである。

実は、江戸時代の本居宣長は、こうした善悪二元論を主張していた。世界に起こる悪は、すべて「古事記」に登場する悪神、禍津日神《まがつひのかみ》によって引き起こされるもので、悪が生まれるのも仕方がないことだとしたのである。

宣長は、当時読めなくなっていた古事記を、長い年月をかけて読み解き、その成果を『古事記伝』（1790～1822年）という書物にまとめた。宣長にとっては、古事記に書かれていることこそが真実であり、それを否定はできないのである。

こうした宣長の善悪二元論は、国学の世界でも受け継ぐ人間はいなかった。したがって、宣長の独創ということにもなるが、キリスト教が誕生した直後の中東の世界では、善悪二元論を主張する新たな宗教が誕生した。それがマニ教である。

マニ教の善悪二元論

マニ教の名は、創唱者であるマニに由来する。マニは216年にペルシアに生まれたが、同じくペルシアの宗教であるゾロアスター教にとどまらず、ユダヤ教やキリスト教の影響も受けていく。さらにマニはインドを旅した経験を持っており、仏教やヒンドゥー教について学んだものと考えられる。

マニの世界観は、ゾロアスター教の影響を受け、善悪二元論が基本だった。世界は善なる創造神によって創造されたものではない。はじめに光明の父・ズルワーンと、闇の王子・アフリマンとが存在した。世界の創造と歴史は、この二つの存在の対立から生じるものだというのである。ここが、唯一絶対の神による創造を説き、一元論の立場にたつキリスト教とマニ教が対立する点である。

もう一つ注目されるのは、マニ教においては現世否定、現世拒否の傾向が強く打ちだされた点である。そこにはマニが、善悪二元論にたつだけではなく、霊的なものと肉体との対立を説いたことが影響している。

マニは、霊的なものと肉体が対立しているとした上で、人間はこの世に住み、肉体を与えられたことによって苦しんでいるととらえた。肉体を与えられたことで悪のいけにえになっている人間が唯一救われるとすれば、それは真の知識である霊知の獲得によってである。

それはさらに、マニ教徒に勧められた生活のあり方にも関係していく。マニは、人間は肉体を与えられた点で物質的な存在でありながら、同時に光の本質を持っているとした。その点で両義的な存在であり、自らのうちに、救済へと至る可能性を見出していかなければならないとされたのである。

そのため、人間には数々の禁欲が課された。殺生や肉食を慎み、酒を控えるといったことは、他の宗教にも見られる戒律であるわけだが、マニ教の場合には、それを極端なほど徹底させるところに特徴があった。

たとえばマニ教では、植物の根を抜くことさえ禁止され、果物や透き通った野菜だけが好ましい食べ物とされた。さらに、快楽のために性的な欲望を満たすことが禁じられただけではなく、子孫を増やすことで物質的な世界を強化することも認められなかった。

ただし、厳格な禁欲を課されたのは、神の選民であるアルダワーンという聖職者だけで、一般の信者にはそれほど厳しい戒律は課されなかった。それでも、アルダワーンを支える一般の信者も、やがては選民となることが期待されていた。

善悪二元論を強く主張する点で、マニ教はキリスト教のライバルとなった。しかも、最初の教父として原罪の教義の確立に貢献したアウグスティヌスは、もともとはマニ教の信者であった。

マニ教徒であったときのアウグスティヌスは、善悪二元論の立場をとっただけではなく、愛欲に溺れる生活をしていた。それが、キリスト教への回心にも結びついていくのだが、そうした前歴もあるため、生涯にわたって、徹底したマニ教批判を展開した。いかにマニ教の善悪二元論を克服するのか。それがアウグスティヌスの、さらにはキリスト教神学の最大の課題となったのである。

こうしたことから、キリスト教会は、善悪二元論が台頭してくることを恐れ、その兆候が見られたときには、それを異端として排斥した。そうした異端の代表となるものが、第4ラテラン公会議でワルドー派とともに排斥されたカタリ派であった。カタリ派は、キリスト教が対峙した最大、最強の異端であった。

カタリ派の基本的な教義は善悪二元論にある。カタリ派について研究した渡邊昌美（『異端カタリ派の研究――中世南フランスの歴史と信仰』岩波書店）は、善なる神のほうは、不変不朽、不可視の霊性を属性とし、その領域は霊界であるとする。

一方、悪神は悪魔でもあり、それはつねに変転をくり返していく物質の世界、形而下の世界の存在であり、現実世界をその領域としている。カタリ派に特徴的なのは、「旧約聖書の神は、現実世界を生んだ存在であるがゆえに悪神」とされている点で、旧約聖書はもっぱら排撃の対象となった。

そして、ここがマニ教とも共通するところだが、善なる神が創造した霊は肉体という獄舎に捕らえられており、現世につながれているとされた。イエス・キリストは、人間が善なる神によって創造された点で聖なる起源を持っていることを証明し、救済を啓示するために来臨した天使である。だが、福音書に記されたイエスの降誕、奇蹟、受難といった事柄は、あくまで幻であるととらえられた。そこから、カトリック教会で信奉される贖罪《しょくざい》の教理や三位一体論も否定された。

救済のための異端審問

では、キリスト教の基本的な教義が次々と否定されていくのであれば、どうしたら人間は救われるのだろうか。

救済のためには、キリストが樹立した教会であるカタリ派の教団に加わって厳しい戒律を守る必要がある。その際に決定的に重要なことは、悪神が創造した物質の世界とできるだけ没交渉で生きることである。とくに肉欲と肉食は徹底して憎悪の対象となった。

ローマ教会は悪神が創造したものであるがゆえに、教会における秘跡、職階、諸制度、十字架、会堂、聖遺物、墓地などは全面的に否定された。社会生活についても、権力、家族、所有、生産などのいっさいには価値が認められなかった。最も極端なところでは、自殺が制度化されるまでに至ったことである。ただこれはカタリ派の聖職者にのみ勧められたことで、一般の信者は対象外だった。ここにもマニ教との共通性が見出される。

カタリ派の源流となるものは、バルカン半島に生まれたボゴミリ派である。バルカン半島はヨーロッパ南東部にあり、現在の国名では、ギリシャ、アルバニア、ブルガリア、北マケドニア、セルビア、モンテネグロ、クロアチア、ボスニア・ヘルツェゴビナ、及びトルコのヨーロッパ部分などが含まれる。ボゴミリ派は、そのうちブルガリア帝国に発生し、周辺地域に拡大した。渡邊は、ボゴミリ派について「中世東欧の二元論異端の中でも最大のもの」と評している。

ボゴミリ派も旧約聖書を排撃し、洗礼者ヨハネを最後の審判の前に現れるアンチ・キリストの前触れとして悪しき者ととらえる。聖母マリアの実在も否定され、キリストの降誕、受難、復活も現実のことではないと否定された。教会の制度、そこでの儀礼、あるいは聖遺物などの信仰は全面的に否定された。

労働についても、この世のものであるとして価値が否定され、さらには世俗権力も否定された。その代わりに禁欲の戒律が徹底して重視されたが、なかでも生殖や肉が悪として不浄視され、憎悪の対象になった。まさに、ボゴミリ派はカタリ派の源流だったのである。

カタリ派が南フランスにおいてその勢力を拡大していくのは12世紀後半から13世紀にかけてのことだった。11世紀の終わりからはじまる十字軍のなかには、アルビジョア十字軍というものが含まれる。これは第4回の十字軍を招集した教皇、インノケンティウス3世

（在位1198〜1216年）の時代に組織されたもので、カタリ派や、同じく南フランスでその勢力を拡大していたアルビ派といった異端を撲滅することを目的としていた。

もう一つ、カトリック教会が異端を撲滅するために行ったのが異端審問である。異端審問としては、スペインでの事例がよく知られているが、カタリ派が南フランスを拠点としていた以上、フランスでも盛んに行われていた。

異端審問を担うのが異端審問官であり、フランスの異端審問官として最も名高いのがベルナール・ギーである。ギーは1261年か62年に生まれ、1331年に亡くなった。ギーは、記号学者でもあるウンベルト・エーコが書いた小説『薔薇の名前』（1980年）にも登場する。この作品は映画化されてヒットしたが、そこでのギーは、血も涙もない冷酷な異端審問官として描かれていた。

実際のギーは、それほど残虐な人物ではなかったようだが、彼は『異端審問の実務《プラクティカ》』（1322〜25年）という書物を書いており、いかに審問を行うのかを、事細かに書き記していた。これが、異端審問を行う際のテキストとして用いられたのである。

テキストが存在したということは、異端審問が制度化されたものであったことを意味する。カトリック教会がめざしたのは異端を一掃することだが、異端を次々に火炙りにしていくことが本来の目的ではなく、異端者を改心させ、正しい信仰に戻すことを目的としていた。あくまでそれに応じない者が処刑されたのである。

禅問答のような反問

こうした異端審問について、渡邊昌美は『異端審問』（講談社学術文庫）で詳しく述べているが、そこで宗教と嘘との関係にかかわる興味深い事例を紹介している。

それは13世紀前半に南フランス最大の都市、トゥールーズで起こったことである。織布工のジャンという人物が異端として召喚されたが、その際に、町の人々にむかって、「皆の衆、聞いて下され、私は異端とは違う。私には妻がある。妻と寝るし、子供もある。肉も食えば、嘘も吐くし、誓いも立てる。だから私は正統信者だ」と言ったというのだ。

これは、カタリ派が現世での生活の価値を否定し、極端な禁欲を主張したのを踏まえてのことである。ピエール・デ・ヴォードセルネーの『アルビジョアの歴史』によれば、カタリ派は「神について常に偽りを語るにもかかわらず、虚言者と見られることを嫌い、いかなる場合にも誓いを立ててはならないと」説いていたという。ジャンは、異端が否定することを自分がしてきたと主張し、それで異端の嫌疑を晴らそうとしたのである。

当然のことだが、異端の側は自分たちが異端だとは考えていない。自分たちこそが正統であると考えており、間違っているのは既存のカトリック教会のほうだと考えている。だからこそカタリ派は、自分たちのことを善信者、善き信者と称していた。虚言者と見られるのを嫌ったのも、自分たちが道徳的に正しい生活を送っていると自負していたからである。

つまり、カトリック教会にとってカタリ派は異端だが、カタリ派にとってはカトリック教会のほうが異端なのだ。そこで、正統と異端は逆転する。異端は自分たちが正しいと信じていたからこそ信仰を曲げず、火炙りになってしまったのだ。

しかし、カタリ派の信者の目的が、あくまで自分たちの信仰を貫くということにあるのだとすれば、間違った信仰を持つカトリック教会の異端審問によって処刑されることは意味のない、馬鹿げたことにもなってくる。少なくともカトリック教会に対して正直である必要はない。だから、異端審問にかけられても、尋問にまともには答えようとしなかった。

それは、異端審問官の側からすれば、「まことしやかで奸計に満ちた返答」（『異端審問』）であったことになる。

ギーは、『異端審問の実務』で審問官と異端とのあいだのそうした具体的なやり取りを再現している。これは、カタリ派ではなく、やはり二元論を信奉するワルドー派の場合だが、彼らはいつも二重の意味で返答するという。

ギーによれば、彼らは良心にいっさいうしろ暗いところがないかのように落ち着きはらって出廷するという。捕らえられた理由について知っているかと問うと、物静かに笑みさえ浮かべて、「審問官さま、教えて頂ければ有難い」（以下、同前）と答える。そして、「信仰については、善き信者の信じることは全部信じています」と答えるのだった。

審問官　善き信者とは何か。
異端　聖なる教会の教える通りに信じる者。
審　しからば、聖なる教会とは。
異　審問官さま、あなた自身が聖なる教会と信じている教会であります。

審　法王と司教の権威のもとに統《す》べられる教会のことか。
異　私はそう思うのであります。

まるで禅問答である。

さらに審問官が聖体の秘蹟について聞くと、「信じなければならないのではありませぬか」と反問してくる。そこで、「そんなことを尋ねてはおらぬ。お前が信じているか否か聞いておるのだ」と突っ込んで聞くと、今度は「そのことなれば、教会の善き博士たちが信じよと命じる通りに信じるのであります」と、さらにはぐらかしてくる。

ついには、「審問官さま、悪いことをしたのであれば喜んで償いを致します。ただ、今度のことだけは身に覚えがありませぬ。他人の嫉《ねた》みのせいで悪評を立てられたのでありますとか、「私は愚鈍で無学な人間であります。このように高級な質問を理解できるはずがありませぬ」と泣き落としにかかってくる。

ギーは、「嘘八百を開陳し、しかも笑《え》みを含んで話す者を度々見た」と述べ、異端が「述べ切れないほどの策略」で「護摩化《ごまか》し」、「毎日のように新手を考案するのだ」と嘆いている。

ギーは、異端に相当に手を焼いたようだ。異端の側は、自分たちが正しく、異端審問官のほうが間違っていると考えるわけだから、真実を述べようなどという気持ちはいっさいない。いかに尋問を切り抜けるかが問題で、そこで嘘をついても悪いことだとはまったく思わないのだ。

異端審問の目的は、異端を改心させることにあるのだから、異端者がどのように考えているのか、それを正確に理解しなければならない。だからこそ尋問をくり返すのであり、建前としては、そうした証言は拷問を使わずに得られたものでなければならなかった。異端の側は、そうした状況を利用し、はぐらかし、嘘をつくことで、なんとかその場を逃れようとしたのである。

異端という烙印を押されてしまえば、処刑され、命を奪われることになる。それは、教えに殉じて殺されたということで殉教にはなるが、異端の信仰のなかには、殉教を称揚するようなところはない。ならば、異端審問から逃れることが何より重要ということになってくる。

第1章で見たように、宗教の世界では嘘をつくことは戒律で戒められている。嘘をついてはならないというわけだ。

異端もまた、虚言者と見られることを嫌うわけだから、嘘を否定していることになる。しかし、嘘も方便という考え方もある。

自分たちを迫害してくる人間に対しても嘘をつかないという態度をとるということはあり得る。後の章で見るように、それこそが人間にとって真実のあり方だという主張もある。しかし、自分たちが間違っていると考えている相手の手によって命を落とすなどというのは意味のないことだという考え方も成り立つ。その場合には、嘘をついてもかまわない。異端はそのように考えたのである。

果たしてこれは異端だけに言えることなのだろうか。私たちは、そのことを考えてみる必要があるのではないだろうか。

第4章　親孝行とは嘘をつくことなり

ついてもいい嘘がある？

孔子の教えには、
仲間を守るために、積極的に
ついていい嘘がある。

孝経が説く徳目

世界中に多くの信者を持つ主な宗教では、戒律において嘘をつくことが戒められている。

嘘をついてはならない。

それが、人類普遍の道徳であるように見える。

ところが、第3章で見たように、キリスト教の異端は平気で嘘をつく。

ただしこれは、彼らが道徳的ではないということは意味しない。彼らは自分たちが虚言者と見られることを嫌っている。彼らにとっては、カトリック教会の側こそが偽りである。偽りの信仰を持つ相手に対しては、自分たちの身を守るために平気で嘘をつく。それは彼らにとって正しいことなのである。

仏教になれば、嘘も方便という考え方がある。

日本のことわざには、「正直者が馬鹿を見る」というものがある。これは、馬鹿正直とも言われる。正直者が損をするということわざもある。正直であるだけでは、世の中をうまく渡っていくことはできないというわけだ。

では、嘘は本当にいけないことなのだろうか。それとも、ときには嘘をつくべきなのだろうか。

そのあたりの関係について、この章では「孝」の問題を中心に考えてみたい。孝は孝行、親孝行を意味する。

孝と言うと、私たちはすぐに儒教のことを思い浮かべる。たしかに、孝は儒教で説かれる中心的な徳目である。

しかし、第1章で見たように、ユダヤ教のモーセの十戒には、「あなたの父母を敬え」という戒めがあった。

キリスト教のイエス・キリストも、ファリサイ派との論争のなかで、この十戒のことばを引用することがあった。そして、パウロは、「エフェソ人への手紙」のなかで、「あなたの父と母とを敬え」が第一の戒めであるとしている。

孝は儒教だけで説かれるものではなく、ユダヤ教やキリスト教でも説かれる普遍的な戒めであるとも考えられる。

しかし、親に対する孝ということを徳目の一つとして説くにとどまらず、それを道徳全体の核心に位置づけたのが儒教なのである。

儒教の経典は経書と呼ばれるが、そのなかに「孝経」が含まれている。これは孝を徳の根本として説いた経典である。

孝経は、孔子の門人である曽子《そし》に対して師の孔子が教えを説くという形式をとっている。だが、偽作説も根強い。作者が誰かは判明していないと考えるべきだろう。

孝経にあることばのなかで、最もよく知られたものが、「身体髪膚《しんたいはっぷ》、之を父母に受く。敢て毀傷《きしょう》せざるは、孝の始めなり」(開宗明義章第一)であろう。これは、自分の身体のあらゆる部分は両親から受け取ったものであり、それを傷つけたりしないことが、孝のはじまりだというのである。

これは、「身を立て道を行ない、名を後世に揚げ、以て父母を顕わすは、孝の終りなり」と続いていく。卒業式の定番である「仰げば尊し」の2番には、「身を立て名をあげ」という歌詞が出てくるが、これは、孝経のこの箇所をもとにしている。

同じ開宗明義章第一には、「子曰わく、夫れ孝は徳の本なり。教えの由って生ずる所なり」とある。孝は徳の根本で、そこからすべての教えが生まれるというのだ。

天子章第二には、「子曰く、親を愛する者は、敢えて人を悪《にく》まず。親を敬する者は、敢えて人を慢《あなど》らず」とある。親を愛することができる人間は、他人を憎んだり、軽蔑したりすることがないという。

聖治章第十では、「人の行いは、孝より大なるは莫し」とされ、孝が人間の行いのなかで最も重要であるとさえ言われている。

逆に、五刑章第十四では、「子曰く、五刑の属三千、罪不孝より大なるは莫し」と述べられている。五刑の属三千とはさまざまな刑罰のことを意味するが、不孝は数ある罪のなかで最も重いというのだ。

孝より忠の日本

私たち日本人も、儒教の影響を強く受けており、親に対する孝を重要な徳目と考えている。しかし、ここまで言われると、正直、違和感を持つのではないだろうか。

今日でも上演される浄瑠璃、歌舞伎の演目に「本朝廿四孝《ほんちょうにじゅうしこう》」がある。これは、越州の長尾家と甲斐の武田家の争いに取材した、筋立てがとても複雑な作品である。題目にある廿四孝は、中国の書物「二十四孝」に由来する。それは、とくに孝に優れた人物についての話を集めたものである。

たとえば、孟宗竹の由来ともなった孟宗《もうそう》についての話は、筍を好む年老いた母が病に伏せり、冬にそれを求めたので、竹林に行って、天に祈ったところ、筍が生え、それを母に食べさせると快癒したというものである。

また、8歳の呉猛《ごもう》についての話は次のようなものである。呉猛の家は貧しく、蚊をよけるために蚊帳を吊ることもできない。そこで呉猛は、自分の衣を脱いで両親にかけ、自分は蚊にさされてもかまわないが、両親は避けて欲しいと祈り続けたというのである。

呉猛は立派だが、こんな8歳が周囲にいたとしたら、かえって不気味である。

二十四孝は、元の時代に編纂《へんさん》されたもので、日本でも「御伽草紙」の題材になったり、寺子屋の教科書としても用いられた。ただし、どれも話としては相当に極端なもので、奇跡譚にもなっている。

中国においては、それだけ孝が徳目として重視されたわけだが、ではなぜ、そうした事態が起こったのだろうか。なぜ中国の人々は、孝に究極の価値を与えたのだろうか。

モーセの十戒において、親孝行に近いことが勧められており、それはキリスト教にも受け継がれたとはいえ、ユダヤ・キリスト教の世界では、親に対する孝が極端なほど重視されてきたわけではない。

日本人も儒教を受け入れており、孝の考え方も浸透している。しかし、二十四孝に描かれている話に日本人が共感することは難しい。

歌舞伎で本朝廿四孝が上演されるとき、最もよく取り上げられるのは、十種香・狐火の場面である。それは八重垣姫と武田勝頼の恋の物語だからである。ただ、この場面には、孝にかかわるようなことは出てこない。

本朝廿四孝には、筍掘りという場面があり、それは、二十四孝の孟宗の話を下敷きにしている。そこから全体が二十四孝にちなんだ題名になったのだが、母のために雪のなかから筍を掘り出そうとした慈悲蔵《じひぞう》が掘り出したのは、「六韜三略《りくとうさんりゃく》」という兵法書だった。

日本人が二十四孝の話にそれほど共感しないのは、中国から儒教を通して伝えられた徳目のなかで、孝よりも重視したものがあったからである。

それが「忠」である。

孝は両親に対して尽くすことだが、忠のほうは主君に対して尽くすことである。忠の対象は、人間だけにはとどまらず、国家や組織にまで及んでいく。

戦前の日本社会において、大きな影響力を持った教育勅語は、正式な名称を「教育ニ関スル勅語」という。大日本帝国憲法が施行される直前の明治23年（1890年）10月30日に下されている。勅語とは天皇のことばであり、本文は「朕惟《ちんおも》フニ」ではじまる。朕は天皇のことである。

教育勅語のなかには、「我カ臣民克ク忠ニ克ク孝ニ」という箇所がある。これは、忠と孝とをともに勧めたものだが、その前にある臣民とは、君主である天皇に忠を尽くす国民を意味する。

教育勅語のなかには、「朕カ忠良ノ臣民」ということばも出てくる。大日本帝国憲法では、天皇は絶対的な君主として神聖な存在とも規定されており、その天皇に忠を尽くすことは、国民の基本的な姿勢と位置づけられたのである。

忠ということがいかに重要なものなのか。それは、新渡戸稲造が書いた『武士道』（1

900年）に描かれていた。新渡戸は、アメリカで病気療養を行っていたときにこの本を執筆したのだが、武士がいかにいさぎよく死に赴いていったのかを本全体を通して強調している。切腹についての描写は細部にわたり、迫力がある。英語で執筆されたことで海外の読者を多く獲得したのも、そこに、日清戦争や日露戦争で勝利をおさめ、一躍世界の列強の仲間入りを果たしつつあった日本の強さの秘密が示されているように受け取られたからである。

また、忠の価値を強く主張し、人気を集めたのが、浄瑠璃や歌舞伎の人気演目「仮名手本忠臣蔵」である。大石内蔵助（演目では大星由良助として登場する）という赤穂藩の家老に率いられた赤穂浪士たちは、切腹に追い込まれた君主塩谷判官（実際の浅野内匠頭）の無念を晴らすために討ち入りし、高師直（吉良上野介）の首をはねる。この物語のなかには、忠と孝とが対立する場面も登場するが、そこでは忠のほうが孝よりも重視されていると見ることができる。

「父は子の為に隠し、子は父の為に隠す」

ではなぜ、日本では中国とは違い、孝よりも忠が重視されてきたのだろうか。

これは、なぜ中国で孝がことさら重視されたのかという、すでに立てた問いと結びついていく。さらには、本当に嘘は悪いことなのかという問いにも深く関係していくのである。

そもそも孝経の著者とされた孔子が実在したかどうかはかなり怪しい。何しろ紀元前6世紀、ないしは5世紀の人物とされており、同時代の伝記史料が存在しないからである。

このことに深入りしていくと問題が厄介なことになってくるので、とりあえずおいておくことにする。

孝経も、孔子が弟子の曽子に語ったことという体裁をとっているわけだが、孔子の言行がつづられているとされてきたのが儒教の聖典、論語である。

論語のなかで嘘が戒められていることについては、すでに第1章で見た。他にも、学而第一の6では、「子の曰わく、弟子《ていし》、入《い》りては則《すなわ》ち孝、出《い》でては則ち弟《てい》、謹しみて信あり」とある。若者は家では父母に孝を尽くし、家の外では上の者に従い、言動を謹んで信義を守る必要があるというのだ。当然、信義を守るには嘘をつかないことが肝要である。

儒教における基本的な徳目は仁、義、礼、智、信の5つにまとめられ、それは「五常」

と呼ばれる。五常のなかには信が含まれている。真実をつげ、嘘をつかないことが道徳の基本とされているわけである。

中国で儒教と並ぶ土着の宗教ということになると、道教があげられる。道教でも、やはり信は重視されている。

道教の経典である「老子」（または「道徳経」）には、「天網恢恢《かいかい》疎にして失わず」（73章）ということばが出てくる。これは、天の網は広くて粗いように見えて、実は細かく、悪が見逃されることはないという意味である。嘘をつけば、天は放っておかず、必ず罰が下される。このことばは、道教というよりも、儒教の考え方に近い。その分、神仙思想を含む道教のイメージからは離れるかもしれない。

そして、ここで注目しなければならないのが論語の子路第十三の18である。とりあえず、その全文を引用しよう。

葉公、孔子に語りて曰《い》わく、吾が党に直躬《ちょくきゅう》なる者あり。其の父、羊を攘《ぬす》みて、子これを証す。孔子の曰《のたま》わく、吾が党の直《なお》き者は、是れに異《こと》なり。父は子の為めに隠し、子は父の為めに隠す。直《なお》きこと其の中《うち》に在り。

（『論語』金谷治訳注／岩波文庫）

葉公《しょうこう》は楚の国の大夫であり、地方の知事である。葉公は自慢げに、自分のところには正直者がいて、父親が羊を盗んだことを隠さなかったのだと語った。

葉公は、これこそ孔子の教えにかなったことだと考えたのだろうが、孔子は意外なことを言い出した。

自分のところの正直者は、父は子のためにその罪を隠し、子は父のためにその罪を隠すというのだ。そこにこそ正直であるということが示されている。孔子は、そのように主張したのである。

孔子は何と恐ろしいことを言うのだろうか。多くの日本人はそのように考えるだろう。隠すということは嘘をつくということである。孔子は嘘を奨励しているのか。そのような疑問が湧いてくるはずである。

嘘をついていいのなら、儒教の基本的な徳目である信はどうなるのか。孔子の言うことは信に反するのではないか。いったい孔子は、どうしてこのようなことを言うのだろうか。疑問はどんどんと広がっていく。

しかし、孔子の言っていることは、極めて重要なことなのではないだろうか。

少なくとも、前の章で述べたキリスト教の異端、カタリ派の人間なら、孔子の言っていることに深く賛同するだろう。

ベルナール・ギーの『異端審問の実務』では、推奨される尋問の仕方が示されている。尋問を通して異端から聞き出さなければならないのは、「相手が異端者であると知りながら、もしくは異端者の噂のあるのを知りながら、異端者と会ったことがあるか。幾度会ったか。その時誰々と一緒だったのか。それは何処で、また何時のことか」といったことだというのだ。

ギーのことばを紹介している渡邊昌美は、こうした尋問の目的は、対象者の異端との関わりの深さを測ることにあるだけではなく、異端者が出没する頻度の高い地区を浮かび上がらせるためであったと述べている。つまり、異端審問官は、証言から芋づる式に多くの異端者を探し出そうとしているわけである。

そうした策略に乗ってしまえば、異端者の存在は次々と明るみに出され、異端審問にかけられていくことになる。異端審問官に真実を告げることは、仲間を裏切ることになる。だからこそ、異端は前の章で見た禅問答をくり返すわけだが、「異端の直き者は、仲間の為に隠し」、異端審問官に嘘をつくことになるのである。それは自分たちの命を守り、信仰を守ることにつながる。そうである以上、隠すことを躊躇《ためら》い、それを後悔する必要などないのだ。むしろ、それこそが異端者のあいだでは美徳になるのである。

「血縁社会」中国と「家社会」日本

問題は、果たしてこれが、異端者だけの問題なのかということである。

日本人は、葉公の言うことに賛同するかもしれない。親が不正を働いているのなら、子はそれを正直に世間にむかって公表すべきだというわけだ。

しかしそれは親にとっては、はなはだしい不利益になる。子が自らの罪状をあばく密告者になってしまうからである。

肝心なことは、世間がその後、この親と子をどのように扱うかである。

親は犯罪者のレッテルを貼られる。では、子は大いに賞賛され、厚遇されることになるのだろうか。

親が犯罪者であることによって、子は犯罪者の係累と見なされる。世間は、親と子は別だとしながらも、親子を一括して扱うことが少なくない。正直者としての評価と、犯罪者の係累という評価のどちらがより重いものになるのか。それは、相当に難しいところである。

ここで考えなければならないのは、中国の社会と日本の社会との違いである。中国の社会の大きな特徴として、血縁が極めて重視される血縁社会であることが指摘されてきた。近年では、長く続いた中国共産党による一人っ子政策の影響もあり、伝統に変化が生まれているとも言われるが、少なくとも儒教が生まれ、その教えが中国人の道徳の根本とされていた時代には、血縁社会であることが基本だった。

中国では、父方の姓を同じくする者同士の血縁による関係が最も強く、この絆で結ばれた人間を信頼する。逆に言えば、姓が異なり、血縁がない人間は、他人と扱い信頼しないということである。

嘘を言ってでも父が子のために隠し、子が父のために隠すことを孔子が美徳としたのも、こうした中国社会のあり方が深く関係している。父や子の都合の悪い真実を社会にむかって明らかにすることは、血縁関係で結ばれた集団を裏切ることを意味する。裏切れば、その瞬間に、集団の敵にまわることになる。そして、そうなったからといって、社会が正直者を守ってくれるわけではないのである。

「日本は家社会である」と言われることが多い。たしかに家という存在は日本の社会のなかで極めて重要な意味を持ち、それは生産や経済活動を担う場として機能してきた。そして、家を代々にわたって守り通すことが、その家に属する人間に義務として課されてきた。

家における人間関係の基本は、やはり血縁である。血のつながった者同士が家族を形成することになる。

しかし、日本の家の特徴は、家を守るために養子をとることが広く行われてきたところにある。家にそれを受け継ぐ後継者がいない場合には、外から養子をとる。それは当たり前に行われてきたことで、血縁が絶対ではないのだ。

とくに商家の場合など、家を継ぐには商才が求められる。経営能力がなければ、商家は立ちいかなくなっていく。そのため、たとえ血縁の後継者がいたとしても、商才がなければ、その人間には家を継がせず、有能な番頭が、その家の娘と結婚する形で後継者に選ばれてきた。

こうしたやり方は、中国ではずっと認められてこなかった。養子をとるにしても、父方の姓を同じくする血縁関係のある者が選ばれたのである。その点で、日本は血縁主義とは言えないのである。

日本の社会のなかで、必ず血縁で、しかも男系で受け継がれているのは天皇家だけである。明治のはじめの段階で万世一系ということばが生まれ、大日本帝国憲法と並行して制定された皇室典範では養子が禁止された。皇室典範は戦後改正されることになるが、養子の禁止は引き継がれた。保守派が男系での継承にこだわるのも、そうした伝統が存在するからである。

それによって、天皇家は、日本の社会のなかで「特別な地位を保っている」と言うことができる。天皇家だけが、中国的な血縁主義をとっているのだ。女性天皇はまだしも、女系天皇への抵抗が強いのもこれが関係する。女系になれば、天皇家の特殊性が失われるからである。

天皇家、そして皇室は、一般の国民とは区別されている。一般の国民には戸籍があるが、皇室には戸籍がなく、特別な皇籍が用意されている。一般の女性が戸籍を失い皇籍に入ることはあり得るが、男性にはその道は認められていない。皇室と一般国民とのあいだには、越えることの難しい高い壁が設けられているのである。

血縁主義の立場をとるならば、血縁で結ばれた者と、そうでない者とは区別される。儒教の徳目のなかに含まれる信も、その区別を前提にするならば、血縁で結ばれた者同士にだけ適用されるもので、その外側の人間との関係には適用されないことになる。五常全体が、そうした性格を持っていると考えていいだろう。

たとえば、五常の筆頭には「仁」があげられる。それは、人を思いやるこころであるとされる。

問題は、ここで言われている人というものが誰かということである。果たしてそれは人間一般なのだろうか。それとも血縁で結ばれた人間だけをさすのだろうか。

論語には、「己れの欲せざる所は人に施すこと勿《な》かれ」（顔淵第十二の2）という有名なことばがあるが、この場合の人がどこまでをさすかも大きな問題である。血縁主義の社会である中国では、人というのは血縁でつながった者をさすと考えるべきだろう。そこには血縁があるかどうかでの絶対的な区別がある。誰に対しても、そのような態度をとれとしているわけではないのだ。

ついてもかまわない嘘

この点を踏まえて考えるならば、戒律全体を見直す必要が出てくる。

第1章で、嘘を戒める各宗教の戒律について見ていった際に、その戒めを誰に対しても当てはまる普遍的なものとしてとらえた。本書が問題にしている嘘についても、いついかなる場合にも嘘をつくことは戒律に反しているものととらえた。

しかし、対象に区別があるとするならば、見方は根本から変わってくる。嘘をついてはいけないのは、誰に対してもではなく、あくまで仲間に対してであると考えるべきなのだ。子のために父が隠し、父のために子が隠すのも、父と子は同じ血縁集団に属しているからである。そうした仲間のなかでは嘘をついてはならないが、仲間を守るには、外の人間に対して嘘をついてもかまわない。むしろ、守るためには積極的に嘘をつく必要がある。そういう理屈になってくるのである。

この点を補強する証拠として利子のことを考えてみたい。

最近では、イスラム教では利子をとることが禁止されているということで、利子をとらないイスラム金融が発展してきた。それは、イスラム教徒以外の人間も関心を持たざるを得なくなっている。グローバル化が進むなかで、イスラム教徒と非イスラム教徒とのあいだでさまざまな商取引が行われるようになったからである。

イスラム教はユダヤ教からはじまる一神教の伝統につらなっているわけで、利子の禁止もユダヤ教に遡る。

ユダヤ教においては、聖典であるトーラーに、その考え方が示されている。「申命記」23章20節には、「異邦人には利子を付けて貸し付けてもよいが、あなたの兄弟に貸すときには利子を取ってはならない」とある。ここでは異邦人と兄弟とが明確に区別されている。兄弟とはユダヤ教徒のことであり、異邦人はユダヤ教以外の信仰を持つ人間たちのことをさす。

この伝統はキリスト教にも受け継がれた。トーラーは、旧約聖書としてキリスト教の信仰世界に取り入れられたからである。そして、異邦人からは利子をとっていいという規定は、中東を離れ、ヨーロッパのキリスト教世界で生活するようになったユダヤ人に金融業に進出する機会を与えた。ユダヤ人はユダヤ人から利子をとることができないし、キリスト教徒もキリスト教徒から利子をとることはできないからだ。

異邦人であるユダヤ人とキリスト教徒のあいだでは、利子をとることが許される。今日でも金融の世界においてユダヤ人が活躍しているのは、その伝統を受け継いでいるからである。ただ、それはユダヤ人が差別される大きな要因ともなった。その点については、シェイクスピアの『ヴェニスの商人』の物語に示されている。

ユダヤ人の場合には血縁という要素も加わっているが、信仰は血縁と同様に人間を区別し、差別する基盤となるものである。同じ信仰を持つ人間同士は仲間だが、異なる信仰を持つ者はそうではない。戒律も仲間のあいだでは共有されているが、仲間でなければ適用されないのだ。

それは、仲間しか信用できないということを意味する。仲間は自分たちを守ってくれるし、自分たちの仲間を大切にしなければならないが、仲間以外の人間が信用できるとは限らない。仲間に対しては信頼し、また信義に反するような振る舞いをしてはならないが、信をおけない相手には、とる姿勢は自ずと違うものになってくるわけである。

誰に対しても嘘をついてはならないわけではない。

嘘をついていい相手と、ついてはいけない相手がいる。

ところが、戒律にはそのことははっきりと示されていない。

そこには何らかの圧力がかかっているのではないだろうか。嘘も方便で、それは必要な武器でもあるのに、嘘をつかないということを普遍的な戒律にしようとする、そうした圧力について考えていく必要があるのではないだろうか。

第5章　噓を許さないキリスト教の仕組み

嘘が存在しない世界がある？

キリスト教には、
嘘をつかせない仕組みが
備わっている。

原罪の観念と告解

自分たちの身を守るためには、ときに嘘をつく必要がある。第3章と第4章では、その点について見た。

それは、自分の仲間とそれ以外の人間を区別する必要があるからである。社会の少数派であれば、自分たちを守るために社会と対峙しなければならないこともある。仲間には信を尽くすが、広い社会に対してはその必要はない。そう考えるのであれば、一般の社会に対して平然と嘘をつくことは、なんらやましいことではないのだ。

それぞれの宗教が嘘をつくことを戒めるのは、社会の安定を維持するためである。社会を構成する人間たちが、皆、嘘つきであれば、社会生活は混乱し、さまざまな問題が起こる。宗教には、それを防止する役割が与えられてきたのである。

一般に、宗教は社会を安定させる役割を果たすとともに、社会に対して「挑戦する役割」を果たすと言われている。

それぞれの宗教は、それが誕生した時代には、それまでとは異なる新しい教えを説くわけで、その点で社会に挑戦している。

ところが、宗教が勢力を拡大させていくと、挑戦する役割を次第に捨て、社会を安定させることに貢献するものに変貌していく。

それは、第3章でふれたキリスト教の歴史を考えてみればいい。当初のキリスト教は終末論を説き、社会に挑戦していた。だが、世の終わりの接近が切迫感を失うなかで、キリスト教は教会制度を発達させ、社会を安定させることに貢献するようになっていく。だからこそ、ローマ帝国の国教になることができたのだ。ローマ帝国は、キリスト教に社会批判の役割を期待したわけではない。

国教となったキリスト教会は、救済の手立てとして7つの秘跡を定める。それは洗礼、堅信、聖体、告解、結婚、塗油《とゆ》、叙階からなるものだった。

このなかで嘘とかかわるのが告解である。告解は告白とも言われるし、懺悔と言われることもある。カトリックの教会には、告解を行うための小部屋、告解室が用意されている。そこに入った信者は教会の神父に対して自らが犯してきた罪を告白する。神父は、信者に対して神の赦しを与える。告解においては、罪の告白と罪からの赦しがセットになっている。赦しを与える神父は、聴罪司祭とも呼ばれる。

こうした告解の制度があるのは、カトリックの他に正教会や聖公会である。キリスト教にのみ限られることで、他の宗教には存在しない。プロテスタントにもない。

仏教では、罪や過ちを悔い改めるものとして悔過《けか》と呼ばれる儀式がある。東大寺二月堂で毎年行われる修二会、いわゆるお水取りは悔過法要である。ただ、仏教のなかには、個人が僧侶に罪を告白するような儀式はない。告解はキリスト教に独自なものである。

告解の背景には、キリスト教に特有な原罪の観念がある。原罪については第3章でもふれたが、人類は誕生の時点から罪を背負い、その罪は遺伝を通して受け継がれてきたとされる。

原罪の考え方は、すでに述べたように、キリスト教が生み出したもので、その母体となったユダヤ教にはなかったものである。

蛇に誘惑されたアダムとエバが善悪を知る木の実を食べてしまう行為は、神を裏切るという点で罪深い行為である。だが、「創世記」においては、それが原罪とされているわけではない。また、原罪であることを示唆するような記述もない。

これがやがて、キリスト教においては原罪としてとらえられるようになる。木の実を食べることで二人は自分たちが裸でいることに気づき、それを恥ずかしく思ったとされているることから、二人は性行為に及んだのだと解釈され、原罪と位置づけられていったのである。

告白から告解へ

原罪をとくに強調したのが最初の教父となったアウグスティヌスだった。教父とは、キリスト教の指導者のことである。アウグスティヌスには回心体験があり、それは原罪の主張と強く結びつくものなのだが、そのことは、その後のキリスト教のあり方に多大な影響を与えた。アウグスティヌス自身、自らの回心体験を、『告白』という書物に書き残している。

アウグスティヌスの母親はキリスト教徒であったが、父親はそうではなかった。アウグスティヌス自身は修辞学を学び、その時代には9年間にわたってマニ教を信奉していた。

マニ教については第3章でふれた。

マニ教を信仰していた時代、アウグスティヌスは演劇に熱中し、放縦《ほうじゅう》な生活を送っていた。彼には身分の低い内縁の妻がいて、そのあいだに息子が一人いた。

ところが、次第にマニ教に対して疑いを抱くようになり、修辞学の教師として送られたミラノで、キリスト教の司教であるアンブロシウスの説教を聞いてキリスト教に魅力を感じるようになっていく。母親の影響も大きかった。

紀元386年の夏、アウグスティヌスは決定的な体験をする。

そのときアウグスティヌスは愛欲の問題で悩み苦しんでいた。すると、隣の家から「取って読め、取って読め」と子どもの声で何度もくり返されるのが聞こえてきた。それは子どもたちの遊びだったのだろう。だが、アウグスティヌスはそれを、「聖書を開いて、最初に目に留まった箇所を読め」という神からのメッセージとして受け取った。そして、パウロの書簡が置かれていた場所に戻ると、最初に目にふれた箇所を読んだ。

するとそこには、「酒宴と酩酊、淫乱と好色、争いとねたみを捨て、主イエス・キリストを身にまといなさい。欲望を満足させようとして、肉に心を用いてはなりません」（「ローマの信徒への手紙」）と書かれていた。

このことばは、放縦な生活に浸っていたアウグスティヌスにとって、自分のことを言い当てたものと受け取られた。

彼は、『告白』において、この体験について、「わたしはそれから先は読もうとはせず、また読むにはおよばなかった。この節を読み終わると、たちまち平安の光ともいうべきものがわたしの心の中に満ち溢れて、疑惑の闇はすっかり消え失せたからである」と、その感動について熱く語っている（服部英次郎訳／岩波文庫）。

アウグスティヌスは、パウロを通して回心へと導かれたのだが、パウロにも強烈な回心体験があった。それは、新約聖書で福音書の後におかれた「使徒言行録」につづられている。

それは紀元34年頃のこととされるから、イエス・キリストが亡くなってからまだ間もない時期のことである。イエスは28年頃に十字架刑に処せられたと考えられている。

「使徒言行録」では、パウロはサウロという人物として登場する。サウロはユダヤ名で、ギリシャ語ではパウロになる。サウロは、もともとはユダヤ人のテント職人だったが、ユダヤ教の指導者であるラビについて学び、その観点から、当時新興の宗教としてその勢力を拡大しようとしていたキリスト教に反対し、それを迫害する側にまわっていた。サウロは、イエスの弟子たちを殺そうとまで考えていた。

ところが、サウロが、エルサレムから現在のシリア南部にあるダマスコ（ダマスカス）へと向かっていたとき、突然、天からの光に照らされる体験をする。

サウロが地に倒れると、「サウル、サウル、なぜ、わたしを迫害するのか」という声が聞こえてきた。サウロが、「主よ、あなたはどなたですか」と聞き返すと、その声は「わたしは、あなたが迫害しているイエスである。起きて町に入れ。そうすれば、あなたのなすべきことが知らされる」と告げた。

サウロはその声に従って立ち上がったものの、目を開けても見えなかった。彼は同行していた人々に連れられてダマスコへむかったものの、3日間目が見えず、食べることも飲むこともかなわなかった。ダマスコで、サウロはイエスの弟子の一人から洗礼を施される。

これがパウロの回心体験である。

ただし、パウロ自身は、新約聖書におさめられた書簡のなかで、この出来事については必ずしも詳しく述べていない。最も詳細なのが「ガラテヤ人への手紙」である。そこでも、「神の御子を私が異邦人たちのうちに告げ知らせるために、御子を私のうちに啓示した」と述べられているだけである。「御子を私のうちに啓示した」の部分が回心のことをさしているものとして解釈できるが、具体的なことは語られていない。

その点で、パウロの鮮烈な回心の体験は、「使徒言行録」の作者の創作である可能性が考えられる。あまりに劇的な体験として描かれている点でも、伝説として考えるべきだろう。

しかし、パウロのことばに導かれることで回心をとげたアウグスティヌスは、パウロの回心体験を疑ってはいなかったはずだ。

そして、アウグスティヌスの書物が『告白』と名付けられたことも重要な意味を持った。ラテン語の題名は、〝Confessiones〟であった。彼は、この書物の前半部分にあたる第1巻から第9巻までで自らの生涯を振り返っていた。その生涯は罪深いものであり、それを正直に告白することが本を執筆した目的だった。それによって、罪の告白ということがキリスト教の信仰における重要な問題としてとらえられるようになり、さらには告解という秘跡を生むことにもつながったのである。

告解と贖罪の相関性

キリスト教の告解については、ブライアン・S・ターナーの"Confession and Social Structure"(Bryan S.Turner, *A Sociological Yearbook of Religion in Britain*, 8, London : SCM, 1975)という研究があるので、それを参考に述べていきたい。

初期の教会においては、告解は制度として規定されていなかった。それが規定されたのは1545年のトリエント公会議以降のことである。はじめ告解は一生に一度の行為と考えられていたが、しだいに回数が増えていくようになる。

また、新約聖書の「ヤコブの手紙」(第5章第16節)に「互いに罪を告白し合い、また、いやされるようにお互いのために祈りなさい」とあるところから、告解は信者同士で行われていた。それが、聖職者に対してだけしかできなくなっていく。それは教会の制度化が進み、司祭に権力が集中していくようになったことと並行していた。

告解についてターナーは、「自らの罪を、それに対する赦免の権限を持つ聖職者に訴えること」と定義している。告解は、もともとは浄化作用を持つ治療的な儀式であったが、強制されるようになったことで、個人は罪に対して不安を抱くようになった。そうした潜在的な不安は、告解の制度が存続するあいだは消えることがない。

さらに社会の支配階級は、このメカニズムを利用して、被支配階級を服従させコントロールしようとする。告解は、その社会を支える物語を再肯定させることになるのだが、そうした物語のなかでは、支配階級の優位性が認められ、あわせてその根拠が示されている。聖職者である司祭に対する告解は、司祭をヒエラルキーの上位にあるものと認めることになる。告解のなかでは、社会の安定を脅かす行為や考え方は罪としてとらえられ、それが行われることで社会をよりいっそう統合する機能を果たす。告解を行う側は、自らの行為を社会の規範から逸脱した罪として認め、聖職者がそれに赦しを与えることになるからである。

告解の制度に決定的な影響を与えたのが、宗教改革によるプロテスタントの成立である。プロテスタントは、人間の関心を内側にある主体的な自己に向け、定期的な告解に反対の態度をとった。しかし、ことばによる表出ということが、人間にとって根源的なものであるとするなら、それに代わる手立てが必要になってくる。ターナーは、その代わりとなった世俗的な治療が、フロイトによって確立された精神分析学であるとする。精神分析は、告解の制度が否定されたプロテスタントの社会で告解に代わる役割を果たすようになったというのである。

このターナーの分析が示しているように、告解はキリスト教における原罪の教えと深く結びついている。人間は罪深い存在であり、それゆえに次々と罪を重ねていく。そうなると人間は救われることがなくなり、最後は地獄に落とされることになってしまう。

告解は、定期的に罪を告白させるだけではなく、聖職者が赦しを与えるものであり、いったん赦しが与えられれば、罪は帳消しになる。贖罪がなされたからである。信者同士がお互いの罪を告白するというのであれば、そこに赦しは伴わない。聖職者に対する告解が制度化されていくのも、聖職者は世俗を離れた特別な存在であり、神からの赦しを仲介することができるからである。

告解すれば赦される

こうした告解の制度の変化は、嘘ということにも深くかかわっていく。

個人が何らかの罪を犯したとする。たとえば、盗みを行ったとしよう。盗みを行った人間は、その行為を秘密にする。盗んだことが明るみに出れば、犯罪者として取り締まられるし、それでは盗むという行為が無意味なものになってしまうからである。その時点で、その人間は周囲に対して嘘をついていることになる。

盗人が初期のキリスト教の信者であれば、「ヤコブの手紙」に示されたように、仲間の信者に自らの罪を告白することになるであろう。秘密を抱えていることは苦しいことだからである。仲間は、「ヤコブの手紙」にあるように、ともに祈り、秘密を共有してくれる。そうなると、今度は信者の集団が社会に対して嘘をついていることにもなる。

嘘を共有することは、その集団の結束を強化することに結びつく可能性がある。しかし、同じ信仰を持っているというだけで、そこに属する人間たちが秘密を守り続けるとは限らない。異端のように、結束力が強く、外側の社会と敵対しているなら秘密を守る。だが、たんに信仰を共有しているだけでは秘密を保持できず、そうなれば、嘘がばれるだけではなく、集団の結束にもひびが入る。前の章で見た血縁によって結びついた人間同士なら秘密を守り続けるが、信仰を共有しているだけでは、それは難しい。

聖職者に罪を告白するという制度が確立されていくのも、その点では必然であったのかもしれない。聖職者は世俗の社会を離れているわけで、秘密を守っていきやすい。社会的な利害に煩わされない立場にあるからである。

聖職者は、そのつとめとして、告解の場で明かされたことを決して明かしたりはしない。守秘義務があるのだ。そういう前提があるからこそ、一般の信者は自らの罪を明かすのであり、もし聖職者が、それを秘密にせず、公表してしまうのであれば、決して告解などしない。盗人なら、わざわざ自分の犯罪を警察に告げるようなものだからである。

明かされた罪のなかには、殺人や強姦など、重大なものがあるかもしれない。聖職者が、プロテスタントのように妻帯していれば、妻にまでそれを秘密にしておくことが難しくなるであろう。重大な秘密を抱えた夫の様子がおかしいと、妻は穿鑿《せんさく》するかもしれない。しかし、カトリックの聖職者は生涯独身を守っているわけで、秘密を明かしてしまうかもしれない家族をもともと持っていないのである。

告解する側は、自らが罪を犯したことを自覚しており、その点では、それに苦しんでいるだろう。

しかし、告解を行えば、神からの赦しを得ることができるわけで、それによって罪の意識から解放される。少なくとも、その方向にむかう道が開かれることになる。また、罪を隠すという嘘をつき続けることからも解放される。聖職者に秘密を明かしているからである。

聖職者の側は、信者の罪を知り、それを明かすことのできない立場におかれる。明かしてしまえば、それは聖職者としてのあり方に反するわけで、社会に対しては、今度は自分が嘘をついている形になる。

ただ、そこには神による赦しということがあるわけで、聖職者は、すべてを神に委ねることができる。自分を嘘つきととらえ、そこに罪を感じる必要はないのだ。

告解は一般の信者だけが行うものではなく、聖職者自身も行う。ローマ教皇でさえ、その点では同じである。

近年では、カトリックの聖職者による性的な虐待ということが問題にされるようになってきたが、そうしたことも告解の制度と無関係であるとは言えない。告解には神による赦しが伴うわけで、たとえ性的な虐待を行っても、その罪が赦されてしまうからである。ただ、２０１９年12月にローマ教皇庁は教会法を改定し、信者や聖職者から性的虐待についての告解を受けた聖職者の守秘義務を撤回し、教会の上層部に通報することを義務とすることとなった。

しかし、そうなると信者も聖職者も、告解において犯罪と見なされるような罪を明かすことがなくなる可能性が高くなる。果たして、この改定がどのような効果を発揮するのか、今の時点ではまだ明らかになっていない。

嘘をつかせない仕組み

一般のプロテスタントでは、告解の制度は存在していない。しかし、罪を告白するということは、信仰活動において極めて重要な意味を持っている。それはとくにアメリカにおいて見られることである。

アメリカにはイギリスから多くの人間たちが移民していったわけだが、イギリスの国教会は、政治と宗教とが一体化しているという点で体制的で保守的な性格を持っていた。これに反発し、より自由な形で信仰活動を実践しようとする人間たちが16世紀から17世紀にかけて現れた。彼らは国教会から離脱したことで、「分離派」と呼ばれた。

分離派の人々は、はじめロンドンの周辺で活動していたが、自由の地を求めてオランダへ移住した。しかし、オランダは彼らにとって安住の地とはならず、さらなる新天地を求めてアメリカのニュー・イングランドにわたる。これがピルグリム・ファザーズである。

彼らは信仰心が強く、入植したマサチューセッツにおいて、カトリック教会のような権威構造を否定した宗教活動を実践した。賛美歌を歌う際に楽器を使わず、日曜日には礼拝と聖書の講義に多くの時間を費やした。

しかし、世代交代がくり返されていくと、次第に信仰に対する熱意は薄れていった。そこで起こったのが「大覚醒」と呼ばれる信仰復興運動だった。

大覚醒の波は18世紀の前半から半ばにかけて、最初ニュー・イングランドではじまった。それは中西部から南部へと広がっていき、南部には18世紀の半ばと世紀末の2度にわたって押し寄せた。

大覚醒の舞台になったのが、野外礼拝（キャンプ・ミーティング）である。これは、農閑期の夏に開かれることが多く、巡回伝道師がまわってきて、屋外で集会を開くものだった。開催の知らせを聞いて、周辺の土地からは数百人、あるいは数千人の人間たちが集まってきて、集会は数日にわたって続いた。

野外礼拝では、巡回伝道師による説教と礼拝とがくり返された。伝道師はいかに自分たちが罪深いかを強調し、罪を悔い改める必要があることを情熱的に語った。それによって聴衆は興奮状態に陥り、叫び声を上げたり、悪魔が憑《つ》いたかのようにさえなっていった。

こうした集会がいかなるものであったかを教えてくれる映画が、バート・ランカスターが主演した「エルマー・ガントリー／魅せられた男」（1960年）である。ランカスターは、この作品でアカデミー主演男優賞を獲得している。

エルマー・ガントリーとは、主人公の名前で、彼は宣教師をめざして神学校で学んだものの、そこを中退した経歴の持ち主である。その後、エルマーは見栄えの良さと巧みな話術を生かしてセールスマンとなり、各地をまわりながら商売を続け、また、女たちを口説き続けていった。エルマーは限りなく詐欺師に近い人物だったとも言える。

　エルマーは、キリスト教の復興をめざして伝道を続けている伝道団のリーダーである女性にひかれるようになり、その伝道団の一員に加わる。彼はセールスで培った話術を生かして聴衆を魅了し、たちまち伝道団の発展に貢献するようになる。

　物語は、その後悲劇的な方向にむかっていくが、この映画は、セールス・トークとキリスト教の説教とが共通した性格を持つものであることを巧みに描き出している。エルマーは、集会に集まった人々の前で自分がいかに罪深い生活を送っていたかを赤裸々に告白し、信仰と出会うことで悔い改めたと語る。すると、集会に集まった人間たちも、自分も同じように罪深い人間だと言い出し、自らの罪を告白するのである。

　こうした集会の場合には、重大な秘密を打ち明けるというより、自分がいかに罪深いかを示し、信仰によって救われたかを訴えることが目的になっている。

　原罪を強調し、信者に対して罪深い存在であるという自覚を強く促す宗教は、すでに述べたようにキリスト教に限られる。キリスト教で罪を告白した場合、そこでは神の赦しが与えられる。カトリックの告解は、そうした仕組みを持っているわけだが、プロテスタントの場合でも、集会で自らの罪を告白したとき、そこには神の赦しがあるという感覚は残されている。正しい信仰を持つならば、たとえそれまで罪深い生活を送っていたとしても救いはもたらされる。その感覚がなければ、集団告白は起こらない。

キリスト教には嘘をつかせない仕組みが備わっている、あるいは必要なときにそれが機能するということにもなる。

ところが、現代の世俗社会は、カトリックの聖職者の守秘義務を撤回させることで、さらに嘘をつくことを許さなくなっている。撤回が厳守されれば、信者は神の赦しと、世俗社会における処罰を天秤にかけなければならなくなっていく。この点については、第7章で改めて論じなければならないだろう。

第6章　アッラーはすべてを許し給う

嘘つきはどうなる？

イスラム教では、嘘は
火獄へのはじまりである。

重視される「契約」

商売をするには、そこに嘘があってはならない。

商人が誰かに何かを売ったとする。そのとき、代金を支払うという約束を交わしていても、その約束が反古《ほご》になる可能性がある。

現代ではインターネットでのやり取りが多くなり、オークションなども行われている。ネットオークションでは、出品する側と落札する側はそれまで面識がない。その後も、お互いに顔を合わせる可能性はゼロに等しい。

落札された商品を送っても、代金が支払われなかったらどうなるのか。逆に、代金を支払ったにもかかわらず、商品が送られてこないこともある。

現在では、そうしたことを防止する仕組みが作られ、安全が保証されているが、ネットオークションがはじまった時代には、そうした問題が起こることもあった。

売り手と買い手が実際に会って、取引をすれば、そうしたことは防げる。しかし、買った商品に問題が生じるようなこともある。すぐに壊れて使い物にならないなどということもあるし、宣伝されているものとは見た目や中身が違っていたりもする。商売には、つねにそうしたリスクがつきまとう。

昔の日本社会では、それを防ぐために起請文を交わすということが行われた。その代表が「牛王《ごおう》（玉）宝印」と書かれた護符である。そこには、社寺の名前、本尊の種子《しゅじ》の梵字《ぼんじ》なども記された。最も有名なのは熊野三山の熊野牛王符で、熊野神の遣いである八咫烏《やたがらす》のしるしが描かれた。神仏に誓いを立てたのだから、それを破れば神仏から罰が下されるというわけである。

もっとも、江戸時代の廓《くるわ》の遊女ともなれば、客とのあいだに起請文を取り交わし、あたかも結婚の約束をしたかのように見せかけたりした。けれども、それは客を多くとるための手立てに過ぎず、起請文は乱発された。

一神教の伝統においては、契約ということが極めて重視される。神と人間とは契約を交わしていると考えられたからである。モーセの十戒は神との契約の証であり、キリスト教では聖典を旧約聖書と新約聖書、つまりは古い契約と新しい契約とに分けた。そうした伝統はイスラム教にも受け継がれている。

イスラム教の場合には、それが商人の宗教であるため、契約はいっそう重視された。神の啓示を受けた預言者ムハンマドは商人の家に生まれ、自らも商人となった。彼の最初の妻も商人であった。そうしたことが根底にあるために、イスラム教は商人を通して世界に広がっていった。

商取引で説く聖典

それを反映し、聖典のコーランのなかには、神と人間との関係を商取引にたとえた箇所が出てくる。たとえば、第9章「悔悟」111節には、次のようにある。

アッラーよりも自分の約定をより良く果たす者が誰かあろうか。それゆえ、おまえたちが彼と売買した商売を喜べ。そしてそれこそ大いなる成就である。

（『日亜対訳クルアーン』）

アッラーとはアラビア語で神を意味する。神は、正しく契約を守る存在であり、だからこそ、その神を信仰する者は幸福だというわけである。

あるいは、第2章「雌牛」245節では、「アッラーに良い債券を貸し付ける者はだれか。それで彼はその者のためにそれを倍加し、数倍にもなし給う」とある。神を篤く信仰すればするほど、報いは大きいというのだ。神は「倍返し」をしてくれる存在だというわけである。

こうした発想はイスラム教が商人の宗教であることを示しているが、それはコーランと並ぶ聖典とされる「ハディース」においても見られる。

ハディースは、コーランに比べてなじみのないものかもしれないが、こちらは預言者ムハンマドの言行録である。イスラム教では、ムハンマドは、神の啓示をはじめて正しく理解したということで最後の預言者とされるが、キリスト教のイエス・キリストのように神としてとらえられているわけではなく、あくまで人間である。

しかも、俗人で、妻もいれば子どももいた。当時のアラブの社会は一夫多妻制なので、ムハンマドには複数の妻がいた。妻が何人いたかははっきりしていない。

ムハンマドが俗人であったため、ハディースにはその生活ぶりも反映されている。たとえば、誰かがムハンマドの妻の一人、アーイシャに、家で預言者は何をしているのかと尋ねると、「妻の仕事を助けて」いるという答えが返ってきた。どうやら亭主関白ではなかったようだ。

コーランは、ムハンマドの死後10年が経過した頃に一つにまとめられる。それまでは、口伝えされていたが、ムハンマドが亡くなったことで、口伝に誤りが生まれることを恐れたからだ。ムハンマドの死から間もない時期に編纂されたこともあり、コーランには異本などはない。

一方、ハディースも口伝されたものだが、膨大な数が存在している。いろいろな人間が、ムハンマドの言行を記憶していたからである。したがって、コーランとは違い、一つの本にまとまっているわけではない。

ただ、さまざまな法学者がハディースを集めた集成書を作っている。代表的なものとしては、アル＝ブハーリーによる「真正集」やアブー・ダーウードによる「スナン」などがある。ハディースについて特徴的なことは、それを誰が伝えたのか、必ず伝承者が明記されていることである。

ムハンマドが商人だったため、ハディースには商売にかんするものが多い。ムスリム・イブン・ハッジャージュのハディース「真正集」には、「アブドゥッラー・イブン・ウマルは、アッラーの使徒が次のように言ったと伝えている——食べ物を購入した人は、それをきちんと量り入手するまで、それを売ってはいけません」とある（『ムハンマドのことばハディース』小杉泰編訳／岩波文庫）。

このなかの「アッラーの使徒」とはムハンマドのことで、アブドゥッラー・イブン・ウマルが伝承者である。この人物の伝承は、ハディースのなかで最も古いマーリク・イブン・アナスの「ウワッタア」に収録されている上、彼の伝える伝承の数が２６００余りに達するので、ムハンマドの言行を正しく伝えていると高く評価されている。

今引用したハディースは、それだけ読んでも意味が分かりにくい。『ムハンマドのことば』では注釈がついていて、取引が完結するまで所有権が移転しないので、所有権が完全に自分のものになっていない品物を売ることはできないと説明されている。ちゃんと買っていないものを転売してはならないということだろう。

実は、イスラム教では先物取引が禁止されている。なぜそれが禁止されるのか。その根拠がこのハディースに求められているので、これはとても重要な伝承なのである。

こちらも、ムスリムの「真正集」にあるものだが、ムハンマドの妻であるアーイシャは、ムハンマドが「あるユダヤ教徒から食べ物を〔後払いで〕購入し、鉄の鎧を担保にしました」と伝えている。ムハンマドでも、食べ物を買うのに担保を必要としたというのは、なかなか興味深い話ではないだろうか。

他にも、「雇った人には労賃を、彼の汗が乾くまでに支払ってください」（イブン・マージャ「スナン集」）などというものもある。労賃はすぐに支払えということだが、表現の仕方が面白い。

嘘に対する厳罰

商取引にかんして注目されるハディースを紹介していけば、いくらでもあるが、当然、商売における嘘は厳しく戒められている。

伝承数が５４００近くあり、数としては最も多いアブー・フライラが伝えたものには、「ムスリムは、ムスリムの同胞ですから、相手を不当に扱ったり、見捨てたり、嘘をついたり、見下したりしないものです」とある。これは商売にかんして言われているものの、ムスリムの仲間同士、嘘をついてはならないというわけである。

最古のハディース集である「ムワッタア」でも、サフワーン・イブン・スライムが伝えているものとして、ムハンマドにイスラム教徒が臆病であったり、ケチであったりするかと尋ねたときのものである。どちらに対しても、ムハンマドは、それがあることを認めている。ただし、「信徒が嘘つきということはありえますか」という問いに対しては、「いいえ」と否定しているのだった。臆病やケチであってもいいが、ムスリムである以上嘘つきではあってはならないというのだ。

では、嘘つきはどうなるのか。アブー・イーサー・ティルミズィーの「スンナ集」には、「嘘は〔人を〕堕落へと導き、堕落は火獄へと導きます。嘘を言い続け、不誠実な態度を貫く人は、最後にはアッラーのみもとで大嘘つきとして記録されます」とある。

火獄《かごく》とは業火が燃え盛る地獄のことである。イスラム教徒は、地獄に落とされ火で焼かれることを恐れている。地獄に落とされず、天国に召されるには、日頃まじめに信心をしなければならない。ここで述べられていることからは、嘘つきは泥棒のはじまりということわざが思い起こされる。嘘は火獄へのはじまりなのである。

イスラム教徒が守るべき法がイスラム法、シャリーアである。シャリーアには、もともと水場に至る道の意味があり、そこから人間が従うべき道の意味を与えられることとなった。

シャリーアの根拠、法源となるのがコーランとハディースである。イスラム教徒は、この二つの聖典に示されたことに従って信仰生活を送る。イスラム法は、たんに信者の宗教生活を律するものではなく、民法や刑法、訴訟法、行政法、国際法、戦争法にまで及び、一方で、生活上の慣習を定め、守るべきエチケットを示している。非常に広範なもので、こうした法が存在するのはイスラム教とユダヤ教だけである。同じ一神教でもキリスト教にはこれに相当するものがない。仏教にも仏法と呼ばれる法があるが、こちらは宇宙の法則を意味し、シャリーアとは性格が異なっている。

ただし、コーランやハディースは7世紀の産物である。ムハンマドは610年にはじめて神の啓示を受けたとされ、それは632年に亡くなるまで続いた。

7世紀と現代では生活のありようは大きく変わった。7世紀にはなかったものが、現代には数多く存在している。となると、コーランやハディースを参照しても、どう行動したらいいかが分からない事柄がいくつも出てくる。

そうした場合には、イスラム法学者の合意（イジュマー）や類推（キヤース）によって解決がはかられる。あるいは、イスラム法学にもとづいて出される布告、勧告であるファトワーというものもある。ファトワーを出すのは、法学者のなかでも権威があるとされるムフティーと呼ばれる者たちである。

一般の法律は国家によって定められたもので、国民はそれに従わなければならない。刑法などは、それに違反すれば罰則が与えられる。

しかし、イスラム法は神によって定められたものであるとはいえ、一般の法律のような強制力を持たない。だからこそ、イスラム法に従えば、天国が約束され、それに反すれば地獄行きが待っていることが強調されるわけである。嘘をついてはいけないという倫理的な規範も、そうした文脈の上にある。

信仰誕生の必然性

ただ、自分たちのことを無宗教だと考える日本人からすれば、イスラム法は煩瑣で、なぜそうしたものに従わなければならないのか、それに疑問を抱く。1日5回礼拝を行うことが神の教えに従うものであるにしても、それは面倒だ。そんなことを強制されるのはまっぴらだ。私たちはそのように考える。

なぜ、このように面倒な宗教法がイスラム教の世界で確立されたのか。私たちはそれにも疑問を抱く。

その理由を明らかにするためには、イスラム教が生まれたアラブの社会の特徴について考える必要がある。

アラブの社会の特徴として指摘されるのが、それが部族社会であるということである。今日のアラブ社会においても、人々は国家ではなく部族に対して帰属意識を持っているとされる。

たとえば、前掲の『ムハンマドのことば』では、巻末の附録として系譜と部族名が6ページにわたって示されている。系譜Ⅰは「北アラブの系譜と本書に登場する部族名」で、系譜Ⅱは南アラブのものである。系譜Ⅲは「ムハンマドとクライシュ族」である。

クライシュ族はムハンマドの11代前の祖先を共通にしている部族のことで、北アラブのキナーナ部族の支族である。ムハンマドの曾祖父がハーシムで、ムハンマドはクライシュ族のハーシム家に属していると言われる。

ただ、部族を一まとまりの組織としてとらえることはアラブ社会の特徴を見誤ることになる。その点について、イスラム学者の後藤明は、ムハンマドが生まれ、イスラム教の聖地の中心とされるメッカの人々は、「ムハンマドにとっては十一代前の祖先に当たるクライシュにいたる系図をよく心得」ていて、そうした系図にもとづいた「重層的でさまざまな仲間意識、対抗意識をもってい」たが、そこにクライシュ族という部族組織があったわけではないとしている。メッカが、もっぱらクライシュの子孫によって独占されていたわけではないし、他の系図を持つ人々もそこに入り込んでいて定着していたというのである。

しかし、『ムハンマドのことば』においては、三つの系譜の後に、図1として「イスラーム登場の頃のアラビア半島」と題された地図が掲載されている。そこでは、アラビア半島において、さまざまな部族が異なる地域に分かれて居住していたことが示されている。

アラブの社会においては、それぞれの人間が部族という組織に属しているわけではないにしても、血によって結ばれた同じ系譜に属する人間に対しては信をおくが、別の系譜に属する人間には信をおかないという事態が起こってきた。そうであるなら、異なる系譜に属する者のあいだで対立や抗争が生まれることになる。

しかしそうなると、社会は不安定になり、商取引を行うことも難しくなる。異なる系譜に属する者のあいだでは信頼関係が成り立たないからである。そこに、ただ一つの強力な神を信仰対象とするイスラム教が生み出され、それが信者を増やしていった理由がある。血による系譜を超えて信頼関係を築くには、唯一絶対の神への信仰が不可欠とされたのである。

系譜という戦闘

私たち日本人にとって、血の系譜によるつながりについて理解することは難しい。日本の社会は、そのようになっていないからである。

ただ、平安時代まで遡ってみるなら、貴族のあいだでは、血による系譜ということが極めて重要な意味を持っていた。それは摂関政治を行った藤原氏のことを考えてみればいい。藤原氏は摂政関白の地位を独占し、娘を天皇の后《きさき》とし、藤原氏につらなる子どもを産ませることで、天皇の外戚としての地位を確保した。

それは藤原氏だけのことではない。他の官職も、それぞれの家で世襲されることがほとんどだった。たとえば、菅原道真を生んだ菅原家は代々学問を家業とし、文章博士《もんじょうはかせ》などの地位を受け継いでいった。

逆に、道真が疎まれ、最後は太宰府に流されるのも、藤原氏の出ではないにもかかわらず、宇多《うだ》天皇の信頼を集め、右大臣にまで昇進したからである。道真自身、自分が恨まれていることを知っていた。

中国には科挙《かきょ》の制度があり、それは誰もが受験することができた。どの家に生まれても、官吏として力をふるうことができるわけで、官職が世襲されることはなかった。

百人一首の「天の原ふりさけみれば春日なる三笠の山に出でし月かも」の歌で知られる

阿倍仲麻呂《あべのなかまろ》は中国に留学し、科挙に合格して、中国で高官として厚遇された。中国でも古くは特定の家が官職を独占しており、それを打破するために隋の時代に導入されたのが科挙の制度だった。それは宦官《かんがん》と並ぶ大胆な制度だった。

アラブの社会では、同じ血の系譜に属するかどうかで人間同士の結びつきは強くなった。逆に、異なる系譜に属する人間とは敵対関係に陥ることがあった。

ムハンマドの後継者となったのがカリフだが、その継承には血を同じくするということが深くかかわっていた。またそれが、対立を生むことにもなった。

初代のカリフはアブー・バクルで、ムハンマドと同じクライシュ族のタイム家に属していた。しかも、アブー・バクルの娘であるアーイシャはムハンマドに嫁いでいる。

第2代カリフのウマル・イブン・アル＝ハッタープもクライシュ族の、こちらはアディー家の出身だった。こうした点からすると、クライシュ族の系譜にあるということがカリフの最低の条件になっていったことが分かる。

第3代はウスマーン・イブン・アッファーンで、クライシュ族のウマイヤ家出身だった。

ウスマーンは、ムハンマドの最初の妻であるハディージャについで2番目にムスリムになったとされる。

ウスマーンの信仰は篤いものだったわけだが、問題は第4代のカリフにアリーが就任したときに起こる。ここからは話が少しややこしくなる。

まずアリーという人物である。彼は、ムハンマドの父方の従弟であり、おまけに母親もムハンマドの父の従姉妹だった。ムハンマドの近親者だったのである。しかもアリーはムハンマドの養子になり、ムハンマドの娘であるファーティマを妻としていた。

このようにアリーはムハンマドと極めて近しい関係にあったわけで、その点では後継者としてふさわしいはずなのだが、アリーのカリフ就任に対してウマイヤ家から反対の声があがる。

というのも、第3代のウスマーンはウマイヤ家を優遇したとして他のクライシュ族から反発を受け、最後は暗殺されているからである。同じクライシュ族でも家が異なれば対立が起こった。家同士の対立が、誰がカリフになるかに影響を与えたのである。さしずめここでは、アラブ版の源平合戦が勃発したことになる。

アリーは、ウスマーンと同じくウマイヤ家の出身であるムアーウィヤと対立し、両者のあいだに戦いが起こる。ムアーウィヤは、アリーがウスマーンを暗殺したとして報復をはかろうとした。結局、アリーも暗殺され、それ以降はウマイヤ家がカリフを世襲し、ウマイヤ朝が成立することになる。ウマイヤ家を平家とするなら、アリーの系譜は源氏ということになる。源氏はいったん平家に敗れ、そこから再興をはかった。

アラブ版源平合戦では、そこからシーア派という分派が生み出されることになる。シーア派は、再興された源氏なのである。

なお、シーアとはアラビア語で党派のことを意味する。イスラム教の二大宗派としてスンニ派とシーア派があげられるが、スンニ派というとらえ方はシーア派が分派したことで生まれたものである。

シーア派では、アリーとその子孫だけがムハンマドの正統的な継承者であり、預言者の代理であると考えられる。そうした人物をシーア派では、カリフではなくイマームと呼ぶ。スンニ派でもイマームということばは使われるが、それは集団礼拝において信者を指導する人物のことをさし、特別な存在とは見なされていない。平家の大将がカリフで、源氏の大将がイマームと考えると分かりやすい。

アリーが暗殺された後、その子どもであるハサン・イブン・アリーはウマイヤ家といったん和平を結ぶ。ところが、ハサンが亡くなり、ウマイヤ家のムアーウィヤも亡くなると、両家はふたたび対立するようになる。それは激しい戦いとなり、ハサンの弟であるフサインは、現在のイラク中部のカルバラーにおける戦いで殺されてしまう。

これによってシーア派はスンニ派と決別する。シーア派ではカルバラーの悲劇を忘れないため、アーシューラーという祭典を続けている。その祭では、フサインの悲惨な死を忘れないため、人々は自分の身体を鞭打つ。打つ真似をするのではなく、実際に鞭をあてるため、血が流れることになる。源氏としてのシーア派は、こうしたことを通して、今でも源平合戦を続けているわけだ。

ルールとしての嘘

中東以外にイスラム教が広がった地域では、異なる民族が共存しているところが多い。世界最大のイスラム教国は現在インドネシアだが、そこは細かく分けると300ほどの民族が生活する多民族国家である。マレーシアもやはり多民族国家である。

インドネシアやマレーシアでは、イスラム教を信仰する人間が多くいるわけだが、土着の信仰と融合し、アラブ世界のイスラム教とはかなり異なる様相を呈している。

その点はおくとして、異なる民族に属する人間を一つに統合する上で、法の体系であるイスラム教を導入することには意味がある。それが東南アジアや南アジアにイスラム教が広まった原因だろう。ただ、インドネシアの歴史自体、あまり明らかにはなっていないように見受けられる。12世紀以降にイスラム商人によってイスラム教がもたらされ、それ以降浸透していったとされるが、なぜインドネシア国民の90パーセント近くがイスラム教徒なのか、はっきりとした説明はなされていない。

ここまで見てきたように、イスラム教はユダヤ教から多くのものを受け継いでいる。イスラム法はその代表ということになるが、ユダヤ法とのあいだには決定的な違いがある。

ユダヤ法の場合には、それに従うのはユダヤ人だけである。ところが、イスラム法は、特定の民族だけが信仰するものではない。あらゆる人間がそれを受け入れることができるとされている。だからこそ、入信の際に「アッラーの他に神は無い。ムハンマドは神の使徒である」とアラビア語で唱えればいいとされているのである。

イスラム教において、イスラム教が広まり、多くの人間がその信徒である地域を「平和（イスラム）の家」と呼び、イスラム教徒が少数派であるところを「戦争の家」と呼んで区別する。平和と戦争ということばが用いられているのは、初期のイスラム教が戦闘を通して広がっていったからであろう。

そこが平和の家であるか、戦争の家であるかによって、イスラム法が施行されている状況は異なる。平和の家ではイスラム教徒が多数派なので、イスラム法が施行され、そこに生きる人々はそれに従っている。イスラム教徒ではない人間の場合、ユダヤ教徒やキリスト教徒であれば、「啓典の民」として扱われ、税金さえ支払えば、信仰は自由とされる。

ところが、戦争の家では、イスラム教徒は少数派であり、社会全体にイスラム法が施行されているわけではない。イスラム法は、すでに述べたように、さまざまな要素が含まれた法の体系であり、社会全体がそれに従っていなければ、個人でそれに従うというわけにはいかない。そこにムスリムがイスラム教を拡大していく必然性がある。

逆に、異なる血の系譜に属する人間たちや、異なる民族が共存している地域では、それを統合するためにイスラム教が広まることは意味がある。人々が共通の法のもとで生活するようになるからである。インドネシアで、イスラム商人を通してイスラム教が広まったのも、商取引を行うにはルールが共通したものでなければならなかったからであろう。

共通の法に従っている人間同士は嘘をついてはならないということになる。嘘をつくなら、法は成り立たない。それを信じていいかどうかが分からなくなってしまうからである。

しかし、イスラム法自体には強制力はない。そこが国家が定める法律と異なる点である。そうである以上、いかにイスラム法に従わせるかが課題になる。

コーランのなかでは、「彼はよく聞き、よく知り給う御方」（第2章「雌牛」137節）とか、「アッラーは彼らのなすことを見過ごし給う御方ではない」（同144節）、「アッラーは広大にしてよく知り給う御方」（第3章「イムラーン家」73節）といった形で、アッラーがあらゆることを知っているという点がくり返し強調されている。

すべてはお見通しだというわけで、人間が不正をなしたり、嘘をついたりすれば、いくらそれを隠そうとしても、神は必ずその事実を知るようになるというのである。第2章の72節では、「アッラーはおまえたちが隠したことを明るみに出し給う御方」とさえ言われている。

ただし、そうなると、イスラム教徒は神によって監視されていることになってしまう。それはちょうど、ジョージ・オーウェルの小説『1984年』(1949年)で描かれたのと似た状況である。その世界の住民たちは、各所にあるテレスクリーンを通して、その行動や言動が監視されている。

神はその点について自覚的である。コーランでは、ほとんどの章が「慈悲あまねく慈悲深きアッラーの御名において」ではじまる。神が慈悲深い存在であることが強調されているのだ。

さらに、「アッラーはよく赦し給う慈悲深い御方」(第2章173節)といった形で、神があらゆることに対して赦しを与える存在であることが、これもまたくり返し強調されている。

キリスト教のカトリックでは、前の章で見たように、嘘をつくことが戒められ、罪を犯したときには告解で罪を赦される仕組みが確立されている。

イスラム教には告解の制度はないものの、嘘が戒められる一方で、たとえ悪事を行っても、正しい信仰に戻れば、神は寛大に赦しを与えてくれるとされている。

ただ、どちらも、同じ信仰を持つ者同士に適用されることで、キリスト教のカトリックやイスラム教を信仰していない人間には適用されない。そこには壁がある。嘘をついてはならないのは、あくまで壁の内側においてなのである。

第7章　カントは嘘を革命した

嘘がいけない理由とは？

法の基盤を突き崩すことで人類全体に害を与えると、カントは主張する。

分断と戒めのパラレル

嘘をついてはならない。それが宗教全般に見られる戒めである。

しかし、ここまで見てきたように、その戒めはあらゆるケースに適用されるわけではない。

同じ信仰を持つ、あるいは同じ血縁に属する人間に対しては嘘をついてはならないが、それ以外の人間に対しては戒めは適用されないのである。

嘘に対する戒めを含むモーセの十戒がユダヤ人に対してだけ向けられたことは明らかである。ユダヤ人には選民思想があると言われるが、その根拠は、彼らが神から十戒を授かったことに求められる。神によって選ばれたからこそ、自分たちは特別な民なのだというわけである。

ただそうなると、そこには宗教による分断が伴う。あるいは、分断があるからこそ、または分断が必要だからこそ、そうした戒めが強調されるとも言える。ユダヤ人は自分たちと他の民族を、十戒を授かっているかどうかで分断したのだ。分断が先なのか、それとも戒めが先なのかを判断することは難しい。両者は並行していると考えたほうがいいかもしれない。

分断は社会全体を統合する上では好ましいものではない。

前の章で見たイスラム教の場合には、血による系譜で人々が分断されていた。一般には部族社会と言われる状況を克服する試みとして、同じイスラム法に従って生活する体制を確立することが求められた。そこにこそイスラム教が生まれる必然性があったのかもしれない。

イスラム教が広まった平和の家は「ウンマ」とも呼ばれる。一般にウンマは、イスラム共同体と訳されるが、アラビア語のもともとの意味は「母」である。これは血による系譜が父方であるのとは対照的である。

同じ母のもとにある人間たちは、たとえ父を異にしていようと、お互いに嘘をついてはならない。相互に信頼し合い、その信頼を裏切ってはならない。もちろん、現実のイスラム社会がそのようになっているというわけではない。私は以前、東京にあるモスク、東京ジャーミイで、そこを管理するトルコ人のイマームと話をしたことがあるが、日本のほうが、そうした面ではイスラム教の理想に近いと述べていた。

現代においても、「中東のアラブ世界は部族社会である」と言われることが多い。それを部族社会と呼んでいいかどうかについては前の章で問題にしたが、血の系譜を同じくする者を部族と呼ぶなら、たしかに部族社会がそこに存在していることになる。

私は、イスラム教の研究者で、自らもイスラム教徒である中田考《こう》と対談本を出しているが（『世界はこのままイスラーム化するのか』幻冬舎新書）、中田は、アラブの世界に生きる人々は今でも日常の会話のなかで部族のことを話題に出し、関心は部族に対してしか向けられていないと語っていた。実際に現地を訪れた経験を持つ人たちも同様の指摘をしている。

たとえば、これは少し前、イスラム国（IS）のことが問題になっていた時期のことだが、ジャーナリストの川上泰徳は、「部族社会に逆戻りするアラブ世界」（『ニューズウィーク』2015年12月24日号）という記事のなかで、イラクのスンニ派が結成したイラク部族評議会の事務局長が、「部族は社会の土台であり、国家が分裂すると、人々は庇護を求めて部族に目を向ける。部族は血縁に基づいたものであり、部族独自の法と秩序を持ち、メンバーを守る役割を担う」と述べたことを紹介している。国家が強ければ部族の力は弱まり人々は国家に頼るようになるが、逆に国家の力が弱まると人々は部族の法に頼るようになるというのである。

危機に瀕した人々が部族を頼るのは、部族なら自分たちを守ってくれるからである。同じ部族の人間は仲間だが、同じ国家に属している人間は必ずしも仲間とは言えない。それも、中東の現在の国境線が、1916年5月にイギリスとフランスとロシアのあいだで結ばれたサイクス・ピコ協定という秘密協定によるものだからである。部族が、こうした国境を越えて広がっていることもある。

これが先進国になれば、状況は大きく変わる。先進国は部族社会ではない。そうなると、嘘ということについても、そのとらえ方が大きく変化していく可能性が出てくる。仲間に対する嘘は戒められ、外に対して自分たちを守るために嘘をついてもかまわない。そうしたあり方に変化が見られるようになるのである。

カントによる嘘の定義

そうした変化を象徴する役割を果たしたのが、プロイセン（ドイツ）の哲学者イマヌエル・カントだった。

カントは、『純粋理性批判』（１７８１年）、『実践理性批判』（１７８８年）、『判断力批判』（１７９０年）といった批判哲学、あるいは、『永遠平和のために』（１７９５年）といった政治哲学で知られる。

そのカントが、１７９７年に書いた短い論文に「人間愛から嘘をつく権利と称されるものについて」（『カント全集13　批判期論集』〈岩波書店〉では、谷田信一訳「人間愛からの嘘」）がある。これは小論でも反響は大きかった。カントは、そのなかで嘘をつくことについて、相当に大胆な主張を展開しているからである。今風に言えば、炎上間違いなしの主張だった。

カントは、嘘について、それは「他の人に対する意図的に不真実な言明」と定義できるとする。そして、嘘はつねに他の人を害すると述べる。つねにというところが重要で、たとえ嘘が誰か特定の人物に対して害を与えないときでも、「法の源泉を使用不可能にすることによって人間性一般に害を与える」というのである。

宗教の戒律では、すでに見たように、なぜ嘘を戒めるのか、その理由は示されない。ところが、カントは理由を述べている。そこが宗教と哲学の根本的な違いなのかもしれない。

カントは、嘘をつくことは、それが特定の人間に被害を与えるかどうかはともかく、法の基盤を突き崩すことで人類全体に害を与えると主張する。だからこそ、嘘をついてはならないというのだ。ここで問題にされている法は、宗教にもとづく法のことではない。近代の社会において国家が定めた法のことである。

カントは、このことを説明する際に具体的な例を出している。その例がとても分かりやすいものであったために、反響や反発がより大きなものになった面がある。

カントは、人殺しが狙っている人物が家のなかにいるケースを想定している。家の前にはあなたがいて、なかにその人物がいることを承知している。

そのとき、あなたの前に人殺しが現れ、「なかに○○という人間はいるか」と尋ねてくる。こうしたとき、あなたは「いいえ」と嘘をついてはならない。必ず「はい」と答えなければならないというのが、カントの主張なのである。

「そんな恐ろしいことを」と多くの人は考える。それは人殺しにむざむざ殺人の機会を与えることになるのではないか。ほとんどの人はそう考える。「あまりに無慈悲ではないか」と言う人もいるだろう。

しかし、カントは言う。

人殺しに狙われている人物は、人殺しに気づかれずに外へ出てしまい、犯人と出会うことがないかもしれない。そうなると、犯行自体が行われないことになる。

さらにカントは言う。

人殺しに「はい」と答えるのではなく、嘘をついて、「いない」と答えても、家のなかにいる人物は、すぐに外へ出てしまい、人殺しに遭遇するかもしれない。そうなれば犯行に至る。嘘をつき、かばったことが裏目に出るというわけだ。カントは、本当のことを言おうと、嘘を言おうと、結果は分からないというのだ。

また、「はい」と答え、真実を明かしたとしても、人殺しが家捜しをしているあいだに、隣人がかけつけてきて、犯人を捕まえ、犯行を阻止することになるかもしれない。

嘘をついてかばおうとしたのにむざむざ殺されてしまったとき、嘘をついた人間は市民社会の裁判で罰せられるかもしれないと、カントは述べている。果たしてそのようなことが起こるのかどうか、それは分からないが、カントが市民社会に言及していることは重要である。

社会を崩壊させる嘘

市民社会は部族社会とは根本的に異なっている。部族社会では、同じ血の系譜に属する人間たちが親密な関係を結んでいるわけだが、市民社会にはそうしたものは存在しない。市民は、それぞれ個人として社会とかかわることになる。

市民社会においても、さまざまな形で契約が結ばれる。商売上の契約もあるだろうが、結婚なども契約を伴う。国民皆兵制などはフランス革命を契機に生まれるが、これも国家と個人との契約にもとづいてなされるものである。

そうした社会において、嘘をつく人間が現れたとしたら、その人間が交わした契約は怪しく信頼できないものになってしまう。そうなると、契約ということの信憑性《しんぴょうせい》そのものが揺らぐことにもなる。カントは、「すべての言明において真実的（正直）であること」

は、神聖な理性にもとづく命令であるとしている。市民社会に一人嘘つきがいたとしたら、社会全体が疑心暗鬼になり、その基盤が揺らぐというわけである。

『カント全集』の解説でもふれられているように、この論文が発表されてから、さまざまな議論が起こった。カントが正しいと考える人間もいれば、間違っているという人間も出てきた。

カントに詳しくない一般の人が、この論文を読んだとしたら、哲学の論文であるだけに理解できないところが多々出てくるし、簡単には賛同できないであろう。カントは屁理屈を言っているだけではないか。そのように感じる人は少なくないはずだ。

ただ、保坂希美が「カント倫理学における嘘の問題」(新潟大学人文学部心理・人間学プログラム人間学分野修士論文/2011年)で詳細に追っているように、カントはそれまでにも嘘について頻繁に言及しており、たんなる思いつきで、この論文を書いたわけではない。つまりカントは、いかなる場合にも嘘をついてはならないと確信しているのである。人殺しの例を出しているのも、嘘をついてはならないことに例外がないことを強調するためなのだ。

『カント全集』の解説で、論文を翻訳した谷田は、カントが論文のなかで、「私がこの論考で問題にしているのは一つの法義務〔としての真実性〕についてだ」と明言していることにかんして、個人の倫理的な義務として嘘をつかず真実を明かすべきだとしているわけではなく、あくまで他人の権利とかかわる法義務として命じられているのだと述べている。

アラブの部族社会に生きる人間であれば、カントの主張にまっこうから反対するであろう。部族社会においては、客人を歓待する慣習が成立しており、それはイスラム教にも受け継がれた。歓待するということは、外側の勢力から客人を守り通すことを意味する。

ただカントは、「人間愛からの嘘」の論文のなかで、人殺しが殺そうとしている相手が、嘘をつかない人間とどのような関係にあるかについては述べていない。友人であるとか客人であるなどとされているわけではない。

そうした設定がなされているのは、意図的なことだろう。カントとしては、議論が感情論に流れてしまうのを恐れ、状況をシンプルなものにしようとしたのだ。友人を密告するなどもってのほかだという議論が巻き起これば、カントが言おうとしていることが通じなくなってしまう。

ここで思い起こされるのが、本書で最初にふれた、クレタ人は嘘つきだという発言のことである。これをクレタ人以外の人物が言ったとしたら、たんにそれはクレタ人に対する侮蔑ということになる。

ところが、このことばはクレタ人である詩人が言ったこととされる。そうなると、クレタ人が嘘つきなのかどうかが、とたんに分からなくなる。果たして自分たちを嘘つきだとしているクレタ人を信用していいのだろうか。しかし、クレタ人は嘘つきだという発言自体が嘘なら、クレタ人を嘘つきと言っていいものだろうか。

その混乱を解消する方法は、一人のクレタ人が言っていることで、すべてを考えてはならないというところにあるのではないだろうか。

社会のなかで、誰か一人の人間が嘘をついたとしても、それは、その社会に属する人間がすべて嘘をついているということにはならない。なかには嘘をついている人間もいるだろうが、真実を述べている人間も相当の数存在するはずだ。

しかし、誰かが嘘をつき、そのことを知って、他の人間も次々と嘘をつくようになったとしたら、本当のことを言っている人間の数はどんどんと減り、誰のことばも信用できなくなっていく。そうなっては困ったことになる。社会が成り立たなくなっていくではないか。カントは、そのことを憂慮しているわけである。

嘘をつけない市民社会

宗教の世界で嘘が戒められるとき、それはあくまで個人の次元での倫理の問題として言われているだけで、社会への影響という側面については問題にされていない。宗教の世界で視野に入ってくるのは、信仰を同じくする仲間である。あるいは、同じ血を継承している血縁である。

ところが、カントが想定しているのは、市民社会に生きる人間たち全体のことである。カントは1724年に生まれ、亡くなったのは1804年だった。彼の晩年にあたる1789年にはフランス革命が起こり、彼は一貫してそれを支持した。フランス革命は、古い伝統的な社会を破壊し、新たな市民社会を生み出すきっかけとなった出来事である。カントの言う市民社会は、そのときすでに存在したものではなく、これから成立していくものだったのかもしれない。

カントが嘘についての論文を書いたのは、フランス革命が起こった後のことである。革命から生まれた国民議会が1789年に制定したのが「人間および市民の権利の宣言」、いわゆる人権宣言である。

その第1条では、「人は、自由、かつ、権利において平等なものとして生まれ、生存する」と述べられていた。フランス革命は、既存の特権階級を打倒するものであり、そこからこうした考え方が生まれた。いかなる生まれであろうと人間は平等だというのである。そして、主権は国民にあることが第3条で明記された。

そして、第6条では法のもとでの平等が強調されている。平等であるからこそ、「その能力にしたがって、かつ、その徳行と才能以外の差別なしに、等しく、すべての位階、地位および公職に就くことができる」というのである。

もちろん、市民社会に生きる人々が完全に平等だというわけではない。そこにはさまざまな形での格差が存在する。しかし、平等なものとして扱うということが原則として打ち出されたのである。

こうした社会のあり方は、次第に世界全体に広がっていくことになる。それは一方で、宗教の社会的な影響力を失わせることになる。フランス革命では、王政とともに、カトリック教会が標的になった。教会や聖像は破壊され、多くの聖職者が処刑された。そして、キリスト教の祭儀に代わって、「理性の祭典」や「最高存在の祭典」などが挙行された。

カトリック教会は、第5章で見たように、告解の制度を確立していた。それは、信者が嘘をついた場合に、それに対して神が赦しを与えるものだった。谷川稔「第二章フランス革命とナポレオン帝政　3．文化と習俗の革命」（『近代フランスの歴史――国民国家形成の彼方に』谷川稔・渡辺和行編著／ミネルヴァ書房）によれば、フランス革命において、告解室は焼却されたり、見張り小屋に転用されたという。

なぜ告解室が焼却されたのか。フランスの哲学者ミシェル・フーコーは、『性の歴史』などの著作のなかで、告解の制度によって、教会は個人の内面を支配していたからだと論じている。そうした支配機構を解体することが革命の目的だった。ただし、それと並行して嘘をついても赦しが与えられる仕組みが失われていった。

市民社会は嘘を許さない。嘘をつけない社会が生み出されたのである。

神はときに嘘をつく

カントの両親は敬虔なルター派の信者であった。カント自身、不死と神と最高善を信仰の対象にし、宗教を理性的なものとしてとらえようとした。ここで言われる神はキリスト教の神であり、最高善にもそうした神のイメージが投映されている。

しかし、果たして最高善としての神は嘘と無縁なのだろうか。もしカントが今の世界に生きているとしたら、その点は是非とも尋ねてみたいところである。

「創世記」には、一神教の信仰の根幹に位置すると考えられるアブラハムについての物語が出てくる。

神はアダムとエバという人間の男女を創造した。ところが、二人は神の命令に背き、蛇に誘惑されることで善悪を知る木の実を食べてしまう。人間は神を裏切ったのである。

エデンの園という楽園を追放されたアダムとエバは、カインとアベル、そしてセツなどの子どもをもうける。だが、カインは嫉妬からアベルを殺してしまう。

セツからは系譜が続き、人間は地上において増えはじめるが、結局は悪に陥ってしまう。

ここでも、神は自らの被造物に裏切られた形になる。そこで神は、ノアの家族と動物のつがいだけを箱舟に乗せて救い、あとの人間については大洪水によってその命を奪ってしまう。神は地上から悪を一掃したのだ。

さらにその後には、バベルの塔の話が続く。人間は天にも届く高い塔を建て、神の地位を脅かそうとした。神は、人間たちが使うことばを乱し、それでその作業を阻止する。

その後、ようやくにしてアブラハムという信仰が篤い人間が登場する。だが、神はそれまでの経験から人間が信用できないと考えていたのか、アブラハムの信仰が本当に正しいものなのか、自らに忠実なのかを試そうとする。

具体的には、神はアブラハムに対してようやく生まれた子ども、イサクを犠牲にするように命じる。「あなたの子、あなたの愛するひとり子イサクを連れてモリヤの地に行き、わたしが示す山で彼を燔祭《はんさい》としてささげなさい」と告げたのだ。

これはアブラハムにとって過酷な要求のはずである。しかしアブラハムは神の命令にいっさい逆らうことなく、イサクを連れて山へ入っていく。目的地に着くと、そこに祭壇を築き、たきぎを並べ、イサクを縛ってその上に載せた。犠牲の準備は整ったのだ。

そして、刃物を握ったアブラハムがイサクを殺そうとした瞬間、神の使いがアブラハムに呼びかけ、「わらべを手にかけてはならない」と命じる。アブラハムが神を恐れる者であることが分かったので、息子を犠牲にする必要はないというのだ。

試されたアブラハムは、彼の信仰に偽りがないことを証明した。しかし、神のほうは、アブラハムの信仰を試すために嘘をついたことになる。

この話については、アブラハムの信仰の篤さということに注目が集まってきたが、神の嘘はどうなるのだろうか。全知全能の神が嘘をつくとしたら、人間は神を信じられるのだろうか。信じていいものなのだろうか。

同じ旧約聖書の「ヨブ記」にあるヨブの話もアブラハムの話と共通している。

神はサタンに対して、信仰の篤いヨブを試すことを許す。神が直接に嘘をつくわけではないが、サタンは、いろいろな仕掛けを用意してヨブを困難な状態へと導いていく。ヨブは、その試練に耐え、最後は神からほうびを与えられることになるのだが、神の行為はサタンを使って嘘をついたようなものである。

全知全能の神であるからこそ、場合によっては嘘も許される。そうであれば、この考え方は嘘も方便に近い。神なら嘘も許される。ということは、この世界には、いたるところ神による嘘が仕組まれているのかもしれない。

もちろん、一神教のなかでは、そうした方向には解釈されない。あくまで神の絶対性が強調され、世界全体が嘘に満ちているなどとは考えない。そうなれば神への信仰など成り立ちようがないからだ。

神が嘘をついても罰せられることはない。神の上には何者も存在しないからだ。神は、嘘をつく権限を独占している。人間に対しては嘘をついてはならないと戒めていながら、自分はときに嘘をつく。

神の嘘は、神のエゴにもとづいている。神は、自らが創造した人間たちがくり返し自分を裏切るので、疑心暗鬼に陥っていたからだ。

神でさえ嘘をつくのに、人間に嘘をつくなと命じることは土台無理な要求ではないのか。それは、カントの考える市民社会が、やはり相当に過酷な社会であることを意味しているようにも思われるのである。

嘘をつかない人間など、果たして存在しうるものなのだろうか。

第8章　なぜ人は嘘をつくのか

なんで嘘をついてしまうの？

人間は、ことばを操れるようになったから。

人間は嘘の王様

なぜ人間は嘘をつくのだろうか。

動物のなかには、人間以外にも嘘をつくものがある。

たとえば、カッコウの「托卵《たくらん》」である。

カッコウの親は、産卵しようというときに、モズ、オオヨシキリ、セキレイ、ノビタキなど他の鳥の巣に近づき、親鳥が巣を離れる一瞬のすきを見逃さず、その巣に飛び込み、そこにある卵を一個抜き取ると、すぐさま産卵するという。

カッコウの雛のほうも、生まれた途端、そこにある他の鳥の卵を背中にかつぎ、巣の外に捨ててしまう。卵が孵化《ふか》した場合でも、カッコウのほうがすぐに成長するので、雛を踏みつけたりしてその命を奪ってしまう。

さらに、ライバルがいなくなると、今度は、あたかもその巣にはたくさんの雛がいるかのような大きな鳴き声をあげ、親鳥を騙す。親鳥は、それでは大変とせっせと餌を運んでくる。

カッコウは親も嘘つきなら、雛も嘘つきということになる。

なぜカッコウはそんなことをするのか。カッコウは体温の変動が激しく、卵を温めるのにむいていないと言われるが、そこらあたりのことは必ずしもよくは分かっていないらしい（ニック・デイヴィス著『カッコウの托卵――進化論的だましのテクニック』中村浩志・永山淳子訳／地人書館）。

もう一つ、動物が嘘をつく事例としては、「擬態《ぎたい》」があげられる。

これは、昆虫が周囲にある植物の葉や枝、幹に色や形を似せ、外敵に見つからないようにするものである。

ハエの仲間であるハナアブになると、黄色と黒の縞模様なのでハチに似ている。ハナアブがブンブンと飛び回ると、他の生物からは危険なものと見なされ、それで自分の身が守られる。

こうしたものは、イギリスの博物学者ヘンリー・ウォルター・ベイツにちなんで「ベイツ型擬態」と呼ばれる。たしかに、ハナアブの姿を見てみると、ハチそっくりである。

これを嘘と言ってしまうのは、ハナアブには申しわけないかもしれない。動物の嘘の場合には、本能のなかに組み込まれている。ただし、動物は言語を操ることができないので、人間ほど多くの嘘をつくことはない。

その点で、人間は動物界における嘘の王様である。

人間の社会が発達する上で言語の果たした役割は大きい。そこには、人間が直立二足歩行をするようになったことが影響している。

最近の発見では、人間が直立二足歩行をするようになるのは、今からおよそ700万〜600万年前のことだとされる。

人間の最古の化石は2001年にアフリカ中央部のチャド共和国でフランスの調査チームの手によって発見されたものである。これは「トゥーマイ猿人」と名づけられている。トゥーマイとは、その付近で使われているダザガ語で「生命の希望」を意味する。

発見されたのはほぼ完全な頭部だった。脳の大きさは350ccで、人類と祖先を共通にするチンパンジーとほとんど変わらない。私たちの脳に比べると3分の1にも満たない。頭の骨から身長は105センチから120センチ程度だったのではないかと推測される。

トゥーマイ猿人が果たして直立二足歩行をしていたのかどうか、腰や足の骨が発見されていないのではっきりとしたことは分からない。それでも、チンパンジーにはない人類の特徴と考えられている犬歯の縮小は認められる。

人間とチンパンジーなどの類人猿を比較した場合、大きな違いがあるのが首の骨の位置である。人間の場合、頭骨のほぼ中央に首の骨が入っている。それに対して、類人猿では頭骨の後方に斜めに入っている。

これによって、人間の口腔と咽頭腔は直角になり、咽頭が下に移動した。前者によって、口腔への空気の遮断が可能になり、鼻音や破裂音などの子音が発声できるようになった。後者によっては、口腔の共鳴空間が広がり、母音が出せるようになるとともに、呼吸をコントロールすることで音の調節が可能になった。

そうした身体の変化が起こったことで、人間はことばをしゃべれるようになった。逆に、類人猿は、人間に近い脳を持ち、ある程度の記号操作はできるものの、身体の構造からことばを発することができないのである。

人間がことばを操れるようになったということは、嘘つきへの道を歩みはじめたことを意味する。

意図的な嘘とその場限りの嘘

ことばというものは象徴の体系である。私たちは、ことばによって現実に起こっていること、あるいは自分の考えなどを表現するわけだが、ことばによって表現されたものと、表現しようとする内容とのあいだにはさまざまな形でずれが生じる。

そこには表現の能力ということもかかわってくる。テレビでは、食べ物を紹介する食レポが盛んに行われているが、巧みなタレントもいれば、そうでないタレントもいる。同じ食べ物であっても、誰が食レポをするかで、視聴者の受け取り方は大きく変わる。これは、ことばによる表現全般に共通して言えることである。

しかも、ことばは目に見えないモノや事柄を表現することができる。自分の気持ちや意思などは、ことばにしなければ相手には伝わらないし、理解されない。

宗教の発生ということも、人間がことばを操れるようになったことが大きく関係している。動物に宗教がないのは、単純に考えて、ことばを操ることで目に見えない神などを示すことができないからだ。人間は、目に見えないものをことばによって表現し、それがあたかも実在しているように扱うことができる。

ことばによって表現された目に見えないモノは果たして実在しているのかどうか。その判断は難しい。そこには信じるという行為がかかわっており、信じるかどうかで判断は変わる。信じる者にとっては、神が実在していることは疑いようのない真実だが、信じない者は、そこに疑いの目を向ける。

モーセの時代に、そんな人物がいたかどうかも分からないが、今なら、「神が十戒を下したなど嘘に決まっているではないか」と言い出す人間が必ず現れる。そもそもモーセという人物自体、存在したことはトーラー（「モーセ五書」）にしか記されておらず、実在したとは考えられない。世界史の教科書にはモーセが登場しているのだが、モーセはことばが作り上げた架空の人物なのである。

嘘をつくという場合、たいがいは意図的である。相手を騙すためにでたらめなことを言うのだ。

しかし、本人に嘘をついているつもりはないのに、結果的にそれが嘘になってしまうこともある。あるいは、本人は本当のことを言っているつもりでも、相手が嘘と受け取ることもある。さらには、その逆もある。嘘を言っているのに、相手が勝手に信じてしまえば、嘘は嘘でなくなってしまう。

ただ、ここで問題にしなければならないのは意図的な嘘のほうである。ここまで見てきたように、嘘をつくことは実にさまざまな形で戒められているのだが、人間社会から嘘が消えてしまったわけではない。カントが求めた市民社会においても、依然として嘘はいたるところに存在している。

生涯にわたって、一度も嘘をついたことはないと考えている人はいるかもしれないが、実際にそれはあり得ないことだろう。誰でも、いつかどこかでなんらかの嘘をついている。

今日はどうしても会社に行きたくない。そんなとき、病気だと偽って欠勤する。仮病も嘘である。

誰かに食事をおごってもらったとき、あまり美味しくなかったし、自分の苦手なものが入っていた。それでも最後には、「とても美味しかったです」と食事を褒める。それが礼儀だと言われるかもしれないが、立派な嘘であることは間違いない。

そんな嘘は日常生活のなかに溢れている。たいがいはばれないし、ばれても大事には至らない。

逆に、そうした場面で嘘をつかないと、かえって面倒なことになる。「今日はどうしても会社に行きたくないんです」と言ってしまったら、社会人としてどうかしていると思われてしまうだろう。

「不味《まず》い」とはっきり口に出して言ってしまえば、その場は凍りつく。それはたんに料理の価値を否定しただけではなく、その店を選んだ相手の人格を否定することにもつながる。

カントは、こうしたときでも真実を言えと迫ってくるのだろうが、そんな人間はいない。

多くの嘘は、その場をごまかすためにつかれるものである。やりすごすためと言ってもいい。

たいがいは大事にはならない。嘘をつかれた相手も、その瞬間に本当だろうかと疑いを向けることはあるかもしれないが、深く穿鑿しようとはせず、すぐにそのこと自体を忘れてしまう。

嘘をつくことの快楽

時間の経過は嘘に味方する。

時間が経てば、ささいな事柄はすっかり忘れ去られていく。そのときは重要なことであっても、時間が経ち、日が経てば、重要なことではなくなっていく。いつの間にか勝手に問題が解決の方向にむかっていくことだって決して珍しくはない。

そうした嘘は世の中で無数につかれ、すぐに消えていく。

それでもたまに、そうした嘘を誰かが覚えていて、不意にそれが持ち出されることもあり、それで騒ぎに発展することもある。

しかも、ついた当人がそれを覚えてないので、ついたつかないでもめ、さらに大事になることもある。

嘘の難しさは、それをつく側と、つかれる側がいて、お互いの認識が違うものになるからである。

ただ一度の軽い嘘なら、さして問題にはならないだろうが、何度も嘘をつくと、それは許されないものとなる。

「イソップ童話」にある狼少年の話はその典型だ。羊飼いの少年は、「狼が来た」と嘘をつく。すると、男たちが銃を持って家から出てきて村中大騒ぎになる。

その騒ぎが面白く、少年は同じ嘘を何度かつく。最初は信じた村の人たちも、嘘が重なれば、そんなものを信じなくなる。

最後、本当に狼が襲ってくるのだが、「狼が来た」と言っても誰も助けてくれない。少年が世話をしていた羊は皆、狼に食べられてしまった。嘘などつくものではない。それがこの寓話の教訓である。

この物語は、嘘をつくことが快楽に結びつくことを示している。嘘は、現実のことではないので、いくらでも誇張できる。誇張された話は人々の関心を強くひく。それは、嘘をばらまいた人間に対する関心を高めることにも結びつく。

「注目される人間になりたい」

嘘は、そうした願望を満たしてくれる。今流に言えば、嘘をつくことで承認欲求が満たされるのだ。

もちろん、そうした嘘は、狼少年の話が示しているように必ずばれる。関心を呼ぶということは、それが本当か嘘かを調べようとする人間を生むことにつながるからだ。

そもそも人間には、ことばによって騙されやすい面がある。人に言われたことを、言われたというだけで信じてしまうことは、誰もが経験している。

たとえば、ちょっとした知り合いから、「○○は健康にいいんだよ」と言われれば、そんなものかと信じ、勧められたことを実行に移したりする。自分では真偽を確かめないまま、さらに他の人間に吹聴したりもする。特別なことを知っているのだと、内心威張れるからだ。

洗脳やマインドコントロールということばがあるので、さも巧みなテクニックによって人は騙されていくのだと考える向きもあるかもしれない。だが、多くの場合、そんな面倒な手段は必要とされない。ただ、「こうだ」と言えば、案外人はそれを信じ、そのまま受け入れてしまうのだ。

国家がつく重大な嘘というものもある。

その代表が戦時中の大本営発表である。大本営とは、日本が戦争状態にあるときに設けられる天皇直属の日本軍の最高統帥機関だった。その大本営が戦況について国民に発表するのが大本営発表である。

現在では、大本営発表ということばは虚報と同じ意味で使われることが多いが、本来は国家が責任を持って行う重大な発表だった。

日本が戦争に勝っていた時期には、発表は事実を反映したものだった。ところが、戦況が悪化すると、発表に嘘が交じるようになっていく。敵国の損害を過大に述べ、日本側にはさも被害が少なかったかのように伝えたのだ。

嘘が交じるようになったはじめの段階では、国民もまだ発表を疑っていなかったかもしれない。だが、嘘にも限度があり、味方の損害がまったくなかったかのようには発表できなくなっていく。そうなると、国民はそこにかなりの嘘が交じっていることに気づくようになり、発表をそのままは受け取らなくなっていった。まして、本土が空襲されるようになれば、とても大本営発表を信じるわけにはいかない。日本人は大本営発表を鵜呑みにしていたわけではない。

戦況が大幅に悪化すると、大本営発表も事実を伝えざるを得なくなる。総員戦死や玉砕といった表現での発表が続く。国民は、こうした変化の過程にずっと接していたわけで、敗戦を覚悟するようになっていった。

現代なら、嘘に満ちた大本営発表などあり得ない。軍の側が、戦況について軍事機密にしたとしても、さまざまな情報発信の方法が存在しており、情報は必ず漏れる。海外の報道機関の情報も、いくらでも入ってくる。国民は戦況がどうなっているか事実を知ることになる。

しかし、現代でもイラク戦争のような例もある。アメリカは、イラクが大量破壊兵器を保持しているとし、それで戦争に突入したが、それは発見されなかった。イラク側の死者は50万人にのぼると推計されている。今でも戦争には嘘がつきものなのである。

日本では、自衛隊は存在するものの、政治的な権力を発揮する軍は解体され、存在しない。憲法の制約もあり、自衛隊が戦争行為に及ぶことは考えられない。その点では、もう大本営発表はあり得ない。

政治家や官僚の嘘

しかし、政治家や官僚ともなると、依然として嘘と無縁ではない。公然と嘘をつけば、後で問題は大きくなるので、彼らはなんとかはぐらかそうとする。典型的なのは、「記憶にございません」という答弁だ。

記憶にあるのかどうか、それを確かめることは容易ではない。当人の頭のなかの問題だからである。記憶があると答えてしまえば、そのことが本当なのかどうかが問われる。それを回避する際には、「記憶にない」という答えは都合がいい。嘘の世界の大発明である。

このことに関連して重要なのは、官僚の場合、その背後に官僚組織が存在していることである。

官僚は組織のなかで仕事をしており、それぞれが与えられた役割をこなしている。その立場にあるから、そうした行為に及んでいるわけで、個人の意思によって、あるいは個人の願望によって仕事を選び、政策を実行に移しているわけではない。

そうした構造がある以上、官僚組織は個々の官僚の責任が問われても、それをかばい、その人間を守ろうとする。官僚が実際に処罰を受けたとしても、組織は挽回への道を用意する。ほとぼりが冷めた時点で、何らかのポストを与えるのだ。そうしたことが期待できるからこそ、その場ではぐらかし、時間稼ぎをしようとするのである。

これは中国の孝という考え方に近い。第4章で述べたように、中国では子が親のために、親が子のために嘘をつくことは、それぞれを守るために不可欠であると考えられている。日本では、孝よりも忠が重視され、組織に対して忠を尽くすことが何よりも重要であるとされてきた。それも、組織を構成する人間が、自分を犠牲にしても組織を守ろうとすれば、組織はそれを見殺しにはしないからである。

官僚組織以外にも、そうした組織は存在する。代表的なものが反社会的勢力、組織暴力団だ。やくざ社会においても、その構成員には命を捨てても組織に尽くすことが求められる。そして、そうした行為に及んだ人間には、組織は必ず報いようとする。

あるいは、左翼のセクトなども、同じような性格を示す。セクトは、指名手配されているメンバーを守り通そうとする。それは世間にむかって嘘をつくことになるが、彼らは市民社会のあり方を根本的に否定しているので、嘘をつくことに呵責の念を抱くことはない。中世キリスト教社会の異端とまったく同じだ。

しかし、嘘が組織を破壊することもある。

オウム真理教の引き起こした事件については、これまで何度も言及してきたが、犯罪行為の原点には嘘があった。

彼らが最初についた嘘は、修行中に亡くなった信者の死を隠したことである。精神的におかしくなった信者の目を覚まさせるために、彼らはかなり乱暴な手段を用いた。修行はハードなもので、それがそうした対応に結びついたものと思われる。

しかし、事故死を隠したことで、そのことを知る信者が組織から抜けるのを許せなくなり、殺害した。そこから、オウム真理教の組織は数々の犯罪を犯すようになり、最後はサリンの撒布《さっぷ》に行き着いた。それも組織を守るためだった。


嘘は泥棒のはじまりどころではなかった。

組織が、そこに属するメンバーに嘘をつかせ、そのメンバーを守ることで組織を守ろうとすることと、組織全体が、あるいはその重要な一部が自分たちを守るために嘘をつくということには違いがあるわけだ。企業犯罪には、オウム真理教と類似したケースが多い。小さな嘘が、瞬く間に巨大な嘘に膨れ上がり、それを隠し通せなくなったことで、組織全体が破綻するのだ。もうそこでは、嘘も方便という言いわけなどまったく成り立たない。

政治学者の五百旗頭《いおきべ》薫は、『〈嘘〉の政治史——生真面目な社会の不真面目な政治』（中公選書）のなかで、「必死の嘘」と「横着な嘘」とを区別している。組織を守るために身を挺してでも守る嘘が前者で、権力の座にある者がその場しのぎでつくのが後者である。たしかに、今述べてきたところからすれば、嘘には二つの種類があるのかもしれない。

必死の嘘は、最後まで隠し通さなければならない。そこに組織やそれに属する人間の命運がかかっているからだ。

横着な嘘は、適当なその場しのぎに過ぎないのだが、ときにはそれが必死の嘘に変化することがある。昨今の政治スキャンダルを見ていると、それを実感する。政治家がついた横着な嘘のせいで、官僚が必死の嘘をつかなければならなくなるのだ。そこに、政治家と官僚、政治と行政の複雑な関係が示されている。

嘘がつけない社会の誕生

誰か一人がつく必死の嘘があるとすれば、それは一つには犯罪を犯したときだろう。

もちろん、仲間がいれば、複数の人間が犯罪を犯したという秘密を共有し、一緒に嘘をつき続けることになる。けれども仲間割れは起こりやすく、嘘が露見し、犯罪の事実が明るみに出たりする。

その点では、単独犯の犯行のほうが嘘はばれにくい。未解決事件の代表である三億円事件が発生したのは私が中学生のときだが、おおむね単独犯説が支持されている。

事件からは50年以上の歳月が流れたが、犯人は特定されていない。時効も成立している。犯人が奪った紙幣の番号がすべて判明しているのかどうかも分からない。警察が公表した番号は100万円分に過ぎない。

犯人がすでに亡くなっている可能性も十分に考えられるが、自分が3億円を奪った事実を隠しながら生涯をまっとうするのは相当に難しいものと推測される。派手に金をつかえば、それは自分が犯人であることを暴露するようなものである。自重しつつ、半世紀の時を送る。いったいどういう生活を犯人がしてきたのかには興味をそそられるが、秘密の保持には単独犯であるほうが好ましい。おそらく家族もいないのだろう。家族がいれば、必死の嘘もどこかでばれる。

個人がつくもう一つの必死の嘘が、不倫を行っているときだ。結婚していなければ、二股をかけたときである。

こちらは、嘘を隠さなければならない相手、つまりは配偶者や恋人がおり、それ以外の異性との関係を長く続ければ、どこかで疑いを持たれる。そうなると、相手もとくに配偶者であれば、探偵を雇うなりして事実を突き止めようとする。そこまでされれば、嘘を隠し続けることは困難である。待っているのは離婚届と慰謝料だ。

これが芸能人ともなれば、週刊誌が放ってはおかない。現在ではＳＮＳが発達しているので、芸能人が怪しげな行動をとれば、その現場が写真に撮られ、それが週刊誌に持ちこまれる。

現代の社会では、嘘が露見する可能性は相当に高くなっている。犯罪にかんしてなら、監視カメラの存在は大きい。犯人や被害者の足跡はカメラが記録しており、それが犯人の特定に結びつくことは珍しくなくなっている。

私は、東京大学先端科学技術研究センターの特任研究員をしていたことがあるが、そのときには政治学者の御厨《みくりや》貴《たかし》の研究室に所属していた。それは「安全安心な社会を実現する科学技術人材養成」というプロジェクトに参加するためで、オウム真理教の事件について研究し、シンポジウムなどを開催した。

そのプロジェクトの研究会の席上で、警察関係の人物が、監視カメラの重要性を力説していたのをよく覚えている。監視カメラを増やせば、犯罪の抑止につながるというのだ。

その後、日本の社会はその方向に進んできた。街中には数多くの監視カメラが設置されている。もしオウム真理教の事件が起こったときに監視カメラが存在したら、事件の捜査は相当に違う様相を呈していたのではないだろうか。

あるいは、そのときSNSがあれば、オウム真理教のサティアンの存在もいち早く多くの人間が知るところとなり、情報は迅速に伝えられていたことであろう。

監視カメラやSNSは、日本を、嘘をつくことが難しい社会に変えてしまった。

第6章で、ジョージ・オーウェルの『1984年』に登場するテレスクリーンについてふれた。この小説が書かれたのは1948年になるわけだが、その時代にはまだテレビは普及していなかった。

したがって、小説のなかでのテレスクリーンについての説明には曖昧なところがある。果たして、小説の登場人物たちは、テレスクリーンによってどのように監視されていたのか。それがはっきりとはしないのだ。

テレスクリーンには、おそらく録画機能はなかっただろう。となれば、人々を監視するには膨大な人数が必要になる。だが、監視カメラには録画機能があり、後からカメラが記録した映像を確認できる。その点だけをとれば、今の社会は『１９８４年』の世界以上の監視社会である。中国などは、その傾向がはるかに進んでいる。

嘘がつけない社会では、宗教が嘘をついてはならないと戒める必要もない。先進国で軒並み宗教が衰退しているのも、そうしたことが関係しているのかもしれないのである。

第9章　よろずのこと、みなもって、そらごとたわごと

嘘をつかない
ためには？

人を感動させる嘘

宗教が誕生したのは、相当に昔の時代においてである。最初期の人間が果たして何らかの宗教を持っていたのかどうかについては、現在でもはっきりとしたことは分かっていない。

だが、縄文時代の三内丸山遺跡では、住民たちが仲間を葬った跡が発掘されている。動物は死んだ仲間を葬ることはない。そこに宗教のはじまりを見出せる可能性がある。縄文時代の人間が、死者をあの世に旅立たせたのであれば、それは信仰の萌芽としてとらえることができる。

それ以来、人間は宗教とともに生きてきた。

第1章で見たように、宗教には戒律があり、嘘をつくことはどの宗教でも戒められてきた。そして、宗教が衰えを見せていく近代の社会のはじまりの時点で、カントは宗教とは異なる立場から、つねに真実を言い、嘘をついてはならないとした。実際、その後の市民社会においては、次第に嘘をつくことが難しくなっている。

だが、前の章でも見たように、人間には嘘をつきたいという欲求がある。それは、騒ぎを起こし、自分に注目を集めるためだが、人が小説を書いて、それを発表する目的も、やはりそこにある。

小説のなかには、「はじめに」でふれた日本の私小説のように、著者が実際に経てきた人生をもとに、それをあからさまに描き出すものもある。それはむしろ嘘の暴露ということにもなり、第5章で取り上げたカトリックの告解に近い。

だが、たいていの小説はフィクションであり、虚構の物語である。虚構であるということは、嘘の話だということを意味する。私小説だって、そこには何らかの嘘が交じっているのが普通である。

ところが、人間というものは不思議なもので、小説には嘘が書かれていると知りながら、それを熱心に読み、ときには感動して涙を流す。あり得ない話を読んでも、もしかしたら本当のことではないかと錯覚することさえある。

フィクションは小説だけではない。映画でも漫画でも演劇でも、皆フィクションだ。

エンターテインメントの根本には嘘がある。

そう言っても、嘘ではないのだ。

それまで付き合いのなかった人間から、その人が経てきた人生について話を聞いたとする。その話は感動的で、当人がいかに苦難を乗り越えてきたのか、そこに涙するようなものだった。

しかし、その話が本当のことだという保証は、その時点ではどこにもない。後で確かめたら、まったくの嘘、でたらめだったということもある。

それで感動がすっかり失せてしまい、相手に対して強い怒りを感じることもある。

だが、それがたとえ嘘の話であったとしても、その際に感動したことは事実である。逆に本当の話を聞いても、まるで感動できないことはいくらでもある。

嘘があるから感動しないわけではない。むしろ立派な嘘だから、人は感動する。

無常の憂き世

では、どちらが重要なのだろうか。

真実であることが重要なのか。

それとも感動できるかどうかのほうが重要なのだろうか。

フィクションということであれば、どうしても後者が重要になってくる。

明治に時代が変わったとき、演劇改良運動が試みられた。それは歌舞伎の世界でのことで、勧善懲悪を主体とした荒唐無稽な物語ではなく、史実にもとづく実録物が上演されるようになった。「劇聖《げきせい》」と言われた九世市川團十郎などは、この運動を熱心に推し進めたのだが、途中でそれは挫折する。観客は、実録物に面白さを見出すことができなかったからだ。

現実の社会生活のなかでは、嘘は否定され、嘘つきは糾弾される。

だが、人間のこころというものは不思議なもので、嘘で騙して欲しいという願望もある。異性からアプローチされたとき、言っていることが嘘で、自分は騙されているのかもしれないと思っても、そのせつなの心地よさを失いたくはないと、わざと罠にはまったりする。そこにハニートラップがなくならない理由があるが、女性でもそれはある。

たとえば、ホストクラブのホストに入れあげている女性は、ホストが自分をちやほやしてくれるのは営業のためだと分かっている。だが、そうは思いたくないという心理も働いていて、次々と嘘の甘いことばに乗ってしまう。

歌謡曲には、たとえ嘘でも、自分だけが好きだと騙し続けて欲しいなどという歌詞が頻繁に登場する。嘘をつかれることの心地よさが、真実を言われることより勝っている場合は少なくない。むしろ真実は、色恋沙汰には邪魔者であり、余計なお節介なのである。

江戸時代の廓などは、嘘の世界である。遊女と客が本当の恋などできるわけがない。あくまで遊びであり、嘘を真に受けることは野暮として嫌われる。そこらあたりの事情は、九鬼周造の名著『「いき」の構造』（1930年）で巧みに分析されている。九鬼は、いきの対照語として野暮をあげた。

こうした廓の世界は「浮世」とも呼ばれる。浮世はもともと憂き世であり、仏教用語である。仏教では、現世の世界は無常であり、移ろいやすく、いとうべきものととらえる。だからこそ、世間を離脱する出家が称揚されるのだ。

親鸞のことば

これに関連することばが、「よろずのこと、みなもって、そらごとたわごと」である。

これは浄土真宗の宗祖である親鸞の言行録『歎異抄』に出てくる。歎異抄は第十八条の後に後記、流罪記録、奥書と続いていくが、このことばは後記にあるものである。あらゆることは皆、嘘いつわりだと、親鸞は説いたというのである。まさに無常だということになる。

実際、引用の前の部分には、「煩悩具足《ぼんのうぐそく》の凡夫《ぼんぶ》、火宅《かたく》無常の世界は」とつづられている。煩悩具足の凡夫というのは、絶えず悩みを抱え、それに苦しんでいる私たち人間のことだが、火宅無常の火宅については、少し解説が必要だろう。

火宅というのも仏教のことばである。『岩波 仏教辞典』を引いてみると、「法華七喩のうち譬喩品に説かれる喩で、『三界は安きことなく、なお、火宅のごとし』とある経文にもとづく」と説明されている。

法華経のことについては第2章でふれた。そこでは方便品第二にある方便の考え方については説明したが、法華七喩については説明しなかった。法華経には七つの喩えが出てくる。そのうち譬喩品第三にあるのが三車火宅喩であり、それは七喩のなかで最も知られている。

それはこんな話である。

あるところに大金持ちがいた。ところが、その大金持ちの家が火事になってしまった。家のなかには子どもたちがいて、遊びに夢中で、いっこうに逃げようとはしない。

そこで大金持ちは、子どもたちが欲しがっていた羊の車や鹿の車、牛の車が家の外にあると言って、子どもたちの気をひき、それで無事に家の外に逃すことができたというのである。

常識で考えると、これはあり得ない話である。いくら子どもたちが幼くても、家が火事になっていれば、それに気づく。子どもたちが気づかないなら、なかに飛び込んで救い出せばよいではないか。そういうことにもなってくる。

しかし、この喩えは、あくまで法華経の教えがいかに功徳のあるものなのかを示したものである。大金持ちが本当に用意していた車は、羊や鹿、牛の車ではなく、大白《だいびゃくご》牛車《しゃ》という豪華な車だった。それは、三乗ではなく、一仏乗の教えに本当の価値があることを示している。法華経において、悟りへの道には、それまで説かれていたように三つの道筋があるのではなく、一つの道しかないと説かれていることについては、すでに第2章でふれた。

歎異抄の火宅無常ということばは、こうした法華経の三車火宅喩を踏まえている。さらに、檀一雄が『火宅の人』（1975年）という小説を書いたので、不倫をしている人物の家の恐ろしい生活を形容するものとして火宅が使われるようになっている。

これはあまり注目されてはいないことなのだが、親鸞が法華七喩に言及したということはかなり重要である。意外なこととも言えるのだ。

なぜ意外なのか。

親鸞は、よく知られているように聖徳太子のことを崇めていた。法然に弟子入りしたのも、聖徳太子ゆかりの京都の六角堂に籠もり、そこで見た夢のなかで聖徳太子からことばを示されたからだとされている。そのことについては、親鸞の妻となった恵信尼《えしんに》が晩年、親鸞の最期を看取った娘の覚信尼《かくしんに》に手紙で書き送っている。

晩年の親鸞は、京都に戻り、そこで数多くの和讃を作っているが、「正像末和讃《しょうぞうまつわさん》」のなかには、聖徳太子のことを詠んだ「皇太子聖徳奉讃」が含まれている。

聖徳太子は、やはり第2章でふれたように、法華経に注釈を施した法華義疏《ぎしょ》を書いている。今日では、果たしてそれが聖徳太子によるものなのか疑問の声もあがっているが、親鸞の時代には、そんな疑問を呈する人間はいなかった。

ところが親鸞は、90年にも及ぶ長い生涯において、多くの著作があるにもかかわらず、法華経についてはまったくふれていない。師の法然は法華経についてふれているのだが、親鸞はその点では師に従ってはいないのだ。

親鸞は、法然のもとへ赴くまで比叡山延暦寺で学んでいた。具体的にどういうことをしていたのかは必ずしも明らかではないのだが、延暦寺は天台宗の総本山であり、そこでは法華経を基盤とした天台教学が説かれていた。親鸞もそれに接していたはずである。

そのことを踏まえると、ここで親鸞が火宅無常と言っていることは注目される。火宅が法華七喩にもとづくことは明らかである。ということは、親鸞は法華経について知っていながら、あえてその存在を無視したことになる。

なぜ親鸞は、法華経を重視した聖徳太子を高く評価しながら、法華経についてはふれなかったのだろうか。それは大いなる謎である。親鸞は浄土教信仰を持っていたので、それとは異なる法華経に関心を向けなかったのだと考えることもできるが、だったらなぜ聖徳太子を評価したのかが分からなくなってくる。

その点は依然として謎だが、親鸞としては、この世界、仏教的に言えば娑婆の世界が無常であることを強調するために火宅という表現を用いている。娑婆は、火の燃え盛る、一刻も早く抜け出さなければならない世界としてとらえられていたのである。

嘘を無化する無常観

娑婆の世界はすべて嘘、いつわりだというのは、相当に過激な考え方である。

けれども、仏教の教えの根本には、そうした認識がある。私たちが生きている娑婆の世界は絶えず変化を続け、とどまってはいない。その分、はかないものであるというのが、仏教が強く説くところなのである。

そうした認識を反映し、仏教では、「空」や「無」ということがさかんに言われる。私たち日本人にとって最も身近なお経となれば、法華経と並んで般若心経ということになるが、般若心経は、まさに空を説いた経典である。

そのなかには、よく知られた「色即是空　空即是色」ということばが出てくる。色とはあらゆるもの、あらゆる現象のことを意味しているが、それはすべて空である。本質が空であるからこそ、多様なモノや現象が生まれるというのである。

空ということを説いたのは、大乗仏教の歴史のなかで最大の思想家とされる龍樹《りゅうじゅ》である。龍樹は、部派仏教のなかで最も有力だった説一切有部《せついっさいうぶ》を徹底して批判し、世界の本質が空であるにもかかわらず、実体があるという偽りの主張をしているとした。そうした龍樹の思想を端的に示したものとして般若心経をとらえることができる。

般若心経の空にしても、そらごとたわごとだと言う歎異抄のことばにしても、常識を一挙に覆す壮大な卓袱台《ちゃぶだい》返しの趣がある。

仏教の基本的な戒律である五戒では、不妄語戒において嘘が戒められているわけだが、世界全体が空で、嘘いつわりであるとするなら、嘘をつくかどうかなどということは、どうでもいいいことになる。世界が嘘いつわりなら、人が嘘をつくのは当たり前で、不妄語戒などまったく意味をなさない。

日本人が無常観を抱くのは、自然環境の影響が大きい。日本が地震大国であることは周知の事実で、幾度となく地震や津波の被害に遭ってきた。風水害に遭うことも珍しくなく、毎年のように、それで多くの犠牲者が出ている。

地震や風水害の被害が大きければ、作物は不作となり、飢饉《ききん》になる。この側面は、近年になって改善されてきたし、作物を輸入に頼ることもできる。しかし、そうした対策ができるようになる以前の時代には、飢饉が疫病の流行に結びつくことも少なくなかった。

安全ということだけを考えるならば、日本に生きることはあまりにリスクが大きい。それでも私たちが、この国に生き続けているのは、一方で自然の恵みを享受できるからである。地上に国境がないということも、安全という観点では極めて重要である。

そして私たちは、世界は無常であるととらえてきた。それは、唯一絶対の創造神を信仰対象とするのが難しいということを意味する。なぜ絶対の善、カント流に言えば最高善としての神が存在するのに、地震や風水害、飢饉や疫病で苦しまなければならないのか。必ずやそうした問いが生まれ、神を信じることに困難を感じざるを得ないからだ。

親鸞の場合、この世が無常であることを強調したのは、たんに世界のありようを説こうとしたからではない。無常の世界を離脱し、極楽浄土に往生することの重要性を理解させるためである。嘘いつわりの世界の向こう側には真実の世界があるのだ。

世俗の嘘と仏の真実

これは、般若心経の場合にも共通している。

般若心経は、空の思想を説くことを主眼においているわけだが、その際に、大乗仏教の側からは小乗仏教として差別した部派仏教の思想をすべて空としてとらえた。部派仏教では十二縁起説や四諦八正道《したいはっしょうどう》が、煩悩から脱し、悟りへの道になるとして究極の価値を与えられたのだが、そんなものは実在しない、無だというのが般若心経の主張するところである。

そうなると、私たち衆生には拠り所がまったく存在しないということになる。そこで、般若心経の最後の部分では、真言が引かれ、その価値が称揚されている。真言とは「羯諦《ぎやてい》羯諦波羅羯諦波羅僧羯諦菩提薩婆訶《ぎやていぎやていはらぎやていはらそうぎやていぼじそわか》」の部分をさす。この真言は、大神呪《だいじんしゅ》であり大明呪《だいみょうしゅ》であり、すべての苦を取り除くものだというのである。

すべてが空であるなら、真言も空なのではないか。そういう疑問も湧いてくる。だが、般若心経は、あくまでそうした真言が真実であり、虚しさのないもの（「真実不虚」）であるという立場をとっている。

世俗の世界は嘘いつわりだが、真実の仏の世界が存在している。それが仏教の基本的な認識であり、教えの核心でもある。何を真実とするかは宗派によって異なってくる。

浄土真宗では「他力本願」が説かれてきた。阿弥陀仏の願によって、私たちは救われるものと決まっており、ひたすらその願に頼ることが信仰だというのである。

親鸞の師である法然の浄土宗では、もっぱら念仏を唱える専修念仏が説かれてきた。真言宗なら、般若心経に示されているように真言こそが真実であるとされ、天台宗なら一仏乗が核心にある。禅宗なら、修行による悟りに究極の価値がおかれてきた。

キリスト教には無常という考え方はない。世界は唯一絶対の神によって創造されたものであり、嘘いつわりの虚しいものとは考えられないからだ。

しかし、キリスト教では当初、世の終わりが近づいていることが強調された。それは、現実の世界が嘘いつわりに満ちた間違った世界と認識されていたからだ。

そして、世の終わりへの切迫感が薄れた後にも、原罪が強調され、人間は罪深い存在であるととらえられるようになる。神によって創造されたはずの人間は、最初から罪を背負わされ、容易には幸福に至れないとされたのだ。

そこから救済できるのは教会だけである。それは、教会への信仰を高めるための手立てであるとも言えるが、現世を否定し、教会が媒介する来世を肯定するという点では、親鸞や般若心経の論理構成と変わらない。

イスラム教にも、世の終わりの信仰はあるし、来世に天国に生まれ変わることに至上の価値が与えられていた。現世での信仰は、天国に行くための手立てなのである。

現世と来世が比較され、現世の価値が否定される。信仰はすべて来世においてより良き世界に生まれ変わるためである。どの宗教も、その点では同じことを説いている。

現世が、親鸞の説くように、嘘いつわりの世界であるなら、そこで嘘をついたとしても、それほど重要なことではなくなる。そもそも嘘いつわりの世界では、何が真実で、何が嘘なのかの区別がつかない。だったら、嘘をついてもかまわないではないか。そうした主張が生まれる可能性もある。

しかも、親鸞の場合には、悪人正機《しょうき》の説を唱えた。本当に救いを必要とするのは悪人であり、悪人のほうが往生は容易だというのだ。

これを基盤に造悪論が生み出された。悪人が救われるなら、むしろ積極的に悪をなしたほうがいいというわけである。そうなると、嘘もつき放題のほうが救われるということになってしまう。

仏教の恐ろしさと自由さ

今から20年近く前、私は、ロジェ＝ポル・ドロワの『虚無の信仰――西欧はなぜ仏教を怖れたか』（田桐正彦との共訳／トランスビュー）という本を翻訳して出版したことがある。これは、西欧の社会で仏教の存在が知られるようになった時代のことを扱ったもので、最初仏教は得体の知れない神話的な宗教としてとらえられた。仏教がインドから消え去っていたので、仏教のほうがバラモン教よりも古いという誤解も生まれた。

そうしたなかで、次第に仏教の教えがどのようなものであるか理解されるようになると、西欧の人々は仏教を恐れるようになった。仏教の説く究極の理想である涅槃は、魂を消滅させるものであり、虚無を至上の価値とする恐ろしい宗教だととらえられたからである。

もちろん、それは大いなる誤解でもあるわけだが、仏教では空や無ということが説かれ、あらゆる存在の実在が否定される。それは、この世界を作り上げた神の存在をまっこうから否定することでもあった。

その点では、キリスト教を信仰する西欧の人々が仏教に対して根本的な疑いを持ち、それを恐れたのも理由のないことではない。キリスト教徒にとって、「みなもって、そらごとたわごと」といった言説は、カタリ派のような異端だけが唱える恐ろしい思想なのである。

反対に、長く仏教に親しんできた私たちは、親鸞のことばに接しても、それに驚くことはない。そんなことは当たり前のことではないかと感じる。親鸞は、日本人が共有する無常観をことばにして表現しただけだ。大方そのように受け取られる。

戒律は、日本やそのもとにある中国の仏教では極めて重要なものと考えられてきた。日本では、くり返し戒律を復興させる動きが起こった。ただそれは出家した僧侶について言えることで、俗人はさほど戒律にはこだわってこなかった。

基本的な戒律である五戒は俗人にも適用されるもので、そのなかには不妄語戒として嘘も戒められているが、こうした戒めを破ったら地獄に落とされ、極楽往生を果たせないと考える人間は、それほど多くは生み出されなかった。

また、地獄に落とされたとしても救いの手段はあるとされるようになる。地蔵信仰が発達したのも、地獄の亡者になっても地蔵菩薩が救ってくれると考えられたからだ。

盆の習俗にしても、それは地獄に落とされた母親を救って欲しいという弟子目連の願いを、釈迦が聞いたところに生まれたとされる。そうした盆の起源を語った盂蘭《うら》盆経《ぼんきょう》は中国で作られた偽経である。

偽経とはインド以外で作られた経典のことをさす。しかし、インドで作られた経典も、とくに大乗仏典となれば、釈迦の説いた教えとはまったく異なり、後世になって作られたものである。第2章で見たように、天台宗を開いた智顗などは、経典はすべて釈迦自身が説いたものであると考え、その説かれた順番を示したわけだが、智顗が最重要とした法華経も、偽経と言えば偽経なのである。

キリスト教やイスラム教は、その源流となるユダヤ教もそうだが、原典が明確な宗教である。トーラー、聖書、コーランは、それぞれの宗教において究極の拠り所となっている。

もちろん、こうした宗教において、信者すべてが原典に深く通じているというわけではない。生涯コーランを読んだことがないイスラム教徒ならいくらでもいる。なにしろ正規のコーランはアラビア語で記されたものだけだからである。

しかし、聖職者は聖典に通じているし、教えの根拠は聖典に示されているとされている。その点で教えが揺らぐことはない。

それに対して仏教は、膨大な仏典が存在するものの、聖典は一つではない。少なくとも宗派によって所与の経典は異なっている。その分、さまざまな教えが生み出されてくるわけで、日本が宗派仏教になり、宗派によってまったく異なる教えが説かれているのも、仏教が自由な宗教であることを示している。

こうした仏教に特徴的なあり方が、親鸞のことばに反映されている面はある。とくに親鸞は、自分が末法の時代に生きていることを強く自覚していた。末法の時代には、教えはあっても、修行する者も悟りを開く者もないとされる。そうした状況のなかで、親鸞は他力本願の信仰にすべてを賭けたのである。

日本の宗教は、日本人の根底にある無常観と対決せざるを得ない。無常観は、すべてを虚しいものにしてしまう。そうなれば、宗教や信仰など意味をなさなくなってしまう。

日本土着の神道に教えがないのは、一つには、開祖にあたる存在がいないからである。開祖がいなければ教えはなく、聖典も作られない。

しかし、そうした神道が時代を超えて受け継がれてきたのは、教えがないことで、無常観と対決する必要がなかったからかもしれない。己を無にして、ただ神に祈る。神道の究極の姿はそこにある。

教えがあれば、正しさが追求される。そうなれば、どうしても無常観と衝突する。神道は、すべてを嘘いつわりとしかねない無常観と争わないことで、現代にまで受け継がれてきたのである。

嘘をつかないためにはことばを発しなければいい。それも一つの智慧である。不立文字《ふりゅうもんじ》、真理はことばによっては表現されないと説く禅宗も同じ智慧を有していたのかもしれない。

おわりに——力のあることばは真偽を超えていく

第9章で取り上げた親鸞にも嘘がある。

親鸞は、歎異抄のなかで「たとひ法然上人にすかされまゐらせて、念仏して地獄におちたりとも、さらに後悔すべからず候ふ」と、見事に啖呵《たんか》を切っている。法然にだまされて、地獄に落ちても、後悔はしないというのだ。

そして、親鸞の自筆本が残る『教行信証』(正式には『顕浄土真実教行証文類』)では、自らが法然の数少ない高弟であったことを、いささか自慢げに語っている。高弟だからこそ、法然の『選択本願念仏集』(1198年)やその肖像画を写しとることを許されたというのだ。

ところが、浄土宗側の資料を調べてみても、親鸞を法然の高弟とするものは見出せない。

書写を許された他の高弟の名前はあげられていても、親鸞はそこに含まれていないのだ。

また、比叡山から批判を受けた際に法然が記し、190名にのぼる弟子たちに署名させた「七箇条制誡《せいかい》」において、親鸞も「僧綽空《しゃっくう》」として署名しているものの、全体の87番目だった。法然のよく知られた高弟たちが最初のほうで署名していることを考えると、法然門下で親鸞の地位はそれほど高くなかったものと考えられる。

これは、他の本(『ほんとうの親鸞』講談社現代新書)で詳しく論じたが、親鸞の言動には怪しいところが少なくない。承元の法難では法然が流罪になり、親鸞も越後に流されたとされる。だが、越後は流罪の地ではない。そこにも嘘があるようにも思えるが、親鸞が教行信証で書いていることは、あくまで自分は法然門下だということで、流罪にあったとは記していないとも解釈できる。その点で嘘をついているのは、唯円《ゆいえん》など親鸞の弟子たちなのかもしれない。

親鸞の生涯は意外なほど明確ではないのだが、一方で、親鸞が発したことばは強い印象を残す。最初に引いた「法然上人にすかされまゐらせて……」もそうだが、よく知られた「善人なをもて往生をとぐ。いはんや悪人をや」や「親鸞は弟子一人ももたず」といったことばは、意表を突き、襟を正させる鮮烈な印象を残す。

親鸞の生きた鎌倉時代は、武士が台頭し、東国に武家政権が成立した時代で、平和が続いた平安時代とはかなり様相が異なっていた。法然などは、父親が今の警察官にあたる押領使で、争いに巻き込まれた上に殺害されている。

生き抜いていくために精神的な強さを求められた時代の宗教家のことばには迫力がある。それは親鸞と同時代に生き、2度も流罪にあった日蓮についても言える。日蓮が流罪にあったことは間違いなく、とくに2度目の佐渡への流罪は、環境が厳しく、それを生き延びることは容易ではなかった。

その日蓮が佐渡で記した「開目抄」には、「我れ日本の柱とならむ、我れ日本の眼目とならむ、我れ日本の大船とならむ」と記されている。今、こんな大言壮語をすれば、相手にされないが、日蓮には自らの命を擲《なげう》っても日本を救うという自覚があった。日蓮は、法華経にある「不惜《ふしゃく》　身命《しんみょう》」を文字通りに実践しようとしたのである。

本当に日蓮は日本の柱となったのか。それとも、それは嘘いつわりなのか。それを判断することは難しい。

しかし、日蓮のことばには力がある。それは親鸞も同様である。力のあることばは真偽を超えていく。そこには真も嘘もない。「言霊《ことだま》」という言い方があるが、言霊となったことばは、嘘であるかどうかを問題にさせない力を持っている。

それが嘘かどうかなど小さなことだ。親鸞も日蓮も、こころのなかではそのように思っていたかもしれない。

これは日本の宗祖のことばについてだけ言えることではない。

各宗教の聖典には、それを聞く者に衝撃を与えることばが数多く含まれている。新約聖書が好まれるのも、そうした事例を数多く見出すことができるからだ。「右の頬を打たれたら、左の頬を差し出せ」、「敵を愛し、迫害する者のために祈れ」、「人はパンのみによって生きるのではない」などである。

ただし、新約聖書のなかで最初に成立したパウロの書簡には、こうしたことばはまったく出てこない。それは、パウロが、イエスが亡くなったあとの弟子だからでもある。

だが、イエスの力強いことばを伝えずに、パウロはどうやって布教活動を展開したのか。ここにも嘘が含まれる可能性があるが、たとえ嘘でも、イエスのことばは常識を覆す力強さを持っている。

力を持つことばは、嘘を含んでいる可能性が高い。大胆なことを言うためには、真実を犠牲にする必要があるからだ。

右の頬を打たれて、そんなことにはめげないという意思表示のために左の頬を差し出したとき、相手はそれにひるまず、かえって怒りを高まらせ、より激しい攻撃に出てくるかもしれない。

たしかに、人はパンだけで生きているわけではないにしても、パンがなければ生きられないのも事実である。飢えて苦しむ者がいたとき、そんなことを言っても、救いにはまったくならない。

日本の戦後社会で起こった現象の一つに、新宗教の台頭ということがある。数々の新宗教が生まれ、多くの信者を集めて巨大教団へと発展していった。

その代表格と言えば創価学会ということになるが、2代目の会長となった戸田城聖《じょうせい》という人物は会長推戴《すいたい》式で大言壮語した。

当時、創価学会の会員数は2000世帯から3000世帯に過ぎなかった。にもかかわらず戸田は、「私が生きている間に75万世帯の折伏」をすると言い放った。そして、その目標が達成されないなら、「私の葬式は出してくださるな。遺骸は品川沖に投げ捨てなさい」と命じたのである。

大きく出たものである。

ところが、戸田の掲げた目標は達成されてしまう。戸田が亡くなったのは、それからわずか7年後のことだが、その時点で会員は100万世帯を超えていた。「嘘から出たまこと」ということわざが思い浮かぶ。

当時の創価学会についてはニュース映像が残っていて、そこでは創価学会の会員たちが、折伏のために他の宗派の仏像や過去帳などを焼き払ったことが問題にされていた。それに対して戸田は、「そんな馬鹿なことあるわけない」とまっこうから否定した。しかし、当時の創価学会が「謗法払い《ほうぼう》」と称して、そうしたものを焼き払ったのは間違いない。戸田がそれを知らないわけはない。

さらに戸田は、自ら嘘をついていると公言することもあった。

戸田の名義で『小説　人間革命』（1957年刊『人間革命』の改題）という本が刊行さ

れている。これは、3代会長となった池田大作著『人間革命』とは別物である。『小説　人間革命』が刊行される直前、会員からの質問に答えた録音が残されているが、そこで戸田は、自らの生涯をつづったはずの著作について、「それは嘘書いているんだぞ。本当のこと書いてないんだよ」と述べている。ただ、「僕の精神は書いてある」とも弁明していた。この戸田の発言に、会員たちは大笑いしている。

そこに戸田が会員たちから絶大な人気を集め、創価学会という組織を大きく発展させた秘密が隠されている。とにかく戸田は会員のこころをとらえることに巧みだった。しかし、自分の伝記に嘘があると公言する著者も珍しい。それでも会員は大喜びするのだから、戸田のことばは力を持っていたことになる。

宗教家の嘘を暴き立てても無駄だということかもしれない。

宗教家には嘘をついているという自覚があっても、そのことをまったく気にしていない。しかも、宗教家のついた嘘は実《まこと》になる可能性が高い。信者はその気になって、それを実行に移すからである。

嘘のある宗教がはびこり、嘘のない宗教は衰退する。

そうした面があることは否定できない。やはり嘘も方便なのである。

ここまでたどってきたのは「嘘をめぐる宗教史」ということかもしれない。宗教と嘘との関係はなかなか複雑である。

嘘との関連を見ていくことで、宗教が何かということも分かってくる。嘘を戒める戒律に着目するだけでは、宗教の表面をなぞったことに終わってしまう。

宗教は、根本的に嘘を必要としている。そう言っても決して間違いではないだろう。それは政治にも共通することかもしれない。宗教と政治は深く結びついている。どちらも、人を動かし、現実を変える力を発揮する。

現実の社会に衝撃を与え、それを変えていくには、嘘が相当に重要な役割を果たすことになるのである。

そうした嘘をつくには、現実を見極めることができなければならない。真実と嘘とのあいだにどういった違いがあるのかをはっきりと分かっていなければならないのだ。

今、エイプリルフールには、世界の新聞、ニュースサイトが競って智慧を絞り、フェイク・ニュースを掲載している。

そうしたニュースは、まずは真実と思わせるものでなければならない。そして、一瞬の間があって、読者に「そうか。今日はエイプリルフールか」と気づかせるものになっていなければ、この日だけに許されたユーモアと受け取られることはない。その微妙な間合いをはかれるかどうかは、記事を作る人間の腕にかかっている。

嘘とは、ありそうであり得ない話である。巧妙な嘘は、それに騙される人々がいったい何を求めているかをあぶり出す。だから、エイプリルフールのフェイク・ニュースを一瞬信じてしまうのだ。

信じた後に騙されたと知り、自分は馬鹿だと認識する。権力の座にある者も、日頃自らの知性に万全の信頼を置いている者も、案外騙されやすい。

昔の王室では、言いたい放題の道化がその役割を果たしていた。王は、いくら道化に馬鹿にされても、道化を処刑したり、追放したりはできない。道化は、権力の座にある者に愚行がつきものだということを絶えず思い知らせる役割を果たしているからだ。

唯一絶対の神はいる、悟りはある。

宗教の教えは、究極的な嘘なのかもしれない。

その嘘にすがることがとてつもなく重要であるからこそ、私たちは宗教とともに生きてきたのかもしれないのである。

二〇二一年五月

島田裕巳

島田裕巳 しまだ・ひろみ
1953年、東京都生まれ。76年、東京大学文学部宗教学宗教史学専修課程卒業。84年、同大学大学院人文科学研究科博士課程修了(宗教学専攻)。放送教育開発センター助教授、日本女子大学教授、東京大学先端科学技術研究センター特任研究員を歴任。現在は、作家、宗教学者、東京女子大学非常勤講師。主な著書に、『創価学会』(新潮新書)、『天皇と憲法』『人は、老いない』(共に朝日新書)、『日本の10大新宗教』『葬式は、要らない』『浄土真宗はなぜ日本でいちばん多いのか』(すべて幻冬舎新書)など多数。

朝日新書
818

宗教《しゅうきょう》は嘘《うそ》だらけ

生きるしんどさを忘れるヒント

2021年6月30日第1刷発行

著者 島田裕巳

発行者 三宮博信
カバーデザイン アンスガー・フォルマー 田嶋佳子
印刷所 凸版印刷株式会社
発行所 朝日新聞出版
〒104-8011 東京都中央区築地5-3-2
電話 03-5541-8832(編集)
03-5540-7793(販売)

Published in Japan by Asahi Shimbun Publications Inc.
ISBN 978-4-02-295129-8
定価はカバーに表示してあります。

朝日新書

いまこそ「社会主義」
混迷する世界を読み解く補助線

池上 彰
的場昭弘

コロナ禍で待ったなしの「新しい社会」を考える。ベーシックインカム、地域通貨、社会的共通資本——かつて資本主義の矛盾に挑んだ「社会主義」の視点から、いまを読み解き、世界の未来を展望する。格差、貧困、マイナス成長……資本主義の限界を突破せよ。

アパレルの終焉と再生

小島健輔

倒産・撤退・リストラ……。産業構造や消費者の変化で苦境にあったアパレル業界は、新型コロナが息の根を止めた。このまま消えゆくのか、それとも復活するのか。ファッションマーケティングの第一人者が、詳細にリポートし分析する。

でたらめの科学
サイコロから量子コンピューターまで

勝田敏彦

「でたらめ」の数列「乱数」は規則性がなく、まとめられないことにこそ価値がある。サイコロや銅銭投げにはじまり今やインターネットのゲーム、コロナ治療薬開発、量子暗号などにも使われる最新技術だ。この優れものの知られざる正体に迫り、可能性を探る科学ルポ。

不思議な島旅
千年残したい日本の離島の風景

清水浩史

小さな島は大人の学校だ。消えゆく風習、失われた暮らし、最後の一人となった島民の思い——大反響書籍『秘島図鑑』（河出書房新社）の著者が日本全国の離島をたずね、利他的精神、死者とともに生きる知恵など、失われた幸せの原風景を発見する。

朝日新書

新型格差社会

山田昌弘

中流層が消滅し、富裕層と貧困層の差が広がり続ける日本社会。階級社会に陥ってしまう前に、私たちにできることは何か？　〈家族〉〈教育〉〈仕事〉〈地域〉〈消費〉。コロナ禍によって可視化された〝新型〟格差問題を、家族社会学の観点から五つに分けて緊急提言。

女武者の日本史

卑弥呼・巴御前から会津婦女隊まで

長尾　剛

女武者を言い表す言葉として、我が国には古代から「女軍」（めいくさ）という言葉がある。女王・卑弥呼から女軍部隊を率いた神武天皇、怪力で男を投げ飛ばした巴御前や弓の名手・坂額御前、２００人の鉄砲部隊を率いた池田せん……「いくさ」は男性の〝専売特許〟ではなかった！

60代から心と体がラクになる生き方

老いの不安を消し去るヒント

和田秀樹

やっかいな「老いへの不安」と「むなしい」という感情。これさえ遠ざければ日々の喜び、意欲、体調までが本来の状態に。不安や「むなしく」ならないコツはムリに「探さない」こと。何を？　「やりたいこと」「居場所」「お金」を……。高齢者医療の第一人者による、元気になるヒント。

内側から見た「AI大国」中国

アメリカとの技術覇権争いの最前線

福田直之

対話アプリやキャッシュレス決済、監視カメラなどの情報を集約する中国のテクノロジーはアメリカを超え、10年以内には世界トップになるといわれる。起業家たちは何を目指し、市民は何を求めているのか。政府と企業の関係、中国AIの強さと弱点など、特派員の最新報告。

定年後の居場所

楠木　新

定年後のあなたの居場所、ありますか？　ベストセラー『定年後』の著者が、生保会社を60歳で定年退職した後の自らの経験と、同世代のご同輩への豊富な取材を交え、仕事、お金、趣味、地域の絆、ウィズコロナの新しい生活などの観点からアドバイスする。

戦国の村を行く

藤木久志
解説・校訂　清水克行

悪党と戦い百姓が城をもった村、小田原攻めの豊臣軍からカネで平和を買った村など、戦乱に加え、略奪・人身売買・疫病など過酷な環境の中を人々はいかに生き抜いたのか。したたかな村人たちと生命維持装置としての「村」の実態を史料から描く。戦国時代研究の名著復活。

旅行業界グラグラ日誌

梅村　達

著者は67歳の派遣添乗員。現場では理不尽なお客や海千山千の業界人が起こすトラブルに振り回される日々。魑魅魍魎な旅行業界の裏側を紹介しつつ、コロナの影響にも触れる。笑えたりほろりと泣けたり、読んで楽しいトラベルエッセイ。

宗教は嘘だらけ
生きるしんどさを忘れるヒント

島田裕巳

一番身近で罪深い悪徳「嘘」。嘘はどのように宗教で扱われ、嘘つきはどう罰せられるのか。偽証を禁じるモーセの十戒や仏教の不妄語戒など、禁じながらも解釈の余地があるのが嘘の面白さ。三大宗教を基に、嘘の正体を見極めるクリティカル・シンキング！

自分を超える心とからだの使い方
ゾーンとモチベーションの心理学

下條信輔
為末 大

スポーツで大記録が出る時、選手は「ゾーン」に入ったと表現される。しかし科学的には解明されていない。無我夢中の快や「モチベーション」を深く考察することで、落ち込んだ状態や失敗に対処する方法も見えてくる。心理学者とトップアスリートの対話から探る。

内村光良リーダー論
チームが自ずと動き出す

畑中翔太

ウッチャンはリアルに「理想の上司」だった！内村と仕事をする中で人を動かす力に魅せられた著者が、芸人、俳優、番組プロデューサー、放送作家、ヘアメイクなど関係者二四人の証言をもとに、最高のチームを作り出す謎多きリーダーの秘密を解き明かした一冊。

朝日新書
Asahi Shinsho 839

「檄《げき》文《ぶん》」の日本近現代史

二・二六から天皇退位のおことばまで

保阪正康

朝日新聞出版

本書は、一九八〇年八月に立風書房より『檄文昭和史』として、二〇〇三年八月に朝日文庫『昭和史の謎〝檄文〟に秘められた真実』として刊行されたものです。なお、本文中に登場する方の名称、肩書などは単行本刊行当時、〔付記〕については文庫刊行当時のものです。
「二十七、『沖縄のこころ』を世界に伝えたい」、「二十八、天皇の素朴な『人間の声』」は、朝日新書のための書き下ろしです。

引用文中には一部、今日では差別的表現とされる記述が含まれていますが、本書は歴史的事件と当時の社会状況を理解することを目的とするため、原文通りとしました。

まえがき

〈檄《げき》〉とは何か。広辞苑第六版の「檄」の項には、「②敵の罪悪などを挙げ、自分の信義を述べて、衆人に告げる文書」とある。一説によれば、古代中国では、対手《あいて》をつよく叱責《しっせき》したり、自己の考えをより強烈に訴えるとき、一尺二寸の木札に、その内容を書いたという。それが「檄」のいわれだともいう。

昭和の五十五年（編集部注・単行本刊行当時）にわたる歴史のなかで「檄文」とは何を意味するのか。

昭和という回り舞台は、さまざまな装置でほどこされた。不況、農業恐慌、汚職、テロ、侵略、独裁、戦争、敗戦、占領、戦後民主主義、再軍備、反体制運動、高度成長、公害、新官僚主義——。時代と人間は、大きくゆれ動いた。時代を流した人、流された人、棹《さお》さす人、さまざまな人びとがいた。昭和という舞台を動かした回転軸に対して、人はときに抗議し、ときには痛憤し、ときには死を賭《と》して叫んだ。昭和の檄文とは、そうした人びとの遺《のこ》した〝叫び〟であり〝時代への語りかけ〟であると私は考えた。

ふつう私たちは、想念の世界ではあらゆることを行なう。しかしそれを現実にはもちこまない。理性のためかもしれない。感性の鈍磨のためかもしれない。いや臆病《おくびょう》のためかもしれない。だからこそ、想念のなかでの行為を、現実にもちこんだ人びとに関心をもつ。なぜ彼は〝ルビコン〟を渡ったのかと……。

檄文とは、思考・想念の世界から、行動の世界に飛翔《ひしょう》するためのスプリングボードでもあるのだ。

本書にとりあげた檄文には、訴状あり、蹶起《けっき》趣意書あり、宣言あり、遺書あり、碑文あり……その表現形式はすこしずつちがう。が、現実に行動が伴えば檄文である、と私は解釈した。また、その訴えかける対手ないし対象が、不特定多数であろうと、あるいは特定少数であろうと、ときによっては特定の個人であろうとも、昭和という回り舞台に、自己の主張を刻みこもうとするかぎり、それも檄文である、と私は解釈した。本書を読むにあたり、その視点を諒解《りょうかい》しておいてほしい。

なお、文中の登場人物の敬称は略した。

著者識

「檄文《げきぶん》」の日本近現代史　二・二六から天皇退位のおことばまで　目次

一、御聖示を賜りたく——天皇直訴事件

訴状

恐《おそ》れ乍《なが》ら訴《そ》に及《およ》び候《そうろう》

一、軍隊内に於《お》ける我等特殊部落民に対する賤視《せんし》差別は封建制度下に於《お》ける如《ごと》く峻《しゅん》烈《れつ》にして差別争議頻発《ひんぱつ》し其《そ》の解決に当る当局の態度は被差別者に対して些少《いささか》の誠意もなく寧《むし》ろ弾圧的である

一、全国各連隊内に於《お》ける該《がい》問題に対する当局の態度は一律《いちりつ》不変であるが陸軍当局の内訓的指示と視《み》る事が至当《しとう》である

一、歩兵第二十四連隊内に惹起《じやつき》せし差別争議の為《た》め被差別者側の数名は警官の巧《たく》みなる犯罪捏造《ねつぞう》により牢獄《ろうごく》に送られんとしてゐる

右の情状御聖察の上御聖示を賜《たまわ》りたく及訴願候《そがんにおよびそうろう》　恐々拝々

昭和二年十一月

歩兵第六十八連隊第五中隊
陸軍歩兵二等卒　北原泰作

1

「ささーげー銃《つつ》！」

隣りの連隊長が大声をあげた。将兵が敬礼の動作に移った。二等兵北原泰作《きたはらたいさく》は、それを目の端でたしかめた。

閲兵の騎馬隊が進んできた。近衛《このえ》師団長賀陽宮《かやのみや》を先頭に、近衛騎兵が掲げる天皇旗がつづいた。そのあとに愛馬「初緑《はつみどり》」に乗った天皇がいた。侍従武官や陸軍の将官、それに外国の駐在武官が、天皇からすこし離れて馬に乗ってつづいた。騎馬行列のきらびやかな色彩が、秋晴れの空に映えていた。

昭和二年（一九二七）十一月十九日午前八時三十分すぎ——名古屋城東練兵場には近衛師団、第三師団隷下の将兵四万人、陪観の文官六千人が集まっている。陸軍特別大演習のあと、天皇の閲兵を受けるのが、日本陸軍四十年の慣例だった。しかしこの日の観兵式はとくべつの意味をもっていた。天皇が即位以来初めて行なう儀式であったのだ。陸軍の首脳たちは、緊張に身を震わせながら、儀式の円滑な終了を願っていた。

北原泰作は、不動の姿勢をとりながら、左手の指先でズボンのポケットに触れた。そこには一通の訴状がはいっている。数日まえに、一字一字たしかめながら書きあげた彼の叫びが、ポケットのなかで出番を待っていた。

〈しっかりしろ！〉

北原は自身にどなった。これを天皇に渡さなければならぬ。いわれなき差別の不当性を知らしめなければならぬ。そうは思っても、直訴というこの行為がどのような報復を受けるか、それも不安であった。父や母、それに弟妹の姿が浮かんだ。

騎馬隊は隣りの部隊の閲兵を終えた。

「ささーげー銃！」

第六十八連隊の連隊長が号令をかけた。

兵隊たちは、銃をささげて敬礼の動作に移った。それを合い図に、北原は隊列から飛び出し、銃をさげたまま走った。六十八連隊と隣りの十八連隊の間にできている空間を走った。天皇のまえまでは、およそ百五十メートル。その間、誰も追いかけてこない。北原の行動を止めようとする者はいない。

北原は天皇の馬前数メートルの距離に近づいた。誰かが「捕えろ」と絶叫した。それがかすかに北原の耳にはいった。訴状を左手でさしあげ、「直訴、直訴」と二度叫んだ。天皇はこの騒ぎが何を意味しているのかわからずに、馬上から北原の顔を怪訝《けげん》な表情でながめていた。

「捕えろ、捕えろ」――指揮刀をもった将官が、北原のまえに馬を進めてどなった。そのとき北原は、後ろから強い力でひき戻された。ふり返ると、直属の上官である少尉が、唇をふるわせことばにならない呻《うめ》き声をあげていた。北原をひき戻そうとする手は、こきざみにふるえていて、それが軍服をとおして北原の身体に伝わってきた。

この一節の光景は、北原の著作（『賤民の後裔《こうえい》』）からの引用である。「私の行動は、ほんの五分間のハプニングとしてあっけなく終ったのである」とも書いている。

四日後、この事件は報道解禁になった。「……この不敬兵は、ただちに名古屋憲兵分隊長以下数名の憲兵によって同隊に引致《いんち》され、厳重取調べ」を受けたとして、その結果「北原泰作(二二)といい、現在歩兵第六十八連隊第五中隊の二等卒であることが判った……」と、全国の新聞は報じた。陸軍省もこの事件の経過を発表したが、訴状《そじょう》の内容については、つぎのように説明した。

「北原の所持せし訴状なるものの内容は毫末《ごうまつ》も皇室に対し不敬の意味を有せず単に軍隊内に今猶《いまな》お差別待遇行わるとなし当局の態度を非難するの辞《じ》を以《もつ》て聖察を乞《こ》う旨《むね》を記述しあるものなり」

時の首相田中義一は、この事件が不敬罪にあたらないことを強くいい、「責任の範囲を誤まると、将来上官をおとしいれるために、この種の暴挙をあえてする不届者が出ぬとも限らぬから、この点はとくに考慮を払う必要がある」との談話を発表した。不敬罪に触れるということは、すなわち指導者の責任が問われることであった。

2

名古屋衛戍拘禁所《えいじゅこうきん》に収容された北原は、陸軍内部の複雑な思惑《おもわく》のなかで、取り調べを受けた。彼を取り調べたのは、陸軍法務官の小林検察官《こ》であったが、その口調にはまるで腫《は》れ物にさわるような慎重さがあった。彼は媚びるようにたずねた。

「いつから直訴を考えていたのか」

そういう質問をする半面で、〈なぜ直訴をしようと思ったか〉という点にくると、この検察官はすぐに話をそらした。そこまでくわしく問い質《ただ》すことで、軍法会議が宣伝の場になっては困ると考えていたからである。

事件の三日後に、北原は、請願令違反で起訴するという通知を受けた。直訴という行為が、刑法にはいささかも触れていない。そのための苦肉の策であった。この通知を、北原は予想していた。請願令十六条には、「行幸《ぎょうこう》ノ沿道又ハ行幸地ニ於《おい》テ直訴ヲ為《な》サントシタル者ハ一年以下ノ懲役ニ処《しょ》ス」とあり、決行を決めてから法律書を読みあさったあげくに、自らの行為を裁くのは、この条文しかないと知っていたのである。

六日後の二十五日、北原に対する第三師団軍法会議の第一回公判が開かれた。

異例のスピードであった。早く決着をつけてしまおうという陸軍首脳部の焦りは、法廷を構成する判士長や判士にも伝わっていた。弁護士もつかず、北原は弁護を受ける権利を奪われていた。

公判の最後に、つぎのようなやりとりがあった（前述の北原書からの引用）。

判士　直訴の罪を犯せば親姉妹その他の人びとに迷惑がかかるが、それでもよいと思っ

てやったのか
北原　親姉妹が困るのは小さな事です、三百万人の同胞の苦しみとは替えられません。部落民は差別に泣いているのです
判士　これで訊問《じんもん》を終るが、最後に何か言いたいことはないか
北原　言いたいことはたくさんあるが、どうせ聞き入れてもらえないから言うまい、罪を逃れようとは考えないから思う通りに処罰してもらいたい。ただ最後に言いたいのは、何故私がかかる行動に出たかという動機について……検察官は売名のためだと言ったが、心外だ……
判士　それはもう言わなくてよい、これで審理を打ち切る
判士は北原に発言させぬことが役目だった。ついで検察官が論告を行なった。そこには、「被告の態度が尊大であり」「軍人の本分に反していて」「直訴そのものも売名のために行なった」という論旨が一貫して流れていた。
北原は、この論告をききながら、直訴という行為は決して売名のためではないと心中でどなりつづけた。
第一回公判の終わった十一月二十六日、彼が独房に戻ってまもなく衛戍拘禁所の外から、

水平社の解放歌がきこえてきた。それを制止しようとする憲兵と警官の怒声が、その歌声と重なった。

水平社の同志たちがこの拘禁所の周囲に集まり、北原を励まそうと、解放歌や革命歌を大声で唱《うた》っている……。彼らの歌声は北原をとらえて離さなかった。翌二十七日、軍法会議は、「被告ヲ懲役一カ年ニ処ス 押収ニカカル文書（注・訴状）ハ之ヲ没収ス」と判決を言い渡した。北原は下獄しようと思っていたが、水平社の同志たちは、軍隊内の差別撤廃を要求して、上告手続がとられた。

翌三年一月、この上告は棄却され、北原は大阪衛戍刑務所に移された。

3

明治三十九年（一九〇六）一月一日、北原泰作は小作農の長男として生まれた。いわれなき社会的差別と貧乏がその生活をとりまいていた。小学校時代の成績は優秀だった。教師にも注目された。しかし、上級学校へ進んで磨きをかけるほど、実家には経済的な余裕はなかった。

北原は、前述の書のなかで、「私が村の高等小学校を卒業した大正九年（一九二〇）は、大戦後のはげしい経済恐慌に襲われた。（略）経済恐慌と階級闘争とデモクラシーと社会主義の思潮が渦巻く世の中に、私はいきなり放り出されたのである」と書いている。まだ十三歳を超えたばかりの少年であった。村の郵便局に勤める一方で、中学課程の通信教育で向学心を満たした。そして文学にも親しむことになった。

さらなる勉学の場と文学をめざして上京することにした。両親の反対を押しきっての上京である。ある文学博士の家に書生になって住みこむことになったが、相手方の「身元調査をする」ということばでそれをあきらめたという。東京で差別に苦しむ人びとの姿は、北原少年に絶望的な感情を育てた。

ひとまず故郷へ帰って、彼は哲学書を読みあさった。そのあと西田天香《にしだてんこう》の一燈園《いっとうえん》の門をくぐった。だがそこでも社会の矛盾を解きほぐす論理を見いだすことはできなかった。

大正十一年三月、全国水平社創立大会が開かれる。その宣言にふれたとき、彼はためらうことなくこの運動にはいることを決心した。いわれなき差別に苦しむ人たちの団結を訴え、「……人の世に熱あれ、人間に光あれ」で終わる宣言は、人権の尊重をたからかに謳《うた》いあげた格調のある内容であった。「水平」（機関誌）の愛読者になった北原は、その文字のひとつひとつに涙を流した。

水平社の創立に尽力したのは、南 梅吉《みなみうめきち》（初代委員長）、阪本清一郎《さかもとせいいちろう》、平野小 剣《ひらのしょうけん》らであった。彼らの思想の核には、差別の克服は自らの団結によるしかないという強烈な自覚があった。慰めや同情は何も生まない――団結し、社会改革をめざして闘うこと以外に道はないと主張していた。それゆえ彼らは、社会主義者やアナーキストとの接触を深めていった。北原も東京でアナーキストとの交流を深めた。いっさいの権力を憎み、それを断ち切ることによってのみ、差別からの解放は実現すると考えた。北原もたちまちのうちに特高に狙《ねら》われる〈主義者〉へと変貌《へんぼう》していった。

4

北原の入隊直前の大正十五年十一月、いわゆる「福連事件」が起きる。これは、福岡歩兵第二十四連隊内の差別待遇を糾弾していた全国水平社九州連合会が、福岡連隊の爆破を企てたという憲兵と警察のでっち上げにより、中央委員会議長松本治一郎《まつもとじいちろう》ら十数名が検挙された事件である。この事件は水平社の同人に大きな衝撃をあたえた。北原もまた訴状でこの事件を告発している。

昭和二年一月、入営の日の門前で、北原が同志を相手に、「同志諸君、今日から二年間人殺しの訓練を受けるが、鉄砲は必ずしも前向きに射つとは限らない……」と演説を始めると、特高とのあいだにひと騒動が起こった。入隊三日目には宣誓式での署名を拒み、上官の怒りをかった。北原泰作二等兵は、軍隊内部にあってたちまちのうちに〈要注意人物〉としてマークされていったのである。

入隊して半年ほど経たある日、班の二年兵のひとりが差別的な言動をとった。その場に居合わせた、初年兵や二年兵たち全員が北原を注視したという。そしてこのときの怒りが直訴の直接のきっかけになったのである。

北原は、中隊長に面会を求め、差別事件を起こさぬよう、そのために将校や下士官を対象に「差別撤廃講演会」を開いて啓蒙《けいもう》教育を行なえと三カ条の要求をつきつけた。しかしそれはまったく相手にされなかった。それを怒った北原は、逃亡事件を起こし、重営倉という処罰を受けた。そういう一連の上官の弾圧的な待遇のなかで、北原は、直訴を考え、そして自問自答をくり返した。

〈アナーキストの自分が天皇に直訴するのはおかしいのではないか〉

〈直訴によって水平社運動が弾圧されるのではないか〉

しかし軍隊内の差別は、最終的には天皇の責任になるのではないかと、彼は考えた。不敬罪にひっかからぬように、法律書をひもときながら、訴状の文面をつくった。そして、彼が計算したように、不敬罪は適用されなかった。

彼はのちに（昭和四十九年）著わした自伝『賤民の後裔』のなかで、自らの行為が差別の実態を広く世に喧伝《けんでん》せしめ、そのことによっていささかでも社会変革の突破口になればいいという当時の考えをのべている。

北原の直訴は、彼の狙いどおりたしかに一時的に世論の関心をたかめた。これまで無関心をよそおっていた新聞はこぞって差別問題をとりあげた。北原の実家には、六十三通の手紙が届いたというが、そのうちの二十九通（四六％）は、水平社運動を肯定し、この事件をやむを得ないと認めていたという。

――昭和三年十二月十一日、北原は、大阪衛戍刑務所から釈放された。皮肉なことに、天皇の即位大礼式の大典により、減刑されての釈放であった。ついで陸軍教化隊に移され、名実ともに「国家権力の束縛から解放された」のは、昭和四年十月二十九日だった。以来、北原の差別への戦いが五十年余にわたってつづくことになったのである。

〈**参考資料**〉

一、『ドキュメント日本人(3) 反逆者』（昭和四十三年、學藝書林）
一、『賤民の後裔――わが屈辱と抵抗の半生』（北原泰作著、昭和四十九年、筑摩書房）

一、『証言　私の昭和史(I)　昭和初期』（東京12チャンネル報道部編、昭和四十四年、學藝書林）

〔付記〕日本陸軍の研究を進めていた私は、昭和五十五年（一九八〇）に北原泰作に、軍隊内の差別について話を聞きたいと手紙を送った。身体の具合がすぐれず臥せっているとの返信があり、もう少し待ってほしいとも記していた。しかし北原は翌五十六年一月に病死したために会うことはできなかった。

二、あかつきの共産党大弾圧――三・一五事件

解散に際して声明す

親愛なる全無産青年大衆諸君！

昭和三年四月十五日資本家地主の政府、田中反動内閣の兇手《きょうしゅ》は我が全日本無産青年同盟並に労働農民党、日本労働組合評議会に対してその解散を強制して来た。

去る三月十五日暁の襲撃以来、彼等は我同盟を夜盗の如《ごと》くに襲ふ事前後六回、露骨《ろこつ》に我が同盟の圧殺を企《くわだ》て丶来た。而《しか》も見よ、都市農村を問はず我同盟の指導の下に戦ふ全無産青年大衆の闘争瞬時たりとも停止せしめ得なかつた。

選挙権を与へろ!!　兵役を一年にしろ!!

全ての青年に政治的自由を与へろ!!　と叫ぶ全無産青年大衆の政治的進出が、如《い》

何《か》に資本家地主の恐怖の的《まと》たりしかは、今日の暴圧が最も具体的に表現するものである。資本家地主の政府が強権の魔剣《まけん》は我が全日本無産青年同盟の文字を一応は消し得るであらう。

だが諸君！　工場の搾取に細り、無知と貧困の生活を強要されつゝある労働青年、地主の強襲の矢面に窮乏の一家を背負つて戦ひつゝある貧農青年、一切の自由を強奪され、資本家地主の奴《ぬ》僕《ぼく》たるべく強制されつゝある一切の無産青年大衆を断頭台上に上す迄《まで》も、我同盟が戦ひ来たりし戦闘的伝統は彼等の恐怖の的たる任務を果たすであらう。我が全日本無産青年同盟は解散に際して、更に新らしき闘争への門出《かどで》を諸君と誓ふものである。

結盟以来三ケ年、弾圧の雨に育《はぐく》まれて我々は、再度起《た》つて新団体組織の闘争へ突進するであらう。全無産青年大衆諸君!!　立て！　戦ふ時は今だ。我等の敵の断末魔的弾圧に我等の要求もて答へろ!!

▲全ての青年に選挙権被選挙権をよこせ!!
▲青年に政党加入の自由をよこせ！
▲言論、集会、結社、出版の自由を与へよ！
▲田中反動内閣を打ち倒せ!!

一九二八年、四月十日

全日本無産青年同盟本部

1

昭和三年（一九二八）三月十五日早朝、検事局、特高警察は、内務省、司法省の指揮のもとに、日本共産党員とその同調者の一斉検挙を行なった。

一道三府二十七県に及んだこの検挙劇は、治安維持法違反を表向きの理由としつつ、ひそかに再建された日本共産党の壊滅を狙いとしていた。全国百二十カ所の左翼団体事務所、党員や同調者の住宅が家宅捜索され、総勢約千六百名が検挙された。

この共産党弾圧は「三・一五事件」とよばれる。

2

三・一五事件の中心は、東京である。

検事局の松阪広政《まつざかひろまさ》次席検事を総指揮官とし、警視庁纐纈弥三《こうけつやぞう》特高課長を実働部隊のリーダーとする大部隊は、午前五時を期して、東京府管内の五十数カ所を襲った。この五十数カ所には、労農党本部、日本労働組合評議会、東京市従業員組合本部、全日本無産青年同盟本部、産業労働調査所など、日本共産党の〝隠れミノ〟となっていると思われた事務所もふくまれていた。

捜索は徹底していた。

共産党の合法新聞ともいうべき「無産者新聞」は、内務省の報道機関にたいする記事差し止めの命令を無視して、捜査のすさまじさを、以下のように報じている。「制服私服の泥靴どもで占領し、家宅捜索のうえ、鼻紙まで押収し、居合わせたもの、訪問にきたものを片っぱしから総検挙し、警察の留置場にブチコンだ。かかる暴圧の行われた地方は、関東一帯はむろんのこと、北は北海道から南は九州にいたるまで、ほとんど全府県にわたり、山間僻地《へきち》の寒村にもおよんでいる」――。

こうして検挙された者のなかには、志賀義雄、水野成夫《しげお》、杉浦啓一らがいる。が、佐野学《まなぶ》、三田村四郎、渡辺政之輔《まさのすけ》、福本和夫、市川正一《しょういち》、国領五一郎、鍋山貞親《さだちか》らは、この検挙の網にはかからなかった。

このとき、検事局も特高警察も、共産党の実態のすべてをつかんでいたわけではない。そこで、検挙者には、徹底した拷問が加えられた。自白により、六月には福本、十月には国領らの指導者が逮捕された。さらに十月六日、台湾の基隆《キールン》で、警官隊包囲のなか、渡辺は自殺した。

苛酷《かこく》な拷問は、作家小林多喜二の『一九二八年三月一五日』に、あますところなくえがかれている。

3

共産党は、大正十一年（一九二二）七月十五日、非合法に結成された。委員長に堺利彦《さかいとしひこ》が就き、七人の中央委員を選んだ。そして、十一月にはコミンテルン大会で支部として認められた。翌十二年三月の中央委員会（石神井《しやくじい》会議）では、コミンテルンから寄せられた綱領を討議するほどになった。

この委員会から三カ月後の六月、共産党指導者は、一斉検挙される。いわゆる第一次共産党検挙である。もっとも、警察の手入れが近いことは、共産党の側にも洩《も》れていて、佐野学や近藤栄蔵らは、ソ連に逃亡してしまう。

このあと、関東大震災（大正十二年九月）を機に、亀戸《かめいど》事件、朝鮮人虐殺、大杉栄《おおすぎさかえ》虐殺事件が起こる。大正十三年三月には「日本での共産主義運動は時期尚早」として、解党決議をする。具体的な活動をするまもなく、第一次共産党はその火を消すのである。

しかし、この解党決議は、コミンテルンを激怒させた。極東責任者ボイチンスキーは、共産党の幹部を上海《シャンハイ》に呼びつけ、ビューローというかたちで党組織を再建させた。これが大正十四年一月であった。委員長は徳田球一《とくだきゅういち》、中央委員には、佐野学、渡辺政之輔、荒畑寒村らがすえられた。この年の九月、「無産者新聞」第一号が発行される。

翌十五年十二月、山形県の五色《ごしき》温泉で再建大会が開かれ、二段階革命論が承認され、当面の活動目標である「専制的遺制の打破」とは、天皇制を打倒することだという意思統一ができた。

昭和三年（一九二八）二月には、党機関紙「赤旗」が創刊され、インテリ、労働者にむけてのプロパガンダを行なうようになった。そして、同年二月二十日投票の第一回普通選挙では、労農党候補を名のって十一名が立候補するほどの力をもち、京都で水谷長三郎《みずたにちようざぶろう》、山本宣治《やまもとせんじ》を当選させた。都市部では五万票、農村部では十四万票を獲得した。激しい選挙弾圧にもかかわらず、これだけの票を獲得できる勢力に育っていることに、支配層は焦りにも似た感情をもつに至るのだ。

4

昭和二年三月にはじまったいわゆる金融恐慌で若槻礼次郎《わかつきれいじろう》内閣は倒れ、四月二十日田中義一《ぎいち》政友会内閣が成立した。田中内閣は支払猶予令《モラトリアム》という金融資本保護政策をおしすすめ、さしもの恐慌もいちおうの沈静化を見せた。しかしこの政策の実質は、大企業保護策であったため、企業格差が増大するだけで、第一次大戦後以来の不況を克服することはできなかった。

一方中国大陸では、大正十五年から国民革命軍の北伐が開始された。田中内閣は、北伐から華北一帯の「居留民」と「権益」を保護するという名目で、昭和二年五月二十八日、第一次山東《さんとう》出兵を強行した。

こうした経済界保護、対中国積極策を進める田中内閣にとって、第一回普選での無産政党の成果は脅威であった。三・一五事件という共産党員大量検挙を、選挙後一カ月もしないうちに行なったのも、こうした事情があったからである。

田中内閣は、三・一五事件を報道禁止にしていたが、事件の概要はすこしずつ世間に広まった。そこで四月十日になって、新聞報道を部分的に認めるかわりに、労農党、日本労働組合評議会、全日本無産青年同盟の三団体に解散命令をだした。共産党の同調者が抗議行動を起こすとすれば、この三団体が指導的な役割をはたすだろうという懸念《けねん》のためである。

冒頭の解散宣言は、命令のだされた四月十日に発せられ、全国の会員に配布されたものである。

5

全日本無産青年同盟は、大正十五年八月一日に結成された。「無産青年ノ政治的経済的社会的解決ヲ期ス」という目標を掲げ、満十四歳以上、二十五歳以下の無産青年であれば自由に加入できた。三・一五事件直前には、二十九支部に準備会ができ、四千四百五十名の会員を集めるに至った。

執行委員長には神間健寿、常任執行委員に富安三次郎、森平鋭、吉見春雄、書記には滝川恵吉がすわっていた。

この組織は、地道な運動をつづけた。解散宣言にも「選挙権を与へろ!! 兵役を一年にしろ!! 全ての青年に政治的自由を与へろ!!」とあるように、選挙権獲得運動、兵役短縮・兵卒待遇改善、政治的自由の獲得の三本柱を掲げ、青年、学生の組織化をはかった。

当時、特高警察がまとめていた『社会運動の状況』には、青年請願運動、青年訓練所乗取り運動、兵役短縮などで、無産青年に、「反軍国主義的運動ヲ進メ……」とあり、その動向はきびしく監視されていた。徴兵で入営する新兵に向けてビラをくばり、軍隊内での待遇改善を要求しろという檄をもとばしていたのだから、政府、陸軍、内務省には、目の仇《かたき》にされていた。

解散宣言のなかで、「露骨に我が同盟の圧殺」「如何に資本家地主の恐怖の的」「我同盟が戦ひ来りし戦闘的伝統」と自讃するだけの闘いはつづけてきた。

同盟の会員が、正確にはどれだけ検挙されたのか不明だが、起訴者は四十一名（三・一五事件関係者の起訴者総数は四百八十八名）に及んだ。起訴状によれば、同盟は、日本共産党の一機関として、共産主義運動を推進したもので、指導者は、治安維持法第一条に触れるとされた。

指導部を失った全日本無産青年同盟は、解散命令と同時に、組織を失った。しかし、解散宣言の筆をとったグループは、新青年同盟組織準備会本部をつくり、まだ特高に押さえられていない各支部に、弾圧に反対し、再建に努力せよという指令を発した。

三・一五事件のあと田中内閣は、最高刑を死刑に引き上げる治安維持法の改正案を議会に提出した。しかし、院の内外で反対意見が強く、議会では審議未了となったため、政府は緊急勅令によってこの改正を行なった。
政府の弾圧政策は、翌四年四月十六日の、いわゆる「四・一六事件」として現われ、二十八日には市川が、二十九日には、三田村と鍋山が、さらに六月になって佐野が逮捕される。こうして日本共産党およびその同調者たちの活動は、ますますふうじ込められていった。

〈参考資料〉

一、『現代史資料(16)・社会主義運動(3)』(昭和四十年、みすず書房)
一、『社会運動の状況、昭和二-四年』(内務省警務局編、昭和四十六年、三一書房)
一、『昭和言論史への証言』(黒田秀俊著、昭和四十一年、弘文堂)

〔付記〕昭和三年(一九二八)四月十日に、司法省は「日本共産党事件の概要」を発表したが、日本

共産党は「労働者階級の前衛としてその指導的任務を有するものとなし」としたうえで、全日本無産青年同盟内にフラクションを設けて活動を続けていると分析している。この同盟員の中堅幹部だった人物の五十年後の証言によれば、その後の昭和初年代に多くは転向し、国家主義に傾いた者も多かったという。

三、満蒙はわが国の生命線――満州事変

満蒙問題私見

石原莞爾

第一　満蒙の価値（略）

第二　満蒙問題の解決

単なる経済的発展も、老獪《ろうかい》極まりなき支那政治業者の下にはつひに今日以上多くを期待しがたきは二十五年歴史の明示するところ、ことに露国に対する東洋の保護者として国防を安定せしむるため、満蒙問題の解決策は満蒙をわが領土とする以外絶対に途《みち》なきことを肝銘するを要す。（中略）

漢民族社会も漸く資本主義経済に進まんとしつつあるをもつて、わが国も満蒙に於ける政治軍事的施設を撤回し、漢民族の革命と共にわが経済的発展をなすべしと

の議論はもとより傾聴検討を要するものなるべしといへども、吾人の直観するところによれば支那人が果たして近代国家を造り得るやすこぶる疑問にして、むしろわが国の治安維持の下に漢民族の自然的発展を期するを彼らのため幸福なるを確信するものなり。

在満三千万民衆の共同の敵たる軍閥官僚を打倒するはわが日本国民に与へられたる使命なり。またわが国の満蒙統治は支那本土の統一を招来すべく、欧米諸国の支那に対する経済発展のためにも最も歓迎すべきところなり。しかれども嫉妬《しっと》心に強き欧米人は必ずや悪意をもつて我を迎ふべく、まづ米国、状況によりては露英の武力的反対を予期せざるべからず。支那問題、満蒙問題は対支問題にあらずして対米問題なり。この敵を撃破する覚悟なくしてこの問題を解決せんとするは、木に拠《よ》りて魚を求むるの類《たぐい》なり。

しかうしてかくのごとき戦争は一見わが国のためきはめて困難なるがごときも、東亜の兵要地理的関係を考察するに必ずしも然《しか》らず。(中略)

この戦争は露国の復興および米国海軍力の増加前、すなはち遅くも一九三六年以前に行はるるを有利とす。しかうして戦争は相当長期にわたるべく、国家はあらかじめ戦争計画を策定すること極めて肝要なり。

第三　解決の時期（略）

第四　解決の動機

国家が満蒙問題の真価を正当に判断し、その解決が正義にしてわが国の義務なることを信じ、かつ戦争計画確定するに於ては、その動機は問ふところにあらず。期日定め、かの日韓合併の要領により満蒙併合を中外に宣言するをもつて足れりとす。

しかれども国家の状況これを望みがたき場合にも、もし軍部にして団結し戦争計画の大綱を樹《た》て得るに於ては、謀略により機会を作製し軍部主動となり国家を強引すること必ずしも困難にあらず。

もしまた好機来たるに於ては、関東軍の主動的行動により回天の偉業をなし得る望み絶無と称しがたし。

第五　陸軍当面の急務（略）

1

石原莞爾《いしわらかんじ》は、「満蒙問題私見《まんもうもんだいしけん》」を、昭和六年（一九三一）五月にまとめ、関東軍の参謀たちにひそかに読ませている。満州事変の起こる四ヵ月まえである。

この私見の要旨を、石原自身が書きだしている文章があるので引用しておく。

「第一　満蒙の価値」は、「政治的　国防上の拠点、朝鮮統治支那指導の根拠。経済的刻下の急を救ふに足る」。「第二　満蒙問題の解決」については、「解決の唯一方策はこれをわが領土となすにあり。これがためにはその正義なることおよびこれを実行するの力あるを条件とす」とあり、「第三　解決の時期」は、「国内の改造を先とするよりも満蒙問題の解決を先とするを有利とす」とまとめている。

「第四　解決の動機」には「国家的　正々堂々。軍部主動　謀略により機会の作製、関東軍主動好機に乗ず」とある。

「第五　陸軍当面の急務」は、「解決方策の確認。戦争計画の策定。中心力の成形」と書かれ、戦争計画を政府と軍の協力で、すみやかに策定すべきだと訴えている。

2

石原莞爾中佐が、関東軍作戦主任参謀として、長春に着任したのは、昭和三年十月のことである。当時満州某重大事件と呼ばれた張作霖《ちょうさくりん》暗殺事件（三年六月）を起こした河本《こうもと》大作《だいさく》大佐の意思を継《つ》ごうと、自ら志願して、この地に赴《おもむ》いた。そして、河本の後任として赴任してきた大佐板垣征四郎《いたがきせいしろう》とともに、〝満州占領のための効果的な謀略〟の研究にはいった。

他の参謀をひきつれ、北満参謀旅行をくり返し、ときには部隊を率《ひき》いて実戦まがいの演習を行なった。一方で、満鉄調査部のスタッフに依頼して、占領地統治の方策を練った。「満蒙問題私見」は、そうした研究と調査のはてにたどりついた結論である。

石原は明治二十二年（一八八九）に山形県鶴岡町（現鶴岡市）で生まれ、大正七年（一九一八）、陸軍大学を卒業する。型にはまらないタイプで、幼年学校時代から奇行を演ずる名物男として有名だった。若いときから日蓮宗に関心をもっていたが、それにナポレオン戦術、フリードリヒ戦略の研究が重なり、独自の世界最終戦争論を組みたてた。石原の満蒙問題への構想も、その最終戦争論を下敷きにしている。

日本が東洋文明の覇者、アメリカが西洋文明の覇者となり、航空機が無着陸で世界を一周できるとき、日米のあいだに世界で最後の戦争が起こるというのが、世界最終戦争論の骨格で、「満蒙問題私見」の「第一　満蒙の価値」のなかに「欧州大戦により五個の超大国を成形せんとしつつある世界は更に進みて結局一の体系に帰すべく、その統制の中心は西洋の代表たる米国と東洋の選手たる日本間の争覇戦により決定せらるべし」と表現されている。そのために日本は満州を領有し、朝鮮のような総督制をしくことにより、最終戦争にそなえての戦略態勢をととのえるべきだと主張する。冒頭の私見は、そのための序論であると考えられる……。

3

昭和六年当時、日本と中国との関係は、満州を舞台に悪化の一途をたどっていた。日露戦争の結果、日本は明治三十八年のポーツマス条約により、ロシアから遼東《りようとう》半島の租借《そしやく》権と南満州鉄道およびそれに付随する利権を二十五年間保証された。さらに大正四年、第一次世界大戦のさなか、中国の袁世凱《えんせいがい》政府に二十一カ条の要求をつきつけ、この大半を認めさせた。その中心は、遼東半島の租借期限・南満州鉄道権益期限の九十九カ年延長、南満州・東部蒙古における日本の優位性の確立であった。

これはたちまち国際問題化し、この屈辱的な要求に、中国国民の排日気運も盛りあがった。抗日運動は、しだいに民族的な広がりを見せるようになり、日本の保護を受けて成長した張作霖政府さえ抗日の側に立つことになった。

昭和三年六月の張作霖暗殺事件は満州の武力制圧をはかろうとする日本陸軍の謀略であり、この事件は対日感情悪化に油をそそぐ結果となった。

昭和六年当時、〈満蒙はわが国の生命線〉であるという論が国民感情として定着していた。生命線という語は、衆議院議員松岡洋右《ようすけ》（その後、満鉄総裁）が、議会演説のなかで用いたのが最初だが、これまでの日本は満蒙開発に十七億円を投じたといい、「支那」は、その権益に目がくらんでいるのだといって「現実問題として見るとき、満蒙はわが国の国防上のみならず、経済的に見ても、わが国の生命線ともいうべきものだ」と断じた。先人の血で獲得したものは守りぬかねばならぬというこの論は、国民にも容易に受けいれられた。

この年六月に、陸軍省と参謀本部の課長クラスがまとめた「満蒙問題解決方策の大綱」には、軍事行動を発動するとあり、その時期を一年以内と明記するほどになった。

六月二十七日、参謀本部から興安嶺《こうあんれい》方面へ調査にでかけた中村震太郎大尉他一名が、中国兵に殺害された。この事件で日本の世論は「暴支膺懲《ようちょう》」でわきたった。石原は、満蒙問題の解決時期を、六年の九月においていたが、こうした世論の盛りあがりと省部（陸軍省と参謀本部・教育総監部）への根回しの進み具合をみて、私見の第四でいう「謀略により機会を作製し軍部主動となり国家を強引する」方向はいっそうかたまったと判断したのである。

謀略の時期を九月と定めたことは、世界情勢のうえからもタイミングがよかった。アメリカは大恐慌の処理で対外的に力をさけなかったし、ソ連は、第一次五カ年計画に着手したばかりで、満蒙に目を向ける余裕はなかったのだ。

4

昭和六年九月十八日午後十時半ごろ、奉天《ほうてん》（現瀋陽）西方の柳条湖《りゅうじょうこ》で、満鉄の線路が爆破された。石原と板垣の意を受けた四人の将校によって行なわれたこの爆破を、関東軍はすぐさま「中国正規軍の挑発によるもの」と声明を発表し、板垣大佐の命令によって出動した独立守備隊が張学良《ちょうがくりょう》軍の兵舎のある北大営《ほくだいえい》と奉天城を攻撃し、占領した。十九日朝には、長春も占領し、営口《えいこう》、鳳凰《ほうおう》城では張学良軍の武装解除まで行なった。

その後も、陸軍中央の意向を無視して、満州の各域に進出、占領していった。石原の考えていた電撃作戦は、着実に、現実化されていったのだった。

「満蒙問題私見」は、満州事変の謀略をかたちづくる脚本であったのだ。関東軍作戦主任参謀石原莞爾の名は、一夜にして朝野に高まった。七年三月一日の満州建国後に、殊勲甲勲三等功三級という栄誉を受けた。

しかし、満州国は、石原が世界最終戦争論でえがいた構想からはなれて、日本の後方基地と化していった。それを積極的にすすめたのは、石原とソリのあわなかった関東軍参謀長の東條英機《とうじょうひでき》であった。陸軍中央の意向を忠実に代行する東條は、石原の独創的な構想を意識的に無視していったのである。そして、石原が起こした満州事変は、次章で見るとおり、中国国民の民族意識に火をつけることになった。

〈参考資料〉

一、『軍ファシズム運動史』（秦郁彦著、昭和三十七年、河出書房新社）
一、『石原莞爾資料』（角田順編、昭和四十二年、原書房）

一、『東亜の父石原莞爾』（高木清寿著、昭和二十九年、錦文書院）
一、『石原莞爾全集』（昭和五十一－五十二年、石原莞爾全集刊行会）
一、『秘録石原莞爾』（横山臣平著、昭和四十六年、芙蓉書房）

〔付記〕昭和十年代に石原莞爾の秘書となり、東亜連盟や満州国の協和会を指導した高木清寿（元新聞記者）の証言によれば、「事変は謀略ではあったが、石原は東亜連盟の思想にもとづいて王道楽土の理想郷をつくろうとしていた。それを潰したのは関東軍を牛耳った東條一派だ」というのだが、歴史上では必ずしもこの言は受けいれられないといえるだろう。

四、打て、打て、打て――抗日ビラ

同胞に告ぐる書

殺せ！　殺せ！　打て！　打て！　打て！　ただ前進せよ、後退するな。日本が中国を滅ぼすのを許すな。われらは中華民族のために戦へ。われらにはただ前線に進み、日本奴と戦ふのみ。死を誓つて仇《あだ》を報じ、恨みをすすがん！

南京駆日前線敢死隊

1

この「同胞に告ぐる書」は、満州事変から二カ月後の昭和六年（一九三一）十一月二十八日に、南京《ナンキン》市内で撒《ま》かれたものだ。

「殺せ！　殺せ！」ではじまるこの檄文は、いっさいの論理や理念を説明していない。すべてを、〈日本軍国主義憎悪〉の一点に集約させている。それはみごとなまでの展開だ。この展開は、日本人につきつけられた〝すごみ〟のある刃でもあった。

昭和三年四月、蔣介石《しょうかいせき》の指導の下で北伐が再開されるや、対中強硬外交をすすめる田中内閣は第二次山東出兵を強行した。五月三日には日本軍と中国国民革命軍とのあいだに済南《せいなん》事件と呼ばれる武力衝突が起きる。さらに六月四日、張作霖は関東軍に暗殺される。

こうした日本の武力進出は、いやがうえにも反日感情を燃えあがらせた。しかも、イギリス、アメリカは南京政府を承認し、中国の関税自主権を認めるなど柔軟な対中政策をとりはじめていたので、日本こそ中国の最大敵国との印象を強くあたえた。

中国での抗日・排日運動の中心は一貫して学生であった。大正八年（一九一九）五月四日のいわゆる〝五・四〟運動（北京天安門前に集まった大学生が、日本の青島《チンタオ》占領と侮蔑的な二十一カ条の要求に抗議する集会を機に暴徒化）のときには、「死を賭けて青島を取り返せ」「二十一カ条を破棄せよ」のスローガンを掲げた。日本の軍事的経済的進出には、若い鋭敏な感覚がまず世論をリードしたのである。

満州事変は、とみに強まっていた反日気運を一気に爆発させる契機となった。このときも学生が先頭に立った。

満州事変の前後、中国の政治状況は混乱のなかにあった。

国民党は、南京の蔣介石政府と広東《カントン》の汪兆銘《おうちょうめい》政府とに分裂していた。さらにいくつもの地方政府があった。

中国共産党の勢力も国民的支持を得つつあったが、中国再統一に乗り出した蔣介石は、共産党壊滅を意図して、国民党軍を動かし、両者は戦火を交じえている状態であった。

南京政府は事変直後、国際連盟理事会に提訴し、国際正義による対日制裁を求め、日本との武力衝突を避けようとしていた。そのために関東軍の満州侵略は急速に進んだ。

関東軍は政府の不拡大方針を無視して、満州の張学良政府に銃火をあびせながら、奉天、吉林《きつりん》などの満州各地を占領していった。しかも満州を中国から分離させようと、地方政府の指導者に威圧をかけ傀儡《かいらい》政府樹立を画策した。

無抵抗の姿勢をとる南京政府に対して、学生は、断固たる抗日に起ちあがれと、連日抗議行動をくり返し、蔣介石にせまった。さらに日本の満州占領に対し、知識人、労働者も抗日救国を主張し、デモ、ストなどがあいついだ。

こうした攻勢に、蔣介石もやっと腰をあげた。政治家として彼なりの冷徹な計算を働かせ、学生たちと会ったときにつぎのようないい方で、そのエネルギーを抑えようとした。

「わが軍が日本軍とたたかえないのは、武器、弾薬が不足しているからだ。国際連盟に提訴していても、そこに何かを期待しているからではない。国際世論を利用するためで、この動きをしばらくは見守ってほしい」

さらに蔣介石は、広東にある汪兆銘政府が日本と連携して東三省《とうさんしょう》を占領させたのだ、といって鉾先《ほこさき》をかわそうとした。汪兆銘政府の側も、抗日戦に起ちあがれという学生に対して、現状では無理だ、そのまえに蔣介石政府や共産軍と戦わなければならぬから蔣介石政府を抗日に向けさせるよう運動を起こせといって逃げていた。たがいに牽制《けんせい》しあうだけで、対日抗戦に軍事力をさかなかったのである。

蔣介石の当面の戦略は、まず共産軍を追い、国内地方政府を自らの意思のもとに統一し、その後に日本軍を駆逐するという点にあった。それまでは日本軍に対し融和的な政策を採ることにしていた。

2

学生たちは、日本軍と戦うまえに自らの政府の弱腰を正さねばならぬ、と考えた。全国の学生たちは、南京に、南京にと押し寄せた。「対日宣戦に起ちあがれ」――学生たちは大挙して、政府機関にくりだした。「真理は勝つ」とか「国際連盟に提訴する」というだけでは、なにひとつ事態は進展しないではないか。いますぐ国をあげて、武器をもって戦うのだ。救国のためには、命を捨てて起ちあがるのだ。そういう声は、蔣介石に向けてなんどもなんどもぶつけられた。

全国から集まった学生たちが南京にあふれ、市民生活にも影響がでてきた。行政機構もスムーズに動かなくなった。国民政府は秘かに、南京に大挙する学生が少なくなるよう、地方機関に命令をだした。だがそんなことはなんにもならなかった。地方機関は列車をとめて、学生の動きをはばもうとした。すると学生たちは駅を乗っ取り、列車をだすよう要求した。天津《てんしん》駅では、学生たちが列車を運転して南京に向かった。列車の増発をしない駅長は袋叩《だた》きにあい、学生を規制しようとする警官は監禁された。行政機構の責任者たちに抗日を呼びかけ、色よい返事がないと実力で威圧した。

南京には学生たちがあふれた。

十月二十四日、国際連盟理事会は、日本に撤退勧告を決議した。しかし連盟自体、列強各国の思惑から日本の不法行為に対して強い措置はとれなかった。

関東軍はその行動が日本政府に追認されると、中国軍を追いつめてさらに満州の奥地へ進軍した。ときには一般市民や農民にも銃火を浴びせた。

九月十八日に戦火が起こってから三カ月後、満州のいくつかの地方政府は、関東軍の制圧下にはいった。日本はいたるところで、わがもの顔にふるまいはじめた。

学生たちは、南京をはじめ中国各地で執拗《しつよう》な抗日運動をつづけた。

各地の労働者も政府への請願、日本工場からの一斉退職、義勇軍の組織など、多彩な反日運動をくりひろげた。これに呼応して中小の民族資本家も動き、上海市商会では十月一日から日貨排斥を実行していた。

昭和六年十一月六日、南京にある金陵大学で、「全国学生抗日救国会成立大会」が開かれた。ここには中国全土の学生有志が集まり、日本軍の無条件撤兵を叫んだ。会議は熱狂のなかにあり、義勇軍を編成して日本軍と戦いつづけようという声で満ちた。

この救国会成立大会では、国民政府に革命外交遂行、対日経済断交、対日軍事作戦の完成など具体的な政策をとるように要求した。これを機会に、学生たちの動きは各地に広まった。

学生のエネルギーが共産党勢力と結びつくのをおそれた蔣介石政府は、これを中国共産党の指し金といったが、実態は必ずしもそうではなかった。母国が侵されて行くことに怒りを持った愛国心のつよい学生たちだったのである。蔣介石にはそれが見えていなかった。日本を刺激しないことに熱心だった南京政府は十一月五日、抗日運動禁止令を出して抑えようとしていたのである。

蔣介石はさらに、十一月二十七日、「学生に与うる書」を発表して、中国を救うのは救国統一戦線の結成だといい、それぞれが自らの職責に全力をつくすことでそれは達成されるといった。学生は学問を全うせよというのだった。そうした危機意識のうすい国民政府の態度はかえって学生を怒らせることになった。

日本の侵略を静観しているだけの国民政府をしり目に抗日運動はしだいにその質をかえていく。自衛権の行使を主張し、やがて国民党打倒をもスローガンに掲げるようになった。

高まる一方の学生たちの動きが共産軍を利することになると考えたとき、国民政府は弾圧政策に転じた。民衆集会に銃火を浴びせ、学生たちを強制的に南京から追い払った。それが日本軍に抗するよりももっと残虐な色あいを帯びてくると、学生たちは、しだいに蔣介石への批判を高めていった。

3

中国の国内政治の混乱と不統一につけこんだ日本は、占領地区全体に傀儡政府をつくろうと考えた。いや独立国という体裁をつくろうとした。そのために天津にいる旧清朝の廃帝溥儀《ふぎ》のかつぎだしを考えた。

のちに溥儀が東京裁判で証言したところでは、このとき関東軍参謀長だった板垣征四郎に恫喝《どうかつ》されやむなく執政の地位についたという。もっとも溥儀自身にも帝政復帰の野心はあったといわれてもいる。

——昭和七年三月一日、満州国はできた。「王道楽土、五族協和」がスローガンであった。王道には、王が仁徳をもって政治を行ない楽土をつくるという意味がある。五族とは中国人、蒙古人、満州人、日本人、朝鮮人をさし、この民族が相たずさえて国家をつくっていくというのである。

満州事変が日本の謀略という事実は、世界各国に知られていたが、満州国が誕生するとなると国際世論は硬化した。アメリカのスチムソン国務長官は、「満州における日本の行動を承認しない」と怒り、国際連盟はリットン卿を団長に、満州事変調査団を派遣した。その結果は、「日本軍の満州からの撤退」勧告となった。日本は昭和八年三月、国際連盟を脱退し、世界の孤児となったのである。

満州国誕生は、南京に集まった学生や排日意識に燃える各地の学生を刺激し、彼らが学業を放棄して抗日運動にはいる新たなきっかけとなった。共産軍に加わる者、抗日ゲリラに転ずる者。道はちがっても抗日救国の旗の下に集まったことにちがいはなかった。

南京駆日前線敢死隊が、どういうメンバーであったのか、彼らがどうしてしまったのか、それをさぐる手がかりはまったくない。だが、彼らはおよそ二十年後の新中国の誕生（一九四九年）に役割を果たし、いやその役割の多くは彼らの手になるものだろうという推測だけは成りたつ。

「同胞に告ぐる書」は、中国の抗日意識に燃えた人びとすべての発した檄文であり、「死を誓つて仇を報じ、恨みをすすがん！」は、もっとも怒りのこもった日本への〝宣戦布告〟であった。

〈参考資料〉

一、『日本現代史(7)』(ねずまさし著、昭和五十四年、三一書房)

一、『太平洋戦争への道(2)』(日本国際政治学会太平洋戦争原因研究部編、昭和三十七年、朝日新聞社)

〔付記〕私が蔣介石の右腕であった陳立夫《ちんりつぷ》(そのころ南京政府の学生対策部長も務めていた)に会ったのは、一九九〇年代に入ってからだが、その折り陳立夫は学生たちに「時期を待て。今は軍事を整えるときだ」と説得し、大半はその説得に応じて故郷へ帰ったと述べていた。抗日戦争の態勢を整えるには、当時の中国はあまりにも弱体だったと述懐していたのが印象深い。

五、起って真の日本を建設せよ——**五・一五事件**

日本国民に檄す

日本国民よ！
刻下の祖国日本を直視せよ
政治、外交、経済、教育、思想、軍事！
何処《いずこ》に皇国日本の姿ありや
政権、党利に盲《めし》ひたる政党と之《これ》に結託した民衆の膏血《こうけつ》を搾る財閥と更に之を擁護して圧制日に長ずる官憲と軟弱外交と堕落せる教育。腐敗せる軍部と、悪化せる思想と、塗炭《とたん》に苦しむ農民、労働者階級と而して群拠《しこう》する口舌《こうぜつ》の徒と！
日本は今や斯《か》くの如き錯綜《さくそう》せる堕落の淵《ふち》に既に死なんとしてゐる

革新の時機！　今にして立たずんば日本は亡滅せんのみ
国民諸君よ
武器を執《と》つて！　今や邦家《ほうか》救済の道は唯一つ「直接行動」以外の何物もない
国民よ！　天皇の御名に於て君側の奸《かん》を屠《ほうむ》れ！
国民の敵たる既成政党と財閥を殺せ！
横暴極《きわ》まる官憲を膺懲《ようちょう》せよ！
奸賊、特権階級を抹殺せよ！
農民よ、労働者よ、全国民よ！
祖国《しこう》日本を守れ
而して
陛下聖明の下、建国の精神に帰り、国民自治の大精神に徹して人材を登用し、朗らかな維新日本を建設せよ
民衆よ！
此の建設を念願しつつ先《ま》づ破壊だ！　凡《すべ》ての現存する醜悪な制度をぶち壊せ！
偉大なる建設の前には徹底的な破壊を要す
吾等は日本の現状を哭《こく》して、赤手《せきしゅ》、世に魁《さきが》けて諸君と共に昭和維新の炬火《きょか》を点ぜん

とするもの
素《もと》より現存する右傾左傾、何《いず》れの団体にも属せぬ
日本の興亡は吾等（国民前衛隊）決行の成否に非ずして、吾等の精神を持して続起する国民諸軍の実行力如何《いかん》に懸《かか》る
起《た》て！
起つて真の日本を建設せよ！

昭和七年五月十五日

陸海軍青年将校
農民同志

1

昭和七年（一九三二）の春、要人暗殺が続発した。二月九日には、井上準之助《いのうえじゅんのすけ》前蔵相

が射殺され、三月五日には、三井合名理事長の団琢磨《だんたくま》がやはり射殺された。世にいう血盟団事件である。

そして同じ七年五月十五日の朝、東京駅近くの旅館「竜名館」――。

「やはり檄文は書いておいたほうがいい。なぜわれわれが、こういう行動にでるのか、それを書きのこしておいたほうがいい……でなければ、われわれの行動は、ファッシズムに一役買うためだと誤解されかねない」

海軍中尉の三上卓《たく》は、しきりに仲間にむかって檄文をのこそうと説く。

前日の最後の打ち合わせでも、檄文をのこすか否かの話はでた。が、実行計画にばかり気がいっていて、檄文の件はうやむやになっていた。

決行当日をむかえての三上の説得に、黒岩勇《くろいわいさむ》海軍少尉が応じた。

死を覚悟しての決行である。死んだあとに、彼らの遺志はひとり歩きしてくれるだろうか……。そこまで思い至ると、黒岩も檄文をのこしておくのは、当然なことに思ったのだ。

三上のペンは、怒りの感情を流れるようにしたためていき、三十分も要さずにできあがった。三上にとって、五、六時間後に迫っている決行の意味を整理するのに、三十分という時間は、充分な時間だった。

この数年のあいだに、海軍の革新派将校として醗酵《はっこう》してきたものが、小柄な身体に充満していたのである。

三上は、海軍兵学校時代から国家改造運動に関心をもっていた。西洋の東洋への植民地支配を、日本が打破するという歴史認識（大アジア主義）をもって、同志を募《つの》っていた。のちに三上は、憲兵隊の訊問に「早くからこうした運動の首魁《しゅかい》たらんと心がけていた」と証言している。国家改造運動に挺身《ていしん》することを、自らの宿命のように思っていた節がある。

この檄文を読んでも、彼の考えはそれなりに整理されているし、文章もひとつのリズムをもっていることに気づく（「日本国民に檄す」は、その後、各種の資料、著作にも引用されているが、時代とともに、改変されたともいわれている。冒頭の檄文は、作家中野雅夫が、三上自身に確認をとったものを引用した）。

2

当時の日本の政治、社会情勢は、疲弊の極にあった。

選挙のたびに政友会に三井、民政党には三菱から五百万円近い資金がわたされ、各候補者は一万円近い金を買収資金としてつかった。こうして当選した議員は、財閥などの特権階級の代弁者となった。議員の汚職は公然と行なわれ、東京市会疑獄事件では民政党、政友会から三十名もの議員が検挙された。

しかも、汚職議員は政治力をつかって証拠不十分として、無罪の判決を受けるのが常であった。

財閥は、ドル買いで巨額の利益を得た。金輸出禁止、解禁の思惑買いで財閥が肥え太るのに比例して、国民は物価高にあえぎ、労働者は実質賃金の低下に泣いた。中小企業・商店の倒産・閉鎖が相つぎ、昭和六年の推定失業者は三百万といわれた。この年の労働争議は戦前最高の件数を記録している。

農村はどん底の状態にあった。農民は米をつくればつくるだけ借金がふえた。一石の米をつくるのに、肥料代などで三十円を要するのだが、昭和六年には十八円でしか売れない。自作農には、平均して千六百円もの借金があり、それはふえることはあってもへることはなかった。

農村の子どもは栄養失調になり、東北地方からは娘が遊廓《ゆうかく》に売りとばされた。

「日本国民に檄す」には、こうした社会・政治状況に対する痛憤があふれている。能楽の作劇上の序、破、急で分析していくと、この檄文は、つぎのようになる。

序は、「日本国民よ！　刻下の祖国日本を直視せよ」から「日本は今や斯くの如き錯綜せる堕落の淵に既に死なんとしてゐる」までで、財閥、政党、それに軍部までが腐敗の極にあり、労働者、農民はその犠牲になって泣いているといい、皇国日本の姿はみにくく歪《ゆが》んでしまったと断言する。「革新の時機！　今にして立たずんば日本は亡滅せんのみ」ではじまる破は、激越な調子で支配階級を打破せよと絶叫する。「民衆よ！　此の建設を念願しつつ先づ破壊だ！　凡《すべ》ての現存する醜悪な制度をぶち壊せ！」で、破は終わる。

破のクライマックスこそ、この檄文の骨子である。では骨子とは何か。支配階級を打破するには、武器をとり直接行動に起ちあがる以外にない。それこそ天皇の意に添うのであり、維新日本が建設されるきっかけになるという呼びかけである。五・一五事件の決行者は、つまりそういうところに訴えの中心をおいているのだ……。

急は、「赤手、世に魁けて諸君と共に昭和維新の炬火を点ぜんとするもの」ではじまり、「起つて真の日本を建設せよ！」で結ばれる。

序、破でのべたような本来の日本に戻すために、われわれは決起するが、成否は問うところでない。われわれの精神を継いで決起してくれとよびかけている。

序・破・急——みごとに日本人好みの構成になっている。

檄文を行為者の叫びとみるなら、ここにはなにひとつ具体的な事実は指摘されていないのに、読む者に感性的な共鳴を与える叫びだけは充満している。破綻《はたん》状態にある社会情勢のなかで、この感性は、国民のカタルシスに火をつけることになったのだ。

3

檄文は、千部ほど印刷された。

午後二時すぎに、東京・芝にある水交社に、海軍側の将校六人が集まった。三上、黒岩、中村義雄中尉、古賀《こが》清志《せいし》中尉、山岸宏《やまぎしひろし》中尉、村山格之《かくし》少尉である。私服を軍服に着がえ、武器を分け、陸軍士官学校生との約束の場所に散っていくことになった。

最後の儀式として、檄文は六人の間でまわし読みされた。誰も異論をとなえなかった。のちに彼らは、憲兵隊の訊問で、「檄文を読んでどう思ったか」と問われている。

彼らはいちように、「日本国民は起って、亡国的支配階級を打破し、天皇親政の下に、国家改造を断行せねばならぬという趣旨のことが書いてあった……」と答え、ここに六人の海軍将校の考えていたことすべてが、充分にふくまれていたといっている。つまり決起の直前まで整理しきれなかった情念が、三上卓によって示唆を与えられ、脈絡をつくしたうえで行為にとびこむきっかけが与えられたと告白しているといってもいい。

「この檄文を、三組がそれぞれもっていき、襲撃後にどしどし撒くことにしよう。車から撒きつくせばいい……」

六人は軍服に着がえ、そして約束の場所に散っていった。

――第一組は海軍側から三上、黒岩、山岸、村山、陸軍士官学校側は後藤映範《えいはん》、篠原市之助ら五人で構成されていた。彼らは靖国神社に集合し、そこで二台の自動車に分乗して、永田町の首相官邸にむかった。

ここで表門と裏門に分かれて、官邸に侵入した。午後五時半ごろであった。犬養毅《いぬかいつよし》首相は、孫の年齢ほどの軍人に囲まれても、別に動じるふうはなく、「話せばわかる」といって、日本間の応接室にむかえいれた。しかし、山岸が、

「問答無用、撃て、撃て」

と叫び、ピストルを乱射した。右こめかみを撃たれて、犬養は倒れた。

このあと、彼らは、警視庁にむかい、その折りに、檄文を車中から撒いた。

第二組は、古賀をリーダーとし、陸軍士官学校生四人が、牧野伸顕《まきののぶあき》内府邸に手榴弾《てりゅうだん》を投げこんだ。しかし牧野は無事だった。第三組は、中村が、三名の陸軍士官学校生を率いて、政友会本部に手榴弾を投げた。しかし、不発に終わった。

この決起部隊に呼応して、橘孝三郎《たちばなこうざぶろう》を塾長とする「愛郷塾」のメンバーが、東京府下の変電所を襲った。変電所の機器を破壊して、「帝都暗黒」をもくろんだのだが、結局、その方面の知識がなく、かなづちで機器類をたたいたていどで終わった。彼らが、檄文の

末尾にある「農民同志」であり、血盟団事件の黒幕井上日召《いのうえにっしょう》の系列につながる農本主義者たちであった。

事件の公判は、日本的な情緒のなかで行なわれた。海軍、陸軍の若い決行者は思う存分心情を吐露することが許された。傍聴席は涙で埋まり、全国から百万通もの減刑嘆願書が届いた。

翌八年九月十九日の陸軍側判決は、全員に禁錮《きんこ》四年、十一月九日の海軍側判決は、三上、古賀の禁錮十五年が最高というずれも異例の軽いものだった。民間側では橘が無期懲役となった。軍部は決行者の感性を利用し、つまりこの檄文を下敷きにして、政党を弾劾し、国民の期待を自らの方向にひきよせることに成功したのである。

このときから政党政治は崩壊していた。

〈参考資料〉

一、『現代史資料(5)・国家主義運動(2)』(高橋正衛編、昭和三十九年、みすず書房)
一、『五・一五事件・橘孝三郎と愛郷塾の軌跡』(保阪正康著、昭和四十九年、草思社)

〔付記〕「農民同志」とは茨城県水戸市の橘孝三郎と彼の主宰する愛郷塾を指すが、橘が事件に参加した経緯について、その生前、私は一年余にわたって話を聞いた。「この事件には農本主義の考えが反映している」として、橘は「帝都暗黒」の意味を説明した。その言には〈近代〉に対する批判や疑問が感じられた。

六、中国侵略を正当化——共産党員の転向

共同被告同志に告ぐる書

日本の皇室の連綿たる歴史的存続は、日本民族の過去における独立不羈《ふき》の順当的発展——世界に類例少きそれを事物的に表現するものであつて、皇室を民族的統一の中心と感ずる社会的感情が勤労者大衆の胸底にある。我々はこの実感を有りの儘《まま》に把握する必要がある。（略）

支那国民党軍閥に対する戦争は、客観的にはむしろ進歩的意義をもつて居る。また現在の国際情勢の下《もと》に於て米国と戦ふ場合、それは双互の帝国主義戦争から日本側の国民的解放戦争に急速に転化し得る。更《さら》に太平洋における世界戦争は、後進アジアの勤労人民を欧米資本の抑圧から解放する世界史的進歩戦争に転化し得る。（略）

支那軍閥や米国に敗戦する必要はどこにもない。

(以下略)

佐野　学
鍋山貞親

1

三・一五事件と四・一六事件の統一公判(被告総数百九十七名)は、昭和七年(一九三二)十月二十九日に終わった。市川正一《しょういち》、佐野学《まなぶ》、鍋山貞親《さだちか》、三田村四郎の四名に無期懲役、そのほかの被告は、十五年から二年の宣告を受けた。

それから七カ月後の八年六月十日付の新聞は、「共産党両巨頭佐野と鍋山、獄中で転向声明——十一年に渡る極左運動の誤謬《ごびゅう》を告白」と大々的に報じた。佐野と鍋山は、「共同被告同志に告ぐる書」と題する謄写版刷り二十三頁の声明書を六月九日に発表し、コミンテルンと日本共産党に対しての自己批判を行なったというのである。

2

『社会運動の状況（昭和八年）』によれば、佐野が昭和七年十月ごろから、鍋山は八年一月ごろから「思想動揺の兆し」があったという。昭和八年二月下旬になって、ふたりから市ケ谷刑務所長に思想転向の申し出がだされた。そして五月二十日に手記を提出、そこには「労働者農民並に共同被告に対し意見の要項の発表方を願出」とあった。

この申し出は、被告たちには格好の踏み絵になった。なにしろ、三・一五事件から五年、共産党を指導していた当の最高指導者が、「共産党の方針も活動もまちがいだった。日本の歩んでいる道は正しい」というのだ。つまり、満州事変とその翌年の満州建国に至る「支那国民党軍閥に対する戦争」を、「進歩的意義をもつて居る」として、正当化したのだ。

司法省は、「共同被告同志に告ぐる書」を複写して、全国の刑務所に撒いた。治安維持法違反の未決囚に閲覧させ転向するならば減刑処置をとると呼びかけた。獄中生活に疲れ、判決の重さにうんざりしていた党員、同調者は、この呼びかけに応じた。三百九十三名のうち百三十三名が、佐野、鍋山の〝転向声明〟を諒承した。

前述の『社会運動の状況』は、市ケ谷刑務所長の語る転向理由を、

㈠過去数カ年に亘《わた》る刑務所生活裡《り》に於ける思索と反省の結果、潜在せる日本民族意識の台頭
㈡宗教書籍に親しみ特に仏教の深遠なる哲理の会得
㈢社会情勢の変化と共産党の労働者農民よりの離反
㈣日本の家族制度の特性
としているが、佐野、鍋山に限らず、転向した党員は、この指摘のいずれかによった。

3

佐野、鍋山の〝転向声明〟を、共産党の中央委員会は、六月十六日付の「赤旗」で激しく批判した。「即時党籍より除名し、一切の党組織及び機関より放逐す」と決議した旨を伝え、「共同被告同志に告ぐる書」をつぎのように弾劾した。

「天皇制官憲の指令のままに作成したるものにして、彼等はその中に於て、共産主義の一切の原則を否定し、公然、国際共産党日本支部日本共産党の国際共産党よりの分離と、その解体とを要求し、天皇制政府の帝国主義政策を支持し……」

「赤旗」は、最大級の用語をつかって、彼らをののしった。それだけ手痛い〝声明〟であ

ったのだ。
共産主義者たちの転向は、これが最初ではなかったが、佐野、鍋山の自己批判の影響は、共産党員やこれを支えた大衆組織の人びとに限らず、その周辺にいた文化人、学者にもなだれをうったように転向を起こさせた。プロレタリア作家同盟も解体を決議するほどであった。

昭和八年一月、モスクワから帰った山本正美を委員長とする中央部が構成されたが、その山本が五月に逮捕されると、野呂栄太郎《のろえいたろう》が委員長となり、大泉兼蔵、逸見《へんみ》重雄、宮本顕治、小畑達夫らによって中央部は建て直しされた。この中央部が、佐野学と鍋山貞親を弾劾し、除名処分にしたわけだが、論理的に反駁《はんばく》するより、ふたりへの憎悪をむきだしにすることによって、獄外の党員に檄をとばした。だが、共産党を支える層は急速に減っていった。しかも党内に潜入したスパイによって、幹部はつぎつぎに逮捕された。こうして共産党は、組織はあっても、活動はできぬ状態となり、スパイとの暗闘のみが活動の柱になった。

4

東京帝大在学中から共産主義の文献にふれていた佐野は、大正十一年（一九二二）の第一次共産党創立時から指導部にいた。大正十五年の再建共産党大会では、七人の中央委員のひとりであった。三・一五事件のときは、上海にいて、四・一六事件の際は、モスクワにいたため、いずれも逮捕をまぬがれた。

しかし、新しい任務を帯びて上海にやってきたところを、特高に逮捕された。昭和四年六月である。それ以来、四年にわたって、佐野は獄中生活を送っていた。

佐野は獄中で何を考えたのか。

コミンテルンの方針を忠実に守り、それを核に生きぬいてきた男が、〝日本精神〟の横溢《おういつ》した書物になじんでいるうちに、それに染まってしまったのだ。マルキシズムに頭からはいり、頭で活動しているインテリの弱さがでてしまったともいえるだろう。出獄後、彼は、「古典の心読によって、心の故郷へ、民族の原始の世界観へつれ戻されました。……古代日本の精神にふれて世界観を一変し、マルクス主義理論を克服し、哲学の基礎を得」たと告白している。

転向後、司法省の庇護《ひご》をうけながら、彼は政治的論文の発表やつぎのような発言を行なう。

「ロシヤ人や支那人の生活や性格を見るにつけ日本の方が優れてゐるといふ抑へ難い民族的誇りの感情に動かされた。その度毎《たびごと》に私はひそかに日本の美しい人情を恋しがつた。しかし私は国際主義の信奉者としてさういふ感情を理知的に排してゐたのである」

「コミンテルンのテーゼには日本が生意気にも一人前の資本主義的発展を為《な》したことに対する対立国的な嫉視《しつし》がありあり感ぜられる」

昭和九年の控訴審で、佐野は「情状酌量」により無期懲役から十五年に減刑される。そして恩赦で、昭和十八年に出所する。十四年の獄中生活だった。その後佐野は、日本古代史や天皇の研究にはいる。特高を欺くための偽装転向ではなく、本当に、彼は天皇制について素朴な讃美をはじめるのだ。

敗戦の翌年、彼は天皇制社会主義を唱え、労農前衛党を結成し、自ら委員長となった。「共同被告同志に告ぐる書」は、依然として、彼自身の指標であった。いやそう生きなければ、彼は辻褄《つじつま》をあわせられなくなっていたのだ。戦後の彼の運動はことごとく挫折《ざせつ》した。それでも彼は、「自分の存在はあくまでも社会のためのみにある」という態度を崩さなかった。

昭和二十八年三月、肝臓ガンのために死去。六十一歳だった。葬儀にはさまざまな思想や経歴をもった人たちが駈《か》けつけたといい、それは「思想の小間物屋的症状」だったといわれている。

〈参考資料〉

一、『共同研究転向（上・中・下）』（思想の科学研究会編、昭和三十四〜三十七年、平凡社）
一、『社会運動の状況(5) 昭和八年』（内務省警保局編、昭和四十七年、三一書房）
一、『佐野学追悼号』（佐野学を追悼する会、私家版）

〔付記〕 この「共同被告同志に告ぐる書」は、一万字を超える長文なのだが、このなかでのコミンテルン批判に限れば充分歴史に堪える内容ではないかと思う。ソ連に従属する各国の共産主義運動のあり方への疑問は、二十世紀後半に顕在化している。

七、君側の奸を斬れ――二・二六事件

蹶起趣意書

謹《つつし》ンデ惟《おもんみ》ルニ我ガ神洲タル所以《ゆえん》ハ万世一神《ばんせいいっしん》タル　天皇陛下御統帥《とうすい》ノ下《もと》ニ挙国一体生成化育ヲ遂《と》ゲ、終《つい》ニ八紘一宇《はっこういちう》ヲ全《まっと》フスルノ国体ニ存ス。此ノ国体ノ尊厳秀絶ハ天祖肇国《ちょうこく》神武建国ヨリ明治維新ヲ経テ益々体制ヲ整ヘ今ヤ方《まさ》ニ万方《ばんぽう》ニ向ツテ開顕進展ヲ遂《と》グベキノ秋《とき》ナリ。

然《しか》ルニ頃来《けいらい》遂《つい》ニ不逞《ふてい》兇悪ノ徒簇出《そうしゅつ》シテ私心我欲ヲ恣《ほしいまま》ニシ、至尊絶体(ママ)ノ尊厳ヲ藐視《びょうし》シ僭(ママ)上之《こ》レ働キ、万民ノ生成化育ヲ阻碍《そがい》シテ塗炭《とたん》ノ疾苦ニ呻吟《しんぎん》セシメ随《したが》テ外侮《がいぶ》外患《がいかん》日ヲ遂(ママ)フテ激化ス。

所謂《いわゆる》元老重臣軍閥財閥官僚政党等ハ此ノ国体破壊ノ元兇《げんきょう》ナリ。倫敦《ロンドン》海軍条約並《ならび》ニ教育総監更迭《こうてつ》ニ於ケル統帥権干犯、至尊兵馬大権ノ借窃《(ママ)》ヲ図《はか》リタル三月事件或《あるい》ハ学《がく》匪《ひ》、共匪、大逆教団等、利害相結《あいむす》ンデ陰謀至《いた》ラザルナキ等ハ最モ著《いちじる》シキ事例ニシテ其滔天《とうてん》ノ罪悪ハ流　血憤怒《りゅうけつふんぬ》真《まこと》ニ譬《たと》ヘ難《がた》キ所ナリ。中岡、佐郷屋《さごうや》、血盟団ノ先駆捨身、五・一五事件ノ憤騰《ふんとう》、相沢中佐ノ閃発《せんぱつ》トナル寔《まこと》ニ故《ゆえ》ナキニ非《あら》ズ。而《しか》モ幾度カ頸血《けいけつ》ヲ濺《そそ》ギ来《きた》ツテ今尚些《なおいささ》カモ懺悔《ざんげ》反省ナク然《しか》モ依然トシテ私権自慾《じよく》ニ居ツテ苟且偸安《こうしょとうあん》ヲ事トセリ。露支《ろし》英米《えいべい》トノ間一触即発シテ祖宗遺垂《いすい》ノ此ノ神洲ヲ一擲《いってき》破滅ニ堕《おちい》ラシムルハ火ヲ睹《み》ルヨリ明《あきら》カナリ。

内外真ニ重大危急今ニシテ国体破壊ノ不義不臣ヲ誅　戮《ちゅうりく》シテ稜威《みいつ》ヲ遮《さえぎ》リ　御維新ヲ阻止《そし》シ来《きた》レル奸賊《かんぞく》ヲ芟除《さんじょ》スルニ非《あら》ズンバ皇謨《こうぼ》ヲ一空セン。然《あた》カモ第一師団出動ノ大命喚《(ママ)》発セラレ、年来御維新翼賛《よくさん》ヲ誓ヒ殉　国《じゅんこく》捨身ノ奉公ヲ期《き》シ来《きた》リシ帝都衛戍《えいじゅ》ノ我等同志ハ将《まさ》ニ万里征途ニ上《のぼ》ラントシテ而《しか》モ顧《かえり》ミテ内ノ亡状ニ憂心将た禁ズル能《あた》ハズ。君測《(ママ)》ノ奸臣軍賊ヲ斬除《ざんじょ》シテ彼ノ中枢ヲ粉砕スルハ我等ノ任トシテ能《よ》ク為スベシ。臣子タリ股肱《ここう》タルノ絶対道ヲ今ニシテ尽《つく》サズンバ破滅沈倫《(ママ)》ヲ飜《ひるがえ》スニ由《よし》ナシ。

茲《ここ》ニ同憂同志機《き》ヲ一《いつ》ニシテ蹶起《けっき》シ奸賊ヲ誅　滅《ちゅうめつ》シテ大義ヲ正シ国体ノ擁護開顕ニ

肝脳ヲ竭《つ》クシ以テ神洲赤子《せきし》ノ微衷《びちゅう》ヲ献《けん》ゼントス。皇祖《こうそ》皇宗《こうそう》ノ神霊冀《ねがわ》クバ照　覧冥助《しょうらんめいじょ》ヲ垂《た》レ給《たま》ハンコトヲ。

昭和十一年二月二十六日

陸軍歩兵大尉　野中四郎
外同志一同

1

昭和十一年（一九三六）二月二十六日午前七時。東京・三宅坂にある陸相官邸。玄関前の広間で、川島義之《かわしまよしゆき》陸軍大臣をかこむように整列しているのは、数名の陸軍青年将校である。

そのなかのひとり香田清貞《こうだきよさだ》大尉が、懐から「蹶起趣意書」をとりだし、大声で読みはじめた。

「つつしんでーおもんみるにィわがしんしゅうたるゥゆえんはーばんせいいっしんたるゥー」

日ごろは寡黙で、ほとんど人目にたつようなことをしないこの大尉が、興奮に声をふるわせて趣意書を読みあげる。

直立している青年将校は、自らの行為の重さを意識しながら、しかし陸軍大臣への礼節をつくして不動の姿勢でいた。川島陸相はふるえていた。彼のふるえは、恐怖感からきていた。青年将校が襲撃したときくや、押し入れのふとんのなかへ逃げこんだほどの臆病者だった。テロには神経質なまでに怯《おび》えていたのだ。

「……こうそこうそうのしんれいーねがわくばーしょうらんめいじょをたれたまわんことをーしょうわじゅういちねん……」

香田は趣意書を読み終えると、決起将校の名簿と彼らの襲撃した箇所を示す地図を広げた。

午前五時前後、青年将校に率《ひき》いられた決起部隊は、数隊にわかれて、九カ所を襲撃していた。首相官邸では、岡田啓介《おかだけいすけ》首相と誤認して義弟の松尾伝蔵《まつおでんぞう》大佐、それに四名の護衛警官を射殺した。蔵相私邸では、高橋是清《これきよ》蔵相を、斎藤内府私邸では、斎藤実《まこと》内府を、渡辺教育総監私邸では渡辺錠太郎《じょうたろう》教育総監を射殺した。さらに侍従長官邸を襲撃した部隊は、鈴木貫太郎《かんたろう》侍従長に重傷を負わせ、神奈川県湯河原では、牧野伸顕《のぶあき》前内府宿舎（伊藤屋旅館）に火をはなった。さらに決起部隊は、官庁街の中枢部である永田町、三宅坂、虎の門、麴町《こうじまち》一帯を占拠した。決起部隊の総数約千五百名。

また、一部の将校は、東京朝日、東京日日、報知などの新聞社を襲い、「蹶起趣意書」を掲載するよう強要した。

香田が襲撃の説明を終えると、かわって村中孝次《むらなかたかじ》が要望書を読みあげた。村中は、当時陸軍軍人の身分をはく奪されていた。陸軍士官学校候補生の密告がもとで、クーデター計画を練っていたとして磯部《いそべ》浅一《あさいち》とともに、追放されたのだ。

村中の要望書には、七項目があげられていた。陸軍の長老南《みなみ》次郎《じろう》、宇垣《うがき》一成《かずしげ》、小磯《こいそ》国昭《くにあき》らの逮捕を要求し、ついで陸軍内部で派閥的行為をする幕僚を具体的に名まえをあげ、その排除を求めた。その幕僚というのが、村中らの免官に加担した人物であったところから、のちにこの要望書は私怨《しえん》がらみと批判されるのである。

決起将校二十数人の要望は、蹶起趣意書のなかの一節、「所謂元老重臣軍閥財閥官僚政党等ハ此ノ国体破壊ノ元兇ナリ」の「軍閥」の排除だった。昭和初年代のクーデター未遂計画では、倒すべき相手はつねに政党政治家や財界人であったが、この事件に至って怒りの対象は陸軍内部の指導者にも向けられたのだ。天皇と直結したいと考える彼らの大御心への忠誠心を阻害する勢力のなかに、軍閥をふくむほど、その怒りは内に向かっていたのだ。五・一五事件にくらべて、「軍閥」への怒りが深化していたことは、実質的な権力集団となった陸軍の内部抗争の意味もあった。

2

蹶起趣意書が読まれているころ、趣意書の署名代表者の野中四郎《のなかしろう》大尉らは、歩兵第三連隊の部下およそ四百九十名を率《ひき》いて警視庁を占拠していた。

首相官邸、陸相官邸など中枢占拠のメンバーに加わっていなかったことに、野中の性格がうかがえた。中枢を占拠することは、彼らのクーデターを政治的権力に〝転化〟させるための政治力が必要とされる。あるいは外部から、このクーデターを支える側に回るであろう北一輝《きたいっき》、西田税《にしだみつぎ》らの思想家、革命家と接して、ときにその指示を仰ぐことさえ必要とされる。それだけの政治力と人脈を、彼は擁していなかった。

職務に熱心な中隊長にすぎなかった。愛国革新運動の表面に出て切り盛りをするタイプではなかった。陸軍首脳でさえ、野中四郎の名まえを知らなかった。愛国革新運動に熱心で、そのために軍外のイデオローグたちと交流し、何かと上官にくいついていく青年将校たちの名まえは、陸軍首脳の頭にはいっていた。そういう札つきの連中が、事件を起こしたにちがいないと多くの将官は思ったが、指導者の先頭に野中四郎の名まえがでているのを見て、だれひとりこの人物を思い浮かべることはできなかった。

野中四郎大尉が筆頭に名まえを列《つら》ねたのは、彼が青年将校の中で最年長であったこと、ただその一点だけだった。明治三十六年（一九〇三）十月生まれの数え三十四歳。それはもう青年将校ということばではあてはまらぬ年齢だった。それなのになぜ彼は参加したか。

同志の将校から、署名を求められたとき、彼は悩んだ。悩みぬき、考えをかさね、そのあげくに署名した。政治が腐敗し、財界が利潤追求だけを求め、いや大日本帝国が〝皇国精神〟を忘れた国家になってしまったのは、ひとえに為政者たちのせいだ。天皇と国民が精神を一にして、皇国隆盛を願っているというのに、それを阻害する奸賊どもめ、それを倒さずして肇国《ちょうこく》国はなりたたぬ――と考えついていけば、もうのこされた道は、君側《くんそく》の奸《かん》を斬る以外にないとなるのは自明の理だった。趣意書にもりこまれた、「臣子タリ股肱タルノ絶対道ヲ今ニシテ尽サズンバ破滅沈倫（ママ）ヲ飜スニ由ナシ。茲ニ同憂同志機ヲ一ニシテ蹶起シ奸賊ヲ誅滅……」というのが、彼の志を反映している。

決行の数日まえ、彼は決起将校のひとりに、

「いま自分たちが起って犠牲にならなければ、かえって天誅がくだるだろう」

と心境をもらしている――それが彼の悩んだ末にたどりついた結論であったのだ。

決起するのはやむをえぬという精神構造と、それが成功するか否かに想いをめぐらすの

は別問題だ。野中は、決行の成功を信じてはいなかった。三十四歳の陸軍大尉が、わずか二十名余の将校とそれに同調する少数の兵士によって起こされるクーデター計画の成功を信じるだろうか。もし彼が、この何年来かの愛国革新運動の指導的地位にあったならば、成功の側に比重をおいたろう。しかし彼は〝新参者〟であり、そこまで思いこむには年齢を重ねすぎていた。

決行の七日まえに、彼は遺書をしたため、末尾に、「我れ狂か愚か知らず　一路《いちろ》遂《つい》に奔《ほん》騰《とう》するのみ」と書いて、その呻吟《しんぎん》を整理しようとした。

3

狂か愚か——エネルギーを燃焼させる側とそれを政治的に汲《く》みあげる側との確執を、決起後も野中は存分に知らされる。彼が警視庁を占拠して、陸相官邸をうかがっているころ、陸相官邸では陸軍首脳と決起将校のあいだで、政治的駆けひきがつづいていたのである。

川島陸相が、決起将校をまえにして、思案にくれていると、陸軍大将真崎甚三郎《まざきじんざぶろう》が姿を見せた。真崎は決起将校からもっとも頼りにされている将官で、彼自身もこれを機会に自らの内閣をつくる肚《はら》づもりになっていたのである。

陸相官邸にはいってきた真崎は、決起将校の肩をだくようにして、

「おまえたちの精神はようわかっとる」

とくり返した。数年来、彼はこうして若い将校をおだててきた。

川島陸相を前にして、真崎は、

「なるほど行為そのものは悪い。しかし社会のほうはもっと悪い。起こったことは仕方ない。われわれ老人にも罪があるから、これから大いに働かねばならぬ」

といった。川島陸相から示された蹶起趣意書、要望書を見ながら、川島と真崎の間には、つぎのようなやりとりがあった。(『天皇と二・二六事件』)

「こうなったら、仕方がないじゃないか」と真崎がいう。

「ごもっともです」

「来るものが来たんじゃないか、大勢だぜ」

「私もそう思います」

「これで行こうじゃないか」

「それよりほか、仕方がありません」

「きみは、いつ参内《さんだい》するか」

「もうすこし模様を見て……」

参内する——という意味は、この際決起将校の要望をいれて真崎を首班とする内閣を上奏せよといっているのだ。つまりこのクーデターを認めよといっているのである。

真崎は、このとき天皇が決起をどのように受けとめたかを理解していなかった。天皇は、決起の報を知ったときから躊躇《ちゅうちょ》なくこれを討伐せよと命じていたのだ。そのことを陸軍の首脳は充分理解していなかったのである。

それに真崎は、天皇からまったく信用されていなかった。一説では、昭和八年の参謀次長時代に、天皇に報告した内容とはまったく別の作戦計画をたてていたからだという。そういう二枚舌をつかうような性格が、彼には潜んでいたともいわれる。

二月二十六日午後三時三十分。陸軍は軍事参議官会議での決定にもとづいて、大臣告示なるものを発表した。天皇が終始この決起に反対しているのを知りながら、しかし決起将校の勢いに圧《お》されてまとめられたこの告示の内容は、まったくあいまいだった。

五項目のうち第二項には、「諸子《しょし》ノ行動ハ国体顕現ノ至情ニ基《もとづ》クモノト認ム」とあり、まるで決起は当然といういい方さえしているのだ。

二十六日の夜になって、軍事調査部長山下奉文《ともゆき》少将から告示をきかされると、決起将校たちは怪訝《けげん》な表情になった。

〈われわれの行動は成功したのか否か〉――。

それをたしかめるための会談が開かれた。軍事参議官と決起将校、それに立会人が出席した。兵をひけという参議官に、いますぐ維新内閣をという交渉がつづき、そのあいだに戒厳令が公布され（二十七日午前三時）、戒厳令司令部が九段の軍人会館に設置された。しかし二十七日早朝になってもこの会談の結論はでなかった。

陸相官邸を占拠している将校にも、ようやく焦りの色が濃くなった。

二十七日午後二時、決起将校はふたたび真崎に会談を申し込んだ。そこで野中四郎は将校側の代表として、

「われわれは、すべてを真崎閣下に一任いたします」

といい、真崎はそれに諒解を与えた。しかし一任といい、諒解といっても、それがどういう意味をもつのか、双方が理解していたとは思えない。どうにも解釈できる状態だった。

4

二十八日朝になって、香椎浩平《かしいこうへい》戒厳司令官名で「奉勅命令」が出た。原隊に復帰し、占

拠区域をすみやかに解放せよというのである。と同時に、陸軍内部に噂《うわさ》が広まった。天皇が怒りに身を震わせ、鎮圧がなまぬるいことに激怒して、自ら討伐にでかけるとさえいっているというのである。こうして決起将校は反乱軍将校とかわり、急速に孤立していった。

計画が萎《な》えていくのを知ると、決起将校の側も〝皇軍相撃ち〟を覚悟するようになった。それには兵士を説得しなければならない。彼らの趣意書は陸軍幹部には向いていても、下士官、兵士にはなんの説得もしていなかった。そこで陸相官邸にこもっていた磯部浅一、村中孝次らは、下士官へ向けて檄文を書いた。新兵が多い決起部隊を起ちあがらせるために、つぎのようなわかりやすい檄がつくられた。

檄文

尊皇討奸の義軍は、如何《いか》なる大軍も兵器も恐れるものではない。又如何《いか》なる邪智策謀をも明鏡によって照破する。皇軍と名のつく軍隊が、わが義軍を討てる道理がない。大御心《おおみこころ》を奉戴《ほうたい》せる軍隊は、わが義軍に対して全然同意同感し、わが義軍を激励しつつある。全国軍隊は各地に蹶起《けっき》せんとし、全国民は万歳を絶叫しつつある。

八百万《やおよろず》の神々もわが至誠に感応し加護を垂れ給ふ。

至誠《しせい》は天聴《てんちょう》に達《たっ》す、義軍はあくまで死生を共にし、昭和維新の天岩戸《あまのいわと》開きを待つのみ。

進め進め、一歩も退《しりぞ》くな。一に勇敢、二にも勇敢、三に勇敢、以《もつ》て聖業を翼賛《よくさん》し奉れ。

昭和十一年二月二十八日

維新義軍

戒厳司令官は、二十九日午前五時までに、攻撃準備を終えるよう命じた。東京にはぞくぞく鎮圧部隊がくりこんできた。反乱軍約千五百を約二万四千の完全武装した部隊が包囲した。決起側に好意的だった陸軍首脳も、ことここに至って、反乱軍を露骨に避けはじめた。いまやこのクーデターが成功する可能性がないことを、はっきりと自覚したのだ。真崎でさえ彼らのまえから姿を消した。磯部や村中が、一般兵士にあてたこの檄文は、最後のあがきともいえた。

5

二月二十八日の深夜、いや時計は二十九日にはいっている。警視庁から移動した鉄道大臣官邸前の広場で、野中は彼の兵士たちに呼びかけた。

「いよいよ明日は最後の決戦をすることになろう。天皇陛下のために、おれといっしょに死んでくれ」

兵士たちは、もう疲労困憊《こんぱい》して、呆然《ぼうぜん》と中隊長の顔を見るだけだった。

下士官十一名、二年兵三十七名、そして百五名が新兵だった。百五名の新兵は、二カ月まえに第一師団第三連隊第七中隊に入隊してきたばかりである。二月二十六日以来の行動について、彼らは充分事情を理解しているとはいえなかったのである。

天皇陛下のためにおれと死んでくれ——と、野中は涙を流してもう一度叫んだ。兵士たちはうなだれたままで、ひとりもそれに応じなかった。野中はひとりで叫ぶだけであった。

二十九日午前三時、野中隊は国会議事堂に移動した。しかし午前五時になって、ラジオ放送が、「奉勅命令」を発表すると、野中は部下を原隊に戻すことを決意した。彼はすべてをあきらめたのだ。

——午前九時に鎮圧部隊が行動を起こすと、反乱部隊は雪崩《なだれ》をうって投降していった。

6

決起将校は陸相官邸に集合を命じられた。そこで山下奉文少将が、暗に自決を勧めはじめた。野中は、「死ぬな、死んではいかん」と将校たちを慰めたが、当初彼らに同情的で、その後冷たくなった山下の口ぶりにほとんどの者が腹を立て、勝手にしろとばかりに寝そべっていた。

そこへ野中のかつての上官井出宣時《いでのぶとき》大佐があらわれ、別室に野中を呼びだした。そして、

「西郷隆盛が国民の尊敬を受けているのは、自刃したからだといって、縄目の恥を受け、刑務所で死んではこれだけ尊敬されるかどうか……そこをよく考えるといいだろう。君は最古参で、首領だから、その行動はよくよく考えねばならぬ」

家族宛ての遺書を託された井出大佐が部屋を出てまもなく、銃声がおこった。二十九日の午後三時すぎである。

事件直後に自死を選んで、責任行為を歴史に刻んだのは、野中だけだった。

事件の〝主役〟ともいうべき、村中孝次、磯部浅一は、自死ではなく、軍事法廷で自らの主張を説くことにしたのだ。

〈参考資料〉

一、『昭和史の原点(4) 天皇と二・二六事件』(中野雅夫著、昭和五十年、講談社)

一、『妻たちの二・二六事件』(澤地久枝著、昭和四十七年、中央公論社)

一、『昭和史発掘(5)－(11)』(松本清張著、昭和五十三年、文春文庫)

〔付記〕二・二六事件については、今なお毎年のように著作が刊行される。その解釈も多様化している。しかし、幻の存在だった裁判記録の発掘に努めるなどしている研究家北博昭氏の一連の著作(たとえば、『二・二六事件　全検証』、平成十五年、朝日選書)には目を通しておかなければならない。

八、何というザマです――磯部浅一の獄中日記

八月廿八日

竜袖《りようしゆう》にかくれて皎々《こうこう》不義を重ねて止まぬ重臣、元老、軍閥等の為に如何に多くの国民が泣いてゐるか

天皇陛下　此の惨タンたる国家の現状を御覧下さい、陛下が私共の義挙を国賊反徒の業と御考へ遊ばされてゐられるらしいウワサを刑ム所の中で耳にして私共は血涙をしぼりました、真に血涙をしぼつたのです（中略）

だが私も他の同志も、何時《いつ》迄もメソ〳〵と泣いてばかりはゐませんぞ　泣いて泣きね入りは致しません、怒つて憤然と立ちます

今の私は怒髪天をつくの怒にもえてゐます、私は今は　陛下を御叱り申上げると

ころに迄　精神が高まりました、だから毎日朝から晩迄　陛下を御叱り申してをります、
天皇陛下　何と云ふ御失政でありますか　何と云ふザマです、皇祖皇宗に御あやまりなされませ、

1

昭和十一年（一九三六）七月五日、東京陸軍軍法会議は、二・二六事件の決起将校十三人と村中孝次、磯部浅一、渋川善助、水上源一の民間人四人に死刑の判決を下し、発表した。あわせて「……その行為たるや聖諭《せいゆ》にもとり理非順逆の道を誤り国憲、国法を無視し、しかも建軍の本義を紊《みだ》り苟《いやしく》も大命なくして断じて動かすべからざる皇軍を僭用《せんよう》し、下士官兵を率いて叛乱行為に出でたるが如きはその罪まことに重かつ大なりというべし」という罪状も発表した。

一週間後の七月十二日、代々木陸軍衛戍刑務所処刑場でその刑が執行された。

しかし、磯部浅一と村中孝次だけは、翌十二年の八月十九日まで処刑が延期された。北一輝と西田税の裁判に、証人としての役割が与えられていたためである。北も西田も、死刑の判決を受け、同じ八月十九日に処刑された。

2

磯部浅一は、決起の指導的な役割をはたした。といっても、二・二六事件当時は、現役の将校ではない。

彼は、左官職人の子として山口県に生まれ、篤志家の援助で広島陸軍幼年学校から陸軍士官学校へ進んだ。

陸軍士官学校時代から「おれは革命を一生の仕事にする。革命とは暗殺を以て始まり、暗殺を以て終る人事異動だ」と豪語していたが、昭和七年ごろから勃興する青年将校の国家改造運動では、もっとも熱心な皇道派将校のひとりだった。

北一輝の『日本改造法案大綱』を終生信奉し、北を師とあおぎつづけた。

その磯部が免官になったのは、昭和十年八月だった。前年の十一月事件（青年将校が士官候補生に、クーデター計画を呼びかけたというデッチあげの事件）に連座し、不起訴になったものの村中孝次とともに軍を追いだされた。

以来磯部は、同志のカンパをたよりに、青年将校の国家改造計画を実践する〈職業的革命家〉に転じるのである。昭和十年八月の相沢三郎中佐による永田《ながた》鉄山《てつざん》陸軍省軍務局長刺殺事件、それにつづく公判闘争で磯部は積極的に統制派排撃の先頭に立つ。

免官になった軍人は軍服を着ることは許されない。が、昭和十一年二月二十六日、磯部は万感の想いをこめて軍服に身を包む。彼にとっては、このクーデターは「君側の奸」どもを追い払う願ってもない機会なのである。軍服はそのための象徴であった。

しかし、磯部は敗北した。彼は、叛徒、逆賊となったのだ。

軍法会議をつうじて、磯部は、二・二六事件の裏も表も知りぬいた。非公開で、弁護人もつかない法廷闘争中、陸軍上層部の無定見、無節操ともいうべき態度をみた。天皇の意に添っての決起行動であると信じているにもかかわらず、天皇は天意の将校の一団を無視してはばからない。無視どころか、刑死にまで追いこんでいるのだ。

磯部は、獄中で、天皇への愛と憎を、両極端にまで昇華させた。

3

磯部は、獄中で三つの文書をのこす。

「行動記」「獄中日記」「獄中手記」がそれで、その一部が看守によってもちだされ、戦後になってすこしずつ発表された。

昼間は、錯乱状態におちいったかのように装って、看守を困らせ、夜は、一転して薄ぐらい裸電球の下で布団にくるまり、看守に見つからぬようにして、鉛筆をもって書きつづけたのだ。

十五人の同志が銃殺になった七月十二日について、磯部は、つぎのように書いた。

「午前中に大体終了した様子だ。午後から夜にかけて、看守諸君がしきりにやつて来て話しもしないで声を立てて泣いた。アンマリ軍部のやり方がヒドイと言つて泣いた。皆さんはえらい、たしかに青年将校は日本中の誰よりもえらいといつて泣いた。……コノママですむものですか、この次は軍部の上部の人が総ナメにやられますと言つて泣いた。中には私の手をにぎつて、磯部さん、私たちも日本国民です。貴方達の志を無にはしませんと言つて、誓言《せいごん》をする者さへあつた」――。

看守に託して磯部が語っていることばは、彼自身の慟哭《どうこく》でもあろうか。

そして、このことを記して以来、彼の筆は天皇を呪《のろ》うことばをつよめていく。二・二六事件をもういちど己れの手でやりとげるのだという意気ごみを、すさまじいことばで書きつらねるのだ。

「何《な》にヲッ！　殺されてたまるか。死ぬものか。千万発射つとも死せじ、断じて死せじ、死ぬることは負ける事だ。成仏することは譲歩する事だ。死ぬものか」（八月一日）

「一、天皇陛下　陛下の側近は国民を圧する漢奸《かんかん》で一杯でありますゾ、御気付キ遊バサヌデハ日本ガ大変になりますゾ」（八月六日）

「死刑判決理由主文中の『絶対に我が国体に容《い》れざる』云々は、如何《いか》に考へてみても承服出来ぬ、天皇大権を干犯せる国賊を討つことがなぜ国体に容れぬのだ……」（八月九日）

「陛下　吾々同志程、国を思ひ陛下の事をおもふ者は日本中どこをさがしても決しており（ママ）ません、その忠義者をなぜいぢめるのでありますか」（八月十一日）

「……余は死にたくない、も一度出てやり直したい、三宅坂（注・陸軍省のこと）の台上を三十分自由にさしてくれたら、軍幕僚を皆殺しにしてみせる、死にたくない、仇《あだ》がうちたい、全幕僚を虐殺して復讐したい」（八月十二日）

「毎日大悪人になる修業に御経をあげてゐる、戒厳司令部、陸軍省、参謀本部をやき打ちすることも出来ない様な人好しでは駄目だ。インチキ奉勅命令にハイハイと云ふて《(ママ)》、とうとうへこたれる様ないくぢなしでは駄目だ」（八月十六日）

「北先生のことを思ふ　先生は老体でこの暑さは苦しいだらう」（八月十八日）

「天皇陛下は何を考へて御座られますか、何ぜ側近の悪人輩《ばら》を御シカリ遊ばさぬので御座ります」（八月二十五日）

「処刑さるる迄に寺内（注・陸相）、次官、局長、石本、藤井（注・いずれも陸軍の要人）等の奴輩《やつばら》だけなりとも、いのり殺してやる」（八月二十七日）

そして磯部の心境は、ついに「何と云ふザマです」という帝国軍人としては考えられない表現をつかうに至るのだ。

磯部と同様に、処刑が延期された村中孝次は、獄中で「丹心録」を著《あら》わし、われわれは陸軍の長老たちに態《てい》よく欺《だま》されたのではなかったかと懐疑的になっていくのに比べて、革命児磯部は、死ぬまで二・二六の決起将校でありつづけたのだ。

〈参考資料〉

一、『二・二六事件――獄中手記・遺書』（河野司編、昭和四十七年、河出書房新社）

一、『人物昭和史(3) 総力戦の人びと』(青地晨ほか著、昭和五十三年、筑摩書房)
一、『一革新将校の半生と磯部浅一』(佐々木二郎著、昭和五十五年、芙蓉書房)

九、ジャーナリスト魂の死――「他山の石」廃刊の辞

他山の石廃刊の辞

拝啓　残暑凌《しの》ぎ難き候《こう》に御座候。にも拘《かかわ》らず益々御健勝奉大賀候。扨《さて》小生『他山の石』を発行して以来茲《ここ》に八個年、超民族的超国家的に全人類の康福を祈願して筆を執り、孤軍奮闘又悪戦苦闘を重ねつつ今日に到候が、最近に及び、政府当局は本誌を国家総動員法の邪魔物として取扱ひ、相成るべくは本誌の廃刊を希望致居候故、小生は今回断然これを廃刊することに決定致候。初刊以来終始渝《かわ》らぬ御援助を賜はり居候御厚情を無にすることは、小生の忍び能《あた》はざるところに有之《これあり》候へども、事情已《や》むを得ず御寛恕《かんじょ》を願上候。

時偶《ときたま》小生の痼疾《こしつ》咽喉《いんこう》カタル非常に悪化し、流動物すら嚥下《えんか》し能《あた》はざるやうに相

成、やがてこの世を去らねばならぬ危機に到達致居候故、小生は寧《むし》ろ喜んでこの超畜生道に堕落しつゝある地球の表面より消え失せることを歓迎居候も、唯《ただ》小生が理想したる戦後の一大軍粛を見ることなくして早くもこの世を去ることは如何《いか》にも残念至極に御座候。

昭和十六年九月

他山の石　発行者桐生政次

1

二・二六の反乱部隊を鎮圧したのちも、軍部は五カ月近く戒厳令を解かず、その間、内閣組閣人事に反対するなど、これまでにない政治干渉を行なった。軍部の露骨な政治介入は、ますます政党政治を弱体化していった。

昭和十二年（一九三七）七月七日、盧溝橋《ろこうきょう》事件が起こる。爆発寸前にあった日中関係は、これをきっかけに、戦争状態に突入した。戦線はしだいに拡大して、日本軍は十二月、南京を占領するにいたったが、中国は、国民党軍と共産党軍が一致して統一抗日戦線を結成するなど、長期抗戦のかまえをとった。

早期解決の道を失った日本は、国内の戦時体制化を急速にすすめ、昭和十三年四月一日、近衛文麿《ふみまろ》内閣の下で、国家総動員法案が公布された。この法案は、国防目的達成のため、国民生活のすべてを勅令で統制しうるとしたため、各方面からの反対が強かったが、軍部の圧力によって議会を通過した。

また、満州事変以来、国際的に孤立していた日本は、ナチス・ドイツと接近し、昭和十一年、日独防共協定を締結した。以後、ナチスの影響は、政界、官界、軍部に強くおよぶ。そのナチス・ドイツは、一九三八年九月一日、ポーランドに進撃、ここに第二次世界大戦の口火は切られた。

2

昭和十四年から十五年にかけて、名古屋市の中心街南区にある県警察部の建物に、月二回定期的にはいっていく老人がいた。

小柄ではあったが、眼光に威厳のある老人であった。よれよれの背広姿にゲタ履きという風体も、この老人にかかっては、威厳に転じるような趣きがある。もうすこし事情を理解する者がいれば、「いまの日本はこんなアンバランスな状態なんだぞ」と身を以て示しているように受けとめることもできたであろう。

老人は、「特高課」という看板がでている部屋にはいり、検閲官のもとに行って、ゲラ刷りを広げた。それを検閲官は、傲慢《ごうまん》に、朱筆をもって読み進める。老人と検閲官の間には人間的教養、知識、人格のどれをとっても雲泥の開きがある。それなのに、権力だけを頼りとする若い検閲官は、老人の全人格に優《まさ》っているかのようにふるまう。

もし老人の気持を代弁するなら、

「とんだ時代だ。軍人、官僚でなければ人にあらずという時代。忠君愛国者はおのれただひとりと思っている馬鹿者たちめ」

というつぶやきになっただろう。

老人は検閲官が手をいれたゲラをもって、特高課の部屋を出ていく。媚びる姿勢はない。むしろ屈辱に身を震わせている。明治後期から言論人として生きてきた生《き》っ粋《すい》のジャーナリスト、その矜持《きょうじ》がないがしろにされているという思いはいっそうつのっていくのであろう。

名古屋市郊外に住む彼には、子どもと妻との生活がある。十一人の子どものうち、すでに長子、次子ら数人は社会人となり、あるいは大学生となって家庭を離れていた。しかしまだ中学生の子どもの生活は、老人の腕で養わなければならなかった。

家計は底をついていた。彼のだす個人雑誌「他山の石」の購読料だけが、収入のすべてであった。しかし軍部に徹底して抗するこの雑誌の読者は、着実に減っていた。読者であることは、それだけで特高や憲兵ににらまれるからである。抵抗は貧乏を意味していた。

3

老人の名は桐生《きりゅう》政次《まさつぐ》。その号を悠々《ゆうゆう》という。

明治三十二年（一八九九）に東京帝国大学を卒業すると、火災保険会社、出版社を経て三十三歳のときに新聞人となった。下野《しもつけ》新聞、大阪毎日新聞、大阪朝日新聞を経て信濃《しなの》毎日新聞に転じた。明治末期からは信濃毎日新聞の主筆となり、大胆な論陣をはった。いちどは経営陣と対立して身を退き、「新愛知」の主筆となったが、昭和三年、ふたたび信濃毎日新聞の主筆に戻った。

信濃毎日新聞でも彼の論説はかなりの影響力をもった。その主張に一貫性があったからだ。一貫性は、時代に対する平衡感覚ともいえた。

農業恐慌と不況のなかで、信濃の青年が、共産主義やアナーキズムに傾くと、悠々は、それを批判した。マルキシズムが、実際に農業恐慌を救うカギになるのかといい、その論理の弱さを笑いとばした。だからといって、彼は頑迷なマルキスト弾圧論者ではない。マルキシズムに反対することと、マルキストを弾圧することは別のものだと彼はいった。昭和三年に治安維持法の改正が、国会で審議されると、信濃毎日新聞は強く反対の論陣をはり、〝彼らとて国民のひとりである。それを緊急勅令で規定するようなことは許されない〟といった。

彼は、折りから力をもっていく軍部、とくに陸軍の横暴なゴリ押しに反感をもった。政治の領域に口をはさみ、政治を己れの側にひき寄せようとする厚かましさを怒った。軍人を恐れ、しだいに口をつぐんでいく政治家の意気地のなさも、がまんがならなかった。

なぜ陸軍はわがもの顔にふるまうのか。彼は、それを陸軍が陸相現役武官制という〈無法な制度〉を守りぬいているからだと断じた。たとえば昭和四年に、傲慢のそぶりを増していく陸軍を嘆く主張を書きつらねたあとで、この無法な制度を叱った。

陸軍大臣に、文官を任用すべしといふ意見は、何時《いつ》実現されるか、寧《むし》ろ前途遼遠《りょうえん》の感がないでもない。何《な》ぜなら、この意見は、実に久しい以前から唱へられてゐるにも拘《かかわ》らず、今以て実現されさうもないからである。とすれば、差しあたり陸軍を恐れざる、即ち軍人を恐れず、却《かえ》つてこれを威圧する総理大臣——政治家——の出現を希望するより外はない。

満州事変、陸軍内部のクーデター未遂事件（三月事件、十月事件）、そして五・一五事件と、軍部は外にあっては巧妙に中国での領土進出をはかり、内にあっては政党政治を崩していく。そのたびに悠々のペンは怒った。執拗に怒った。

信濃毎日新聞は自由主義的傾向の濃い新聞で、五・一五事件に対しては、福岡日日新聞とともに軍人の行為を正面から批判した。むろん中心にいたのは悠々である。民間や軍人の政治犯たちを、一般の犯罪人よりも丁重に扱うがごとき不公平は、許されないと主張した。

「陸海軍司法当局の時代錯誤を嗤《わら》はざるを得ない」

彼の主張の最後には、こういう強い表現がしばしばあった。

悠々は明治六年（一八七三）、加賀藩の士族の三男として生まれ、四高に入った。ここでのちに作家として大成する徳田秋《とくだしゅうせい》声と知りあう。文学好きの秋声との交際のなかで、彼自身も作家を志した。その後、東京帝国大学で法律を学ぶかたわら、文学にも手を染め、いくつかの著作もあらわす。

だがときは官吏、軍人の時代だ。文学作品を書くなどというのは、軟弱の極《きわ》みでしかない。彼は、教授陣の忠告をいれ、筆を絶った。大学を卒業するころには、作家の道はあきらめていた。

こうした経歴のなかで、彼が身につけたのは、社会進歩にたいする素朴な信頼感であった。人類の歴史は、きわめてゆるやかにではあるが、個人の自我の尊重にむかって進んでいるという考えをとった。しばしばカントをひきあいにだして、社会進歩にたいする信頼を訴えたのもそのためであった。そういう彼にとって、陸軍の横暴は社会進歩を阻《はば》むものとして断じて許せなかったのである。

彼の人となりを端的に語ることばを紹介しておこう。

「明治の初年に生まれた生粋の明治人で、明治のジャーナリストが身につけていた〝社会の木鐸《ぼくたく》〟と〝無冠の帝王〟という誇りをもっていた。彼らは自由主義者であると同時に、愛国者、憂国の士であり、自分のペンは祖国の危機を救うためにあることを信じて疑わなかった」（『桐生悠々』）――。

4

五・一五事件後の政治は、軍部がはっきりと表面にでてきて、日本の進む道をきめていくようになる。そういう勢力にとって、自由主義者はなにかと煙たい。その煙たい頂点に悠々はいた。軍部とくに陸軍は、ことあれば彼のペンを止めたいと考えていた。

昭和八年夏に、陸軍は関東に初の防空演習を行なった。戦時下でもないのに、また戦時になりつつあるわけでもないのに、陸軍はその力を誇示するかのごとく演習を行なった。多くの新聞がこれを無視しているとき、悠々は、これにかみついた。「関東防空大演習を嗤《わら》ふ」と題して、敵機が東京上空にくるようになっては、戦争はすでに決着がついているはずだといって、そのまえに敵機が上空にこないようにすべきだと説いた。

悠々を黙らせようと狙っていた陸軍当局が、これを見逃すはずはなかった。

まるで作戦にケチをつけたかのようにいい、在郷軍人会などが中心になって、悠々を辞めさせなければ不買運動を行なうと信濃毎日新聞に圧力をかけた。経営陣はそれを拒《こば》んだが、逆に悠々のほうが迷惑をかけるのを恐れて身をひいた。

それは悠々の陸軍への屈服に見えながら、その実抵抗の第一歩であった。

このあと長野から名古屋に帰って、「他山の石」という個人雑誌を発行することになる。創刊は昭和九年六月であった。この雑誌名は、狭いナショナリズムに捉《とら》われず、欧米の思想を参考にすべしという考えから命名された。月二回発行し、会員に配布するシステムをとった。実際、彼自身が会員を集めたりもしたのである。まさに背水の陣であった。

それでも発行部数は四百部前後でしかなかった。

悠々の時局批判が口づたえにつたわり、読者はふえたが、それも弾圧があるとまた減った。この雑誌で、悠々は、己れの信条を包み隠さず披瀝《ひれき》したのである。「私たちは、今『三猿《さんえん》』の世界に棲《す》む。何事も見まい、聞くまい、喋舌《しやべ》るまい。否、見てはならない、聞いてはならない、喋舌《しやべ》つてはならない『死の世界』に棲まされてゐるのだ」(昭和十年二月)。

こういう悠々の主張に、陸軍の横暴にあきあきしていた読者は、心のうっぷんを晴らした。それは逆に陸軍の怒りを買うことを意味していた。

悠々は明治人であったから、陸軍を批判するときの立場はこのころの政治思想や勢力と一線を画していた。雑誌の二面に、五箇条の御誓文を掲載しつづけ、明治天皇を讃えているることからも彼の立場がはっきりする。昭和十年五月に、彼は「他山の石」に書いている。「明治天皇は自由主義・民主主義者であらせられたのだ。五箇条の御誓文を拝読するとき、この思想はいづれの条項にも、脈々として躍動してゐる」

この立場から批判されることは、陸軍には痛いことだった。彼らは、天皇をもちだされるとひるんでしまい、しばらくは手だしをしなかった。だが結局、陸軍の指導者は、自らと自らの集団の規範のみが、天皇の意にかなっているといって、悠々の立場さえ認めなくなった。軍部は内務省に圧力をかけて、つごうの悪い記事をぬりつぶさせた。

その一方で悠々の主張を惜しむ有識者が、読者となって彼を支えた。自らはもう発言する力はないが、名古屋の一角で貧乏と戦いながら個人雑誌をだしているジャーナリストを讃えることで、何とか陸軍に抗しようという人たちであった。

尾崎行雄《おざきゆきお》、芦田均《あしだひとし》、風見章《かざみあきら》、浜田国松《くにまつ》らの政界人、松永安左エ門《まつながやすざえもん》、小倉正恒《おぐらまさつね》らの財界人、それに岩波茂雄、徳田秋声などの言論人がいた。

昭和十一年の二・二六事件以後、「他山の石」は、内務省によってしばしば発禁、削除がくり返された。軍部を批判してこれに応えようとすると、当然のことながらたちまちのうちに発禁になった。愛知県警察部特高課の検閲官は、事前にゲラを提出して検閲を受けるようにといったが、悠々はそれを拒みつづけた。しかしそのことをまた発禁の理由にするという理不尽な動きに、一時は妥協してゲラを見せるようになり、県警察部に足を運んだ。

しかしやがてゲラの提出もやめた。「他山の石」は発禁が常態のようにさえなってしまった。

昭和十六年春、悠々はつかれ果てていた。すでに六十八歳であった。日中戦争は泥沼にはいり、米国との間に険悪な空気が流れていた。それは検閲の厳しさとなってはね返ってきた。

八月にはいると、検閲官は発刊が近づくとすぐに発禁の通知をよこすほどになった。

「……世界の平和、人類の幸福に貢献したいと思ひます。こうした念願で編集されておりますのがこの雑誌です」という一句さえ、注意を受ける時代になっていた。

このころ、悠々はのどに腫れ物ができていた。それがしだいに悪化した。喉頭ガン。彼は死期の近いのを知った。追い打ちをかけるように、内務省から、「他山の石を廃刊にせよ」という通知を受けた。むろん陸軍上層部の指し金だった。

彼は己れひとりの戦いをあきらめた。食事を飲みこむことさえできなかった。声もでなかった。しかし机に向かって、血をしぼるようにして、「廃刊の辞」を書きあげた。九月にはいってまもなくである。アメリカとの戦争もそのあとの軍部の崩壊も予見していた。「廃刊の辞」が読者の手もとに届いたころ——九月十日夜、彼は逝った。それはジャーナリスト魂の凄絶《せいぜつ》な死といっていいだろう。

「……超畜生道に堕落しつゝ、ある地球の表面より消え失せる……」——悠々の死から三カ月後、日本はまさしく畜生道の闇に落ちこんでいったのである。

〈参考資料〉

一、『桐生悠々反軍論集』（太田雅夫編、昭和四十四年、新泉社）
一、『桐生悠々——ある反戦ジャーナリストの生涯』（太田雅夫著、昭和四十五年、紀伊國屋新書）

十、帝国の光栄を保全せむことを——開戦の詔書

詔書

天佑《てんゆう》ヲ保有シ万世一系ノ皇祚《こうそ》ヲ践《ふ》メル大日本帝国天皇ハ、昭《あきらか》ニ忠誠勇武ナル汝有《なんじゆう》衆《しゅう》ニ示ス。

朕茲《ちんここ》ニ米国及英国ニ対シテ戦《たたかい》ヲ宣ス。朕《ちん》ガ陸海将兵ハ全力ヲ奮《ふるつ》テ交戦ニ従事シ朕《ちん》ガ百僚《ひやくりよう》有司《ゆうし》ハ励精《れいせい》職務ヲ奉行《ほうこう》シ朕《ちん》ガ衆庶《しゅうしょ》ハ各々《おのおの》其《そ》ノ本分ヲ尽《つく》シ億兆《おくちょう》一心《いっしん》国家ノ総力ヲ挙《あ》ゲテ征戦《せいせん》ノ目的ヲ達成スルニ遺算《いさん》ナカラムコトヲ期《き》セヨ。

抑々《そもそも》東亜ノ安定ヲ確保シ以《もつ》テ世界ノ平和ニ寄与スルハ丕顕《ひけん》ナル皇祖《こうそ》考丕《こうひ》承《しょう》ナル皇《こう》考《こう》ノ作述《さくじゅつ》セル遠猷《えんゆう》ニシテ、朕《ちん》ガ拳々《けんけん》措《お》カザル所《ところ》、而《しこう》シテ列国トノ交誼《こうぎ》ヲ篤《あつ》クシ万邦《ばんぽう》共栄ノ楽《たのしみ》ヲ偕《とも》ニスルハ之亦《これまた》帝国ガ常ニ国交ノ要義《ようぎ》ト為《な》ス所ナリ。今ヤ不幸ニシテ米

英両国ト釁端《きんたん》ヲ開クニ至《いた》ル。洵《まこと》ニ已《や》ムヲ得《え》ザルモノアリ。豈朕《あにちん》ガ志《こころざし》ナラムヤ。中華民国政府曩《さき》ニ帝国ノ真意ヲ解セズ、濫《みだり》ニ事ヲ構ヘテ東亜ノ平和ヲ攪乱《こうらん》シ遂《つい》ニ帝国ヲシテ干戈《かんか》ヲ執《と》ルニ至《いた》ラシメ、茲《ここ》ニ四年有余ヲ経タリ。幸《さいわい》ニ国民政府更新《こうしん》スルアリ、帝国ハ之《これ》ト善隣ノ誼《よしみ》ヲ結ビ、相提攜《あいていけい》スルニ至レルモ、重慶ニ残存スル政権ハ、米英ノ庇蔭《ひいん》ヲ恃《たの》ミテ兄弟尚未《けいていなおいま》ダ牆《かき》ニ相鬩《あいせめ》グヲ悛《あらた》メズ。米英両国ハ残存政権ヲ支援シテ東亜《とうあ》ノ禍乱《からん》ヲ助長シ、平和ノ美名ニ匿《かく》レテ東洋制覇《せいは》ノ非望《ひぼう》ヲ逞《たくまし》ウセムトス。剰《あまつさ》ヘ与国《よこく》ヲ誘《いざな》ヒ帝国ノ周辺ニ於《お》テ武備《ぶび》ヲ増強《ぞうきょう》シテ我《われ》ニ挑戦シ、更《さら》ニ帝国ノ平和的通商ニ有《あ》ラユル妨害ヲ与《あた》ヘ、遂《つい》ニ経済断交ヲ敢《あえ》テシ、帝国ノ生存ニ重大ナル脅威ヲ加《くわ》フ。朕《ちん》ハ政府ヲシテ事態ヲ平和ノ裡《うち》ニ回復セシメムトシ隠忍《いんにん》久シキニ弥《わた》リタルモ、彼《かれ》ハ毫《ごう》モ交譲《こうじょう》ノ精神ナク徒《いたずら》ニ時局ノ解決ヲ遷延《せんえん》セシメテ此《こ》ノ間却《かんかえ》ツテ益々《ますます》経済上軍事上ノ脅威ヲ増大シ、以《もっ》テ我《われ》ヲ屈従《くつじゅう》セシメムトス。斯《かく》ノ如《ごと》クニシテ推移セムカ、東亜安定ニ関スル帝国積年ノ努力ハ悉《ことごと》ク水泡ニ帰《き》シ帝国ノ存立亦正《またまさ》ニ危殆《きたい》ニ瀕《ひん》セリ。事既《ことすで》ニ此《ここ》ニ至ル、帝国ハ今ヤ自存自衛ノ為《ため》蹶然《けつぜん》起ツテ一切ノ障礙《しょうがい》ヲ破砕《はさい》スルノ外《ほか》ナキナリ。

皇祖《こうそ》皇宗《こうそう》ノ神霊上《かみ》ニ在《あ》リ。朕《ちん》ハ汝有衆《なんじゆうしゅう》ノ忠誠勇武ニ信倚《しんい》シ、祖宗ノ遺業ヲ恢弘《かいこう》シ速《すみやか》ニ禍根ヲ芟除《さんじょ》シテ東亜永遠ノ平和ヲ確立シ以《もっ》テ帝国ノ光栄ヲ保全セムコトヲ期ス。

御名御璽《ぎょめいぎょじ》

昭和十六年十二月八日

1

「臨時ニュースを申し上げます」

アナウンサーの館野守男《たてのもりお》の声が、午前七時の時報きっかりに流れてくる。緊張のためか、より金属性の響きをもった声である。

「大本営陸海軍部発表。十二月八日午前六時、帝国陸海軍は本日未明、西太平洋において米英軍と戦闘状態に入れり」――。

日本はこれによって、米英軍との戦闘をはじめたことを内外にあきらかにした。しかしこれは戦闘をはじめたことを伝えただけで、宣戦を布告したことではない。宣戦布告には一定の手続きがある。たとえ儀式にすぎないのであろうとも、そこのところははっきりしておかなければならない。

海軍の部隊が真珠湾を攻撃し、相応の戦果をあげたのをたしかめたあと、東條内閣の閣議が開かれた。それは昭和十六年（一九四一）十二月八日の午前五時をすぎたころだった。閣議には喜色があった。幸先よい戦果が嶋田繁太《しげた》郎《ろう》海軍大臣から報告されたからだ。

東條をはじめとする閣僚は、宣戦の詔書に署名し、それを枢密院に回した。枢密院もまたこの詔書を承認した。それから天皇のもとに回った。天皇が御璽を押し、戦争が正式に宣言された。議会が召集され、そこでこの詔書は読みあげられた。「天佑《てんゆう》ヲ保有シ万世一系ノ皇祚《こうそ》ヲ践《ふ》メル大日本帝国天皇ハ……」とつづく詔書は、日露戦争以来、三十七年ぶりに読みあげられた。戦争状態が法的にもはっきりしたのだ。

十六年十二月八日の午前も終わろうとしているときである。

このときまでに、大本営はすでに七回もの発表を行なっていた。香港、マレー半島、フィリッピンなどで日本陸海軍は華々しい戦果をあげていると勇んだ声は伝えていた。

詔書がもっている意味は、「今ヤ不幸ニシテ米英両国ト釁端《きんたん》ヲ開クニ至《いた》ル」「彼ハ毫《ごう》モ交《こう》譲《じょう》ノ精神ナク徒《いたずら》ニ時局ノ解決ヲ遷延《せんえん》セシメテ此《こ》ノ間《かん》却《かえ》ツテ益々《ますます》経済上軍事上ノ脅威ヲ増大シ、以《もっ》テ我《われ》ヲ屈従《くつじゅう》セシメムトス」にあらわれている。……つまり米英両国は経済、軍事の両面から日本を屈服させようとするので、日本はやむを得ず起ったというのだ。「聖戦」といわれる所以《ゆえん》である。この詔書は、大日本帝国があげて発した〈檄文〉とみることができる。そこで、これが公になるまでの日本の政治の内側をうかがってみたいと思う。

2

この詔書はだれが書いたのだろうか。最終的にはどのようなかたちで責任がとられているのだろうか。

東條内閣は、昭和十六年十月十八日に誕生した。この内閣に与えられた役割というのは、これまでの戦争へと傾斜した政策を、天皇の意に沿って、再検討してみることだった。陸軍は一貫して戦争を政策とするよう主張していたが、それを正すために、陸軍の直接の責任者を首班にしようという考えが天皇とその側近にはあった。

十月二十三日から三十日まで、東條は大本営政府連絡会議を開き、執拗に政策の練り直しを行なった。

十一月一日、新たに開かれた連絡会議は、外交交渉を十一月末日までつづけ、それでも対米交渉がうまくいかなかったら、戦争に訴えるという方針を決めた。

東條と彼を支える陸軍省の幕僚たちは、この連絡会議のあとふたつのまったくちがう仕事を行なった。戦争にはいったばあいの政策立案、戦争を避けたばあいの長期的な政策の練り直し。しかしここでも当然のように、戦争にはいったばあいの想定だけがこまかく煮つめられていった。

陸軍省の政策は、軍務局軍務課の将校によって検討される。海軍省も同様である。しかしこのときは、陸軍省のほうが政策を決定する力が強かったので、再検討案の作成にあたったのは陸軍省軍務局軍務課であった。

十一月八日、陸軍省軍務課の石井秋穂《あきほ》と海軍省軍務課藤井茂の二人の将校が、「開戦名目骨子案」なるものの打ちあわせを行なっている。いずれも軍務課の高級課員、年齢は四十歳になったばかりの省部（陸軍省や参謀本部、教育総監部）のエリートであった。

彼らは、日本がなぜ戦うのか――と自問自答し、思いつくままの理由を紙に書きだした。中国への米英の援助、日本包囲の経済網、さらに対日政策の一方的ゴリ押し。それらを整理しながらひとつの文章をつくった。その眼目は、米英をはじめとする列強の鉄鎖を切る自存自衛の戦争という点にあった。大東亜共栄圏などは、このときには検討されていなかった。日本にそんな余裕はなかったのである。

詔書の第一次原案は、このようにしてできあがった。

この第一次原案が、大本営政府連絡会議にかけられた。が、杉山元《すぎやまはじめ》参謀総長、永野修《ながのおさ》身《み》軍令部総長は、日本の自存自衛の部分が弱いといい、

「もうすこし支那の侮日、抗日、排日をつよく訴えなければだめだ。それがために帝国はやむなく起つという意味をこめる必要がある」

と主張した。

彼ら六十代前半の軍人と原案をつくった四十歳の幕僚の間には、開戦名目に微妙なちがいがあった。

3

この第一次原案の文章に肉づけしたのは、作家の山中峯太郎《みねたろう》である。『敵中横断三百里』など軍事冒険小説を書きまくっていたこの作家の前身は、陸軍士官学校を卒業した将校だった。だが性格が軍人向きでなかったため、三十歳を越えてまもなく、陸軍から身をひいた。その後作家生活にはいる。

山中と東條とは、士官学校時代に東條が一年先輩という関係だった。ふたりはときどき会いつづけた。東條は首相になると、いくらか見栄張《みえっぱ》りの性格を発揮して、自らの演説や

原稿はそれなりに文章専門家の目をとおさせる必要があるといった。そこで山中をひそかに〈文章担当顧問〉という地位に据えた。

このことは公表されていない。おたがいにそのほうが好つごうだったからだ。

山中のもとに原案を届けたのは、東條の秘書官赤松貞雄《あかまつさだお》である。開戦名目骨子案は、山中の筆で、しだいにひとつの調子をもった文章になっていった。十一月二十三日の連絡会議では、開戦時に発表された詔書に近い草案ができあがった。

こうして連絡会議で承認されると、宮内省の総務課長稲田《いなだ》周一《しゅういち》の手にわたった。宮内省おかかえの漢学者に推敲《すいこう》させる必要があるからだ。宮内省独得の用語、あるいは言い回し、それをたしかめなければならないからである。

宮内省から訂正されて戻ってきた詔書をみて、それでも東條の不安は消えなかった。彼にすれば、有史以来の難局に立ち向かう自らの政府として、日本語の最高峰の地位にある人物にたしかめてもらい、後世にも恥じぬほど格調のある文章をつくりたいと考えた。そこで秘書を徳富《とくとみ》蘇峰《そほう》のもとに走らせた。蘇峰は、東條をひきたてる役目をはたしていた。彼の書く東條礼讃は、歯が浮くほどの追従《ついしょう》に満ちているのを敏感な人びとは知っていた。そういう礼讃者は、東條付近には何人もいたが、蘇峰ほどの実力と真剣さをもっている者はなかった。

蘇峰が詔書の草案に手を加えたのは、数カ所の用語の手直しにすぎなかった。

そのあと、東條は天皇にこの詔書を見せた。東條にむかって、天皇はふたつの注文をつけた。そのひとつは、皇太子時代にイギリスを訪問した自分の経験を口にして、そのイギリスと戦火を交じえるのは不本意だということだった。そこで天皇は、自分自身は決してこの戦争に納得していないという意味のことばを書きそえるようにいった。天皇の意を受けて書き加えられたのが、「豈《あに》朕ガ志《こころざし》ナラムヤ」という語である。

もうひとつは、末尾の一節だった。天皇が見るまでは、ここは「……東亜永遠ノ平和ヲ確立シ以テ帝国ノ威光ヲ内外ニ発揚セムコトヲ期ス」とあった。天皇は、この部分を「……東亜永遠ノ平和ヲ確立シ以《もっ》テ帝国ノ光栄ヲ保全セムコトヲ期ス」と書き直すよう命じた。

天皇の意思はこのふたつの部分に、はっきりとあらわれていた。

中国からの撤退を要求して、対日石油輸出禁止などの経済的、政治的圧力を加えるアメリカと、大陸での既得権を主張し、さらに、南部仏印進駐をつづける日本との外交交渉は、十一月二十六日、いわゆるハル・ノートの提示によって終局をむかえた。

十二月一日の御前会議は、対英米蘭開戦を決定する。

4

戦争がはじまっても、東條はしばしば詔書の一節を引用した。ここに日本の〈やむにやまれぬ動機〉がこめられている、これは歴史にのこる文章だ、日本臣民であればこれを血肉となるまで復唱せよとさえ周囲の者にはいった。そしていくぶん自慢げに、いつもつけ加えるのであった。「お上のお気持は、自分にはようくわかっている。豈朕《あにちん》ガ志ナラムヤ……といわれたとき、日本をここまで追いこんだ米英が、憎くて仕方なかった」

東條は、詔書の文字とその精神なるものは理解していたのであろう。しかしここに書かれた文脈が実際にどういう意味をもつのか、歴史的にどんな意味をもつのか、決行者であるにもかかわらず彼はすこしもわかってはいなかったのだ。まるで近代国家の発する文章とは思えないほど自己陶酔に満ちた表現もある。ひたすら美辞麗句をならべたにすぎず、国民の息吹きのひとかけらさえないのである。戦って死ぬのは国民なのである。それを理解しようとしない軍事指導者は哀れである。戦いが進むにつれ、この詔書の矛盾もあらわれていった。

ちなみにルーズベルトの議会での戦争状態宣言を書いておく。

「昨日のハワイ攻撃はアメリカ陸海軍に甚大な損害を与えた。多数のアメリカ人の生命が襲われた。……昨日、日本政府はマレーを攻撃した。昨夜、日本軍はグアムを攻撃した。昨夜、日本軍はフィリッピン群島を攻撃した。昨夜、日本軍はウェーク島を攻撃した。今朝、日本軍はミッドウェー島を攻撃した。……」

参戦決議は、たったひとりの反対があっただけで可決された。

観念の世界に逃げこもうとする日本の指導者と、実証を尊ぶアメリカの指導者の体質が、見事に対比されているではないか。ところがこの演説を、通信社のニュースで知った東條は、国家の意思をまとめられない指導者のあがきと受けとめたのである。

5

ついでに敗戦の詔勅にふれる。その内容の一部はつぎのようなものだ。

朕《ちん》深ク世界ノ大勢ト帝国ノ現状トニ鑑《かんが》ミ非常ノ措置ヲ以《もつ》テ時局ヲ収拾セムト欲シ茲《ここ》ニ忠良ナル爾《なんじ》臣民ニ告グ。朕ハ帝国政府ヲシテ米英支蘇《ソ》四国ニ対シ其ノ共同宣言ヲ受諾スル旨通告セシメタリ。抑々《そもそも》帝国臣民ノ康寧《こうねい》ヲ図リ万邦《ばんぽう》共栄ノ楽《たのしみ》ヲ偕《とも》ニスルハ皇祖《こうそ》皇《こう》宗《そう》ノ遺範ニシテ朕《ちん》ノ拳々《けんけん》措《お》カザル所、曩《さき》ニ米英二国ニ宣戦セル所以《ゆえん》モ亦《また》実ニ帝国ノ自存ト東亜ノ安定トヲ庶幾《しょき》スルニ出デ、他国ノ主権ヲ排シ領土ヲ侵スガ如《ごと》キハ固《もと》ヨリ朕《ちん》ガ志ニアラズ。然《しか》ルニ交戦已《すで》ニ四歳ヲ閲《けみ》シ朕《ちん》ガ陸海将兵ノ勇戦朕《ちん》ガ百僚有司ノ励精朕《ちん》ガ一億衆庶ノ奉公各々《おのおの》最善ヲ尽セルニ拘《かかわ》ラズ戦局必ズシモ好転セズ。世界ノ大勢亦《また》我ニ利アラズ。加之《しかのみならず》敵ハ新ニ残虐ナル爆弾ヲ使用シテ頻《しきり》ニ無辜《むこ》ヲ殺傷シ惨害ノ及ブ所真ニ測ルベカラザルニ至ル。（中略）宜《よろ》シク挙国一家子孫相伝ヘ確《かた》ク神州ノ不滅ヲ信ジ任重クシテ道遠キヲ念《おも》ヒ、総力ヲ将来ノ建設ニ傾ケ道義ヲ篤《あつ》クシ志操ヲ鞏《かた》クシテ誓テ国体ノ精華ヲ発揚シ世界ノ進運ニ後《おく》レザラムコトヲ期スベシ。爾臣民其レ克《よ》ク朕《ちん》ガ意ヲ体セヨ

御名御璽

昭和二十年八月十四日

しかしここには明確に、戦争終結を伝えることばはない。

この詔書は、八月十四日午後から鈴木貫太郎内閣の閣議で練られた。書記官長迫水久常《さこみずひさつね》らは、すでに十二日から試案づくりを進めていたが閣議の意向をたしかめながら、十四日午後十一時にやっと書きあげた。天皇はほぼ原案どおり裁可したという。

開戦の詔書と同様に抽象的すぎるのだが、それだけに、大日本帝国崩壊の最後の叫びともいえる文書である。

〈参考資料〉

一、『大本営陸軍部大東亜戦争開戦経緯』（全五巻、防衛庁防衛研修所戦史室著、昭和四十八〜四十九年、朝雲新聞社）
一、『東條英機』（東條英機刊行会・上法快男編、昭和四十九年、芙蓉書房）
一、『グラフィックカラー昭和史⑻終戦の悲劇』（昭和五十二年、研秀出版）

十一、出撃の前夜記す——特攻隊員の遺書

所感

栄光ある祖国日本の代表的攻撃隊とも謂ふべき陸軍特別攻撃隊に選ばれ、身の光栄之に過ぐるものなしと痛感いたして居ります。

思へば長き学生時代を通じて得た、信念とも申すべき理論万能の道理から考へた場合、これは、或は自由主義者と謂はれるかも知れませんが、自由の勝利は明白な事だと思ひます。人間の本性たる自由を滅ぼす事は絶対に出来なく、例へそれが抑へられて居る如く見えても、底に於ては常に戦ひつつ最後には必ず勝つと云ふ事は、彼のイタリヤのクローチェも云つて居るごとく真理であると思ひます。権力主義の国家は一時的に隆盛であらうとも必ずや最後には敗れる事は明白な事実です。我々

はその真理を、今次世界大戦の枢軸《すうじく》国家に於て見る事が出来ると思ひます。ファシズムのイタリヤは如何、ナチズムのドイツ亦、既に敗れ、今や権力主義国家は、土台石の壊れた建築物の如く、次から次へと滅亡しつつあります。真理の普遍さは今、現実に依つて証明されつつ、過去に於て歴史が示した如く、未来永久に自由の偉大さを証明して行くと思はれます。自己の信念の正しかつた事、この事は或は祖国にとつて恐るべき事であるかも知れませんが、吾人にとつては嬉《うれ》しい限りです。現在の如何なる闘争も、その根底を為すものは必ず思想なりと思ふ次第です。既に思想に依つて、その闘争の結果を明白に見る事が出来ると信じます。

愛する祖国日本をして、嘗ての大英帝国の如き大帝国たらしめんとする私の野望は遂に空《むな》しくなりました。真に日本を愛する者をして立たしめたなら、日本は現在のごとき状態に或は、追ひ込まれなかつたと思ひます。世界何処に於ても肩で風を切つて歩く日本人、これが私の夢見た理想でした。

空の特攻隊のパイロットは一器械にすぎぬと、一友人が云つた事は確かです。操縦桿《かん》を採る器械、人格もなく感情もなく、勿論理性もなく、只敵の航空母艦に向つて吸ひつく磁石の中の鉄の一分子に過ぎぬのです。理性を以て考へたなら実に考へられぬ事で、強《し》ひて考ふれば、彼らが云ふ如く自殺者とでも云ひませうか。精神の国、日本に於てのみ見られる事だと思ひます。一器械である吾人は何も云ふ権利もありませんが、唯、願はくば愛する日本を偉大ならしめられん事を、国民のかたがたにお願ひするのみです。

こんな精神状態で征《い》つたなら、勿論死んでも何にもならないかも知れません。故に最初に述べた如く、特別攻撃隊に選ばれた事を光栄に思つて居る次第です。

飛行機に乗れば器械に過ぎぬのですけれど、一旦下りればやはり人間ですから、そこには感情もあり、熱情も動きます。愛する恋人に死なれた時、自分も一緒に精神的には死んで居りました。天国に待ちある人、天国に於いて彼女と会へると思ふと、死は天国に行く途中でしかありませんから、何でもありません。明日は出撃です。過激に亙り、勿論発表すべき事ではありませんでしたが、偽《いつ》はらぬ心境は以上述べた如くです。何も系統だてず思つた儘を雑然と述べた事を許して下さい。明日は自由主義者が一人この世から去つて行きます。彼の後姿は淋《さび》しいですが、心中満足で一杯です。

云ひたいことを云ひたいだけ云ひました。無礼をお許しください。ではこの辺で。

出撃の前夜記す。

1

私は、特別攻撃隊に関する資料や著作にはほとんど目をとおしている。関心がどこにあるかといえば、強制された〈死〉にたいしてまだ二十歳前後の青年が、最終的に縁《えにし》にしたものは何かという確認である。私は頑迷な政治主義者や運命論をふりまく信仰者であろうとは思わない。縁を普遍的な理念としてみたいのである。

私の世代（六〇年安保のとき大学生だった）も政治のために死を夢想したことがある。瞬時的にである。「革命のために死ぬのを躊躇しない」などと、得意気に話す者が日常のヒーローだった。だがそんなことばは遊戯でしかなかった。安保条約が国会で自然成立したあとこそ、一時的にショックを受けても、それはしだいに昨日のことになってしまった。

私たちがそんな政治的な遊戯にふけっていた十五年まえに、まぎれもなく現実に、身を賭《と》して逝《い》った青年たちがいたのだ。そういう青年たちに、私の世代は二重三重に冒瀆《ぼうとく》をおかしていたのかもしれない。

数多い特攻隊負の手記、手紙、日記のなかで、冒頭の「所感」をえらんだのは、私がここに盛られた内容にもっとも心魅《ひ》かれるからだ。それら多くに見られる大仰《おおぎょう》な心情の吐露は、たしかに瞬時的に胸を打つ。しかしそれは心の底に沈澱《ちんでん》してこない。

ところがこの所感に盛られた文章、気負いのない筆致、そして何ごともないように「明日は自由主義者が一人この世から去つていきます。彼の後姿は淋しいですが、心中満足で一杯です」と書く境地。それは無限の営みとなって、響いてくる。「出撃の前夜記す」という語は、千万のことばに匹敵する状況を説明することばではないか。

歴史的出会いの因縁にひとしおの感慨がわいてくる世代がある。私の世代もそうだ——と私は自覚している。

2

この「所感」をのこして逝ったのは、上原良司《うえはらりょうじ》である。全文は『きけわだつみのこえ——日本戦没学生の手記』に収録されている。そこに記されている略歴を追ってみる。

慶応大学経済学部学生。昭和十八年（一九四三）十二月入営。二十年五月十一日陸軍特別攻撃隊員として、沖縄嘉手納《かでな》湾の米国機動部隊に突入戦死。二十二歳。

昭和十八年十二月入営といえば、学徒動員による入営だ。日本がすでに敗戦の坂道を下っているのを知りながら、しかし多くの学生は銃をかついで行進し、そして戦場におもむいた。たとえこの戦争に共鳴する部分が少ないにしても、それはこの時代が与えた運命なのだという割り切り方をして。

上原良司は、とくにそれがつよかった……。「権力主義の国家は一時的に隆盛であらうとも必ずや最後には敗れることは明白な事実です」と知りながら、特攻隊員になっていったのだ。そこに気づくと、私たちは安易に「靖国の御霊《みたま》に……」などといってはならないだろう——。

『きけわだつみのこえ』には、この「所感」のほかに、もうひとつ上原の「遺書」が掲載されている。それは両親に宛てたものだ。「生を享《う》けてより二十数年何一つ不自由なく育てられた私は幸福でした」ではじまる。出身地をみれば、長野県の小村が記されている。想像するに、彼は、恵まれた環境のなかで育ったのであろう。この村は、カイコの生産で知られた地である。実家は、相応の地位を占めていたのだろう。

そういう環境のなかで、彼は、よく読書をする青年だった……彼がつかんだのは、人間は本来は〈自由〉への希求をつよくもっている動物だということだ。そのことを、彼はつよく両親に訴えている。たとえばつぎのように……。

「私は明確に言へば、自由主義にあこがれてゐました。日本が真に永久に続くためには自由主義が必要であると思つたからです。……現在、日本が全体主義的な気分に包まれてゐるからです。しかし真に大きな眼を開き、人間の本性を考へた時、自由主義こそ合理的なる主義だと思ひます」「私の理想は空《むな》しく敗れました。この上はただ、日本の自由、独立のため、喜んで、命を捧げます。人間にとつて一国の興亡はじつに重大なことでありますが、宇宙全体から考へた時はじつに些細《ささい》なことです」——。

もしこれだけのことを、戦時下で書いたり話したりしたら、彼はまちがいなく憲兵や特高に逮捕される。逮捕されるだけでなく、点数稼ぎに狂奔する彼らに、治安維持法にひっかかるほどの罪名をでっちあげられる。たかが「もう戦争は厭《いや》だ」といったていどで、憲兵に呼びつけられた時代だからだ。

しかし上原は、〈死〉とひきかえにこれだけのことを書いた。

当時、特攻隊員といえども上官の検閲は受けていた。いささかでも反戦的な言辞があれば削られ、本心の一端でも吐露していれば、かなり手直しされて遺族のもとに届けられた。だが特攻隊員ということでお目こぼしになったり、ひそかに人手にわたり遺族に届くものも多かった。そこに彼らの本音は語られていた。

上原の「遺書」も「所感」も、検閲をとおる内容ではない。こういう思想を明らかにすれば、度量のない上官は、「特攻隊として死んでいくにはふさわしくない」と破りすてるに決まっている。特攻隊に神秘性をもたせるために、そのていどのことは平気で行なう。だから彼も二重の意味をこめて書いている。

「こんな精神状態で征つたなら、勿論死んでも何にもならないかも知れません。故に最初に述べた如く、特別攻撃隊に選ばれた事を光栄に思つて居る次第です」。すべてがお見とおしなのだ。二十二歳のこの青年には、日本が特攻隊をつくらねばならぬほど窮地に追いこまれ、しかもいまにいたってもまだ、虚構の中で掛け声だけをかけている軍人たちのいい加減さがはっきりとわかっていたのだ。

3

昭和二十年五月十一日。沖縄上空で敵機動部隊とはげしい戦闘があった。

沖縄に陣地をきずいていたアメリカ軍は、四月からなんども波状攻撃をしてくる特攻機にたいして徹底した砲撃を行なった。このとき特攻機が狙ったのは、航空母艦「バンカー・ヒル」である。この空母を葬ることでアメリカ軍の航空戦闘力は弱まる。特攻機は執拗にこれを追った。

このころになると、空母の戦闘員は、「カミカゼ」の恐ろしさを肌身で知っていた。いくら防御砲火《ぼうぎょ》をくり返しても、とにかく一直線に突っこんでくるのである。しかも一機ではなく、二機、三機と迫ってくる。

アメリカ側の報道写真には、恐怖のため顔をひきつらせた米兵の姿が映っている。「カミカゼ」を見つめる彼らの目はぼんやりしている。米軍にはこのむこうみずな突撃がまったく理解できなかった。

沖縄嘉手納湾に停泊する艦船も、特攻機の突撃を受ける。アメリカ側が発表した報告書によると、「わが母艦機は、敵機六十九機を、また防御砲火は三機以上を撃墜したが、敵三機は空母バンカー・ヒルに急降下命中した。同艦は大破し、戦死三百七十三名、行方不明十九名を出した」とある。過去四回の攻撃のなかでは、五月十一日がもっとも被害が大きかった。

いっぽう日本側の資料では、この日、特攻機は六十四機出撃した。知覧《ちらん》、宮崎、串良《くしら》、指宿《いぶすき》などから、沖縄をめざして飛んだ。六十四機のうち五十一機が目標物に突入した。十三機は突入が確かめられなかった。

どちらの発表が正しいかはわからない。数量にまとめられた特攻隊員たちは、このときには〈器械〉の一部であった。それが彼らの宿命だった。上原良司もまたこの日、この数字のなかに組みこまれていったのである。

なお別な資料（『陸軍航空特別攻撃隊史』）には、五月十日夜から十一日朝にかけて特攻機（振武《しんぶ》隊）は、沖縄の飛行場や航空母艦に体当りしたとある。「五月十一日早朝、小雨をついて特攻隊は出撃した。陸海軍の戦闘機約九十機の掩護《えんご》が部署されたが、やはり敵戦闘機の妨害を受け、突入に成功したのは出撃の半数に達しなかったようである」と、この書は伝えている。

振武隊のなかで第五十六振武隊だけは、知覧をとびたち、沖縄にむかった。この隊のなかに、上原良司の特攻機があったのだ。

五月、若い特攻隊員が毎日のように沖縄で死んだ。なぜ絶望的な攻撃はくり返され、特攻隊員は死んでいったのか。大本営は、すでに日本の軍事的劣勢を知りぬいており、執拗にくり返される本土爆撃に対抗できる戦力をもっていなかった。本土決戦にそなえて軍備をととのえるのにしばらくの時間を要する……そこで時間かせぎとアメリカ軍の戦闘能力を衰えさせるために、特攻攻撃が採用されたのだ。指導者たちの恣《し》意的な発想の具現である。

4

私は、これまで特攻関係の資料や刊行物を古本屋でさがしてきたが、この種の書物には、必ずといっていいほど書きこみがしてある。

死んでいった者の兄弟と思われる人たちの書きこみ、あるいは恋人かもしれない人の恨みの女文字、なかには長文の怨嗟《えんさ》を書きこんでいる本もあった。それがどういう理由で、古本屋にでてくるのかはわからない。しかしそういう書きこみをした人たちが死んだり、あるいは感情が稀薄《きはく》になったときに手離すつもりになるのだろう。そこにまた生きていく者の辛さが見える。

ある本の末尾余白に書きこまれた文字は印象的だ。

旧暦で一月から十二月までを書きこんだあと、「一年たてば亦《また》めぐり来る　されど昭和二十年三月十八日は再び亦《また》かへらぬ」と書いてあった。靖国神社の芝生には新しい芽が生えるだろうが「愛《かな》しき人は再びかへらじ」とも綴《つづ》ってあった。

上原は帰らないが、その「所感」の骨子——自由主義者の勝利は、不変の真理として私たちの胸にのこっている。だから〈上原良司の所感〉は、時代をこえた原則として語り継がれていくべきものなのだ。合掌。

〈**参考資料**〉

一、『きけわだつみのこえ』(日本戦没学生手記編集委員会編、昭和三十四年、光文社)
一、『神風特別攻撃隊』(猪口力平、中島正共著、昭和二十六年、日本出版協同)
一、『陸軍特別攻撃隊(上・下)』(高木俊朗著、昭和四十九〜五十年、文藝春秋)
一、『陸軍航空特別攻撃隊史』(生田惇著、昭和五十二年、ビジネス社)

十二、死をもって大罪を謝す――阿南陸相の自決

遺書

一死以テ大罪ヲ謝シ奉ル

昭和二十年八月十四日夜

陸軍大臣　阿南惟幾

神州不滅ヲ確信シツツ

1

昭和二十年（一九四五）八月九日は、軍事的敗北の段階にきている日本に、さらに二つの致命的ダメージを与えた日として記憶される。

この日、広島についで二発目の原子爆弾が長崎に投下された。政治、軍事指導者たちのなかには、アメリカは原子爆弾を一発しか完成していないと楽観する空気もあったのだが、それはむざんにも打ち破られた。三発目は東京ではないか……という不安が、彼らのあいだに広まった。

もうひとつのできごとは、ソ連が満州に進出してきたことだ。この年四月五日に、ソ連から日ソ中立条約の破棄通告があったが、この期にソ連が軍事行動を起こすとは、日本の指導者は予想していなかった。

日本は、もはや軍事的敗北を、はっきりと認める以外になかった。

八月九日の深夜から、宮中の防空壕で開かれた御前会議は、ポツダム宣言受諾派と拒否派に分かれた。鈴木貫太郎首相、東郷茂徳《しげのり》外相、米内光政《よないみつまさ》海相の受諾派に、はげしい勢いで反対を唱えたのが陸相の阿南惟幾《あなみこれちか》であった。

ポツダム宣言には、国体護持が明確に示されていないといい、本土決戦を行なって軍事上の局面を開き、死中に活を求めるべきだと訴えた。これに梅津美治郎《よしじろう》参謀総長、豊田副《そえ》武《む》軍令部総長が同調した。

御前会議は、なかなか結論をだせない。

そこで鈴木首相は、天皇の裁断を仰いだ。天皇は、受諾派に与《くみ》すると言った。この裁断によって、日本は、戦争終結への国家意思をかためたのである。

だが、日本はスイス政府をつうじて、連合国側に宣言の内容照会を行なったところ、その回答が曖昧《あいまい》だとして、受諾派と拒否派のあいだにふたたび論争が起こった。陸軍は、依然として臨戦体制をとりつづけ、阿南は拒否派の中枢の役割をはたした。

十四日午前、もういちど御前会議が開かれた。

ここでも、阿南は、涙を流して受諾反対を説いた。しかし、天皇は、ふたたび受諾を譲らず、日本の国家意思はいっそう明らかになった。宣言受諾の旨は、中立国を通して連合国に申し入れられる。

戦争終結への手つづきは、これ以後、具体的に進んでいった。

この間、陸軍省軍務局の課員を中心とするクーデター計画も練られ、阿南のもとにもその許可を求めてきた。が、十四日の御前会議がはじまるまえ、阿南は、梅津参謀総長と会って、いかなるクーデターにも反対する意思をかためていた。

天皇の裁断によって、ポツダム宣言受諾がやむをえないことを、陸軍省の課員を集めて説いたとき、阿南は、叫びとも嗚咽《おえつ》ともつかぬ声をあげ「たとえ泥を食い、野に臥《ふ》しても、最後まで皇国護持のため奮闘していただきたい」と結んだという。

2

八月九日からの阿南の行動を追っていくと、日々その時どき、しばしば矛盾した言動がみられる。ポツダム宣言受諾の国家意思を守るかと思えば、依然として本土決戦を主張するそぶりも見せる。クーデター計画に、賛成するかのような言動もとる。

阿南の本心については諸説がささやかれている。

本音は戦争終結だが、陸軍の強硬派をなだめるために戦争遂行論を意識的に吐きつづけたという見方。もうひとつは、一貫してポツダム宣言受諾に反対で、帝国軍人として無条件降伏を納得できず、聖慮によりしぶしぶ受けいれたとする見方である。

日本陸軍八十年の最終走者として、陸軍の帰趨《きすう》をになった阿南は、自らの時代に、無条件降伏という屈辱を受けるのは忍びがたいものがあったろう。だから、阿南の本音は、無条件降伏を肯《がえん》じえなかったとみるほうがあたっている。十四日深夜、すべての会議を終え、官邸にもどった阿南は、陸相副官でもあり義弟でもある竹下正彦にむかって「十五日の玉音放送はききたくない」と洩らしているのだ。

阿南の軍人としての経歴を追うと、ひとつの事実に気づく。

陸軍が強力に政治的主張をする時代は、阿南のような温厚さと平衡感覚をもつ軍人はないがしろにされ、東條英機のような偏狭な性格の軍人が登場する。かわって、陸軍が混乱したり、政治的立場をうすめようとするときに、阿南はまとめ役として周囲から推されてくるのだ。昭和二十年四月の国家存亡の折りには、ごく自然に阿南が陸相に推挙された。それが、彼自身には悲劇となったのだ。

阿南は、明治二十年（一八八七）二月、東京に生まれる。父親は判事であった。広島陸軍地方幼年学校、陸軍士官学校（十八期）、大正七年（一九一八）陸軍大学校を卒業。陸士、陸大の成績は中位、温厚篤実《とくじつ》な性格で、もくもくと職務に励むタイプだった。それを買われたのか、昭和四年から八年まで侍従武官をつとめる。

満州事変のあと、天皇のひそかな命を受けて満州戦線の視察にでかける。このとき辞世の歌をのこして出発した。

大君の深き恵に浴みし身は言ひ遺すべき片言もなし

この歌は、自決する折りにしたためた遺書の裏にも書いてあった。

その後、東京幼年学校長、陸軍省兵務局長、人事局長をつとめ、昭和十四年に陸軍次官となる。省部のエリートコースを走った軍人ではあるが、つねに〝縁の下の力持ち〟の役割を負わされた軍人だった。

3

昭和二十年八月十五日の午前零時をすぎてからの阿南の行動を、陸相副官として竹下正彦が克明に書いている。「阿南大将の自刃」『文藝春秋』30巻12（昭和二十七年発表）から、その場の様子をえがくと、ほぼつぎのようになる――。

官邸の自室には、蚊帳が吊《つ》ってあり、阿南は、そのなかで書きものをしていた。それが冒頭に掲げた短い遺書である。

大臣と副官、義兄弟という関係のふたりは、それから午前五時ごろまで公私をまじえてさまざまな会話を交わした。

阿南は、覚悟ができているので自刃する旨を伝え、竹下も、あえてとめないといった。その返答を、阿南はことのほか喜んだ。

この間に、軍務局課員による玉音放送の録音盤奪取未遂事件が起こる。東部軍の森近衛第一師団長が殺害されたことを告げられてもいる。

午前五時すぎ、憲兵司令官が阿南を訪ねてくるが、竹下に会うようにいい、応接間に追いやったあと、阿南は割腹、自決した。最期に立ちあった林三郎秘書官と竹下に、

「ああ、六十年の生涯顧《かえり》みて満足だった。あはは……」

ということばをのこしている。

八月十五日の玉音放送のあと、陸軍省は、阿南陸相自刃を発表した。十六日付の朝日新聞は、「……陸相自刃の心境は今次の戦争終結に至る経緯について陸相としての補弼《ほひっ》の責を十分に果し得なかつたのを闕《けっ》下《か》に御詫《わ》び申上げるとの衷心より発した」と報じた。

それにしても、阿南の遺書にある「大罪」とはどんな意味なのだろうか。

竹下は手記のなかで、「恐らくは、満州事変以後、国家を領導し、大東亜戦争に入り、遂に今日の事態に陥れた過去及び現在の陸軍の行為に関し、全陸軍を代表してお詫び申上げたのであらうと思ふ」とのべている。

もしそうであるとすれば、阿南よりもっと責任の重い軍人はなんにんもいる。阿南は、そういう軍人たちの〝犠牲〟になったといいえまいか。

〈参考資料〉

一、『大本営陸軍部⑽ 昭和二十年八月まで』(防衛庁防衛研修所戦史室編、昭和五十年、朝雲新聞社)
一、『戦後秘史⑵ 天皇と原子爆弾』(大森実著、昭和五十年、講談社)
一、『近代日本軍人伝』(松下芳男著、昭和五十一年、柏書房)

〔付記〕陸相としての阿南は、自決の三時間前に鈴木貫太郎首相を訪ねて、自分は陸軍の意向を代弁して強硬な意見を述べたが、総理をお助けするつもりがかえって逆になったことをお詫びします、と伝えた。「余は尊敬を禁じ得ない立派な人物」と、鈴木は書きのこしている。

十三、帝国軍人最後の抵抗——厚木航空隊事件

国民諸君ニ告グ

赤魔ノ巧妙ナル謀略ニ翻弄《ほんろう》サレ必勝ノ信念ヲ失イタル重臣閣僚共ガ　上聖明ヲ覆《おお》イ奉リ下国民ヲ欺瞞《ぎまん》愚弄《ぐろう》シ遂《つい》ニ千古未曽有《みぞう》ノ詔勅ヲ拝スルニ至レリ

赤魔ノ謀略ココニ至リテ極マレリ

日本ノ天皇ハ絶対ノ御方ナリ

絶対ニ降伏ナシ

天皇ノ軍人ニハ絶対ニ降伏ナシ

我等航空隊ノ者ハ絶対ニ必勝ノ確信アリ

ポツダム声明ヲ承服スルトキハ天皇ヲ御滅シ奉ルコトナル故ニポツダム声明ノ履行《りこう》

ノ命令ニ服スルコトハ大逆無道ノ大不忠ヲ犯ス事ナリ
外国ノ軍隊ノ神州ニ進駐シポツダム声明ヲ履行スルトキハ戦争ヲ継続スルヨリ何百何千倍ノ苦痛ヲ受クルコト火ヲ見ルヨリ明カナリ　今ヤ天孫御降臨以来未曾有ノ大禊祓《けいふつ》ハ行ハルベシ
カクシテ国内必勝ノ態勢ハ確実ニ整備サルベシ　今コソ真ニ一億総蹶起《けつき》ノ秋《とき》ナリ
帝国海軍航空隊司令

1

厚木航空隊司令の小園安名《こぞのやすな》大佐は、横須賀鎮守府司令長官戸塚道太郎《みちたろう》中将の胸ぐらをつかまえんばかりの勢いでどなった。

「米軍放送は、早朝からさかんにポツダム宣言受諾、帝国の降伏を放送しているが、それは事実なのか」

しかし長官にすれば、こたえようがなかった。八月十四日の段階では、海軍上層部や宮中周囲でどんなやりとりがあるのかは知る由もない。ポツダム宣言そのものも知らないし、ましてやその受諾のがわに立つ海軍省と、それに反対する軍令部のやりとりがわかるはずはない。むろん、小園もそういう事情を、まったく知らない。

「こんなところで、そんな重大なことを口走るとはなにごとか!」

「事実か否かをたしかめているにすぎない」

「そんなことがわかると思っているのか。出ていけ」

小園は、憤懣《ふんまん》やるかたないといった表情で、長官をにらみかえした。

戦後になって、小園は、このときの感情を部下につぎのように話している。「私はこの瞬間、これは事実であり、長官は降伏を決意したと判断した。私はただちに長官を逮捕しようと思ったが、ここでは多勢に無勢、兵力を率いて出直すつもりで厚木に帰った」――。

小園にすれば、帝国海軍が存在している八月十四日に海軍指導部は降伏の罪をおかしたことになる。海軍刑法には「敵ニ降伏ヲ決意シ、又ハ降伏ヲ為シタル者ハ死刑ニ処ス。敵前ニ於テハ銃殺ニ処ス」とあるのに、海軍の指導者のなかには、降伏を決意し、あまつさえ「降伏せよ」という命令をくだそうと考えている者がいる。この決意や命令は、海軍刑法に違反する行為であり、無効であり、服従してはならないものなのだ。

皇軍に降伏はないという信念でかたまっている小園は、厚木航空隊にもどると、不安な面持ちで、八月十五日正午を待った。

2

玉音放送をきいたあと、小園は、信頼する将校をあつめて絶叫した。

「万世ノ為ニ太平ヲ開カムト欲ス……陛下のこのおことばにはまったく同感だ。おれの心は天皇のお心とまったく同じだ。だからこそおれは、戦局を挽回《ばんかい》して、日本の万世のために太平を開かんと欲しておるのだ！」

そして、海軍上層部と日本の政治、軍事指導者たちは、天皇の意思とは逆に、戦争終結にもっていったのだと言い、つぎのように命じた。

「このような大逆の命令を発する中央当局や上級司令部は、すでに吾人にたいする命令権を喪失せるものと認む。よって自今《じこん》いかなる命令といえども、いっさいこれを拒否することを声明する」

厚木航空隊の将校で、小園に敬服している者はこの命令にしたがって、戦争継続の意思をたしかめあった。そして、三千人の兵士を、武装解除させぬことを誓った。

玉音放送から三十分後、小園は、全海軍に向けてつぎの電報を打電した。

赤魔ノ巧妙ナル謀略ニ翻弄サレ必勝ノ信念ヲ失イタル重臣閣僚共ガ上聖明ヲ覆イ奉リ
下国民ヲ欺瞞愚弄シ遂ニ千古未曾有ノ詔勅ヲ拝スルニ至レリ　恐懼《きょうく》極マリナシ

しかし、どの部隊からも返電はなかった。

十五日の夜になって、小園は、全海軍に打った電文をもとに冒頭のような「国民諸君ニ告グ」をつくった。「赤魔ノ巧妙ナル謀略」の実体を不明にして、自らと対立する事象は、すべて「赤魔」のせいにする軍人の精神構造が露骨にでている。

この檄文は、厚木航空隊のパイロットによって東京一円に撒かれた。

だがそれを手にした国民のなかに、厚木航空隊に駈けつけて、聖戦完遂を叫び行動をともにする者はいなかった。

軍令部は、小園の説得に躍起になった。

「ポツダム宣言受諾は、聖慮にもとづいて発表された。いまはそれを守る以外にない」

第三航空艦隊司令長官寺岡謹平が、かんでふくめるように説いたが、小園はうなずかなかった。

「それは聖慮であろうはずがない。ポツダム宣言の命に服することこそ大逆無道の不忠になるはずだ」

この意見を、小園は吐きつづけた。周囲には、数人の士官が日本刀をもって集まり、寺岡に斬りかからんばかりの勢いであった。

十六日、十七日、十八日と説得はつづいた。

日本陸海軍の武装解除がすすんでいるのに厚木航空隊だけはかたくなに命令にそむいている。軍令部はいらだち、陸戦隊を送って実力で鎮圧する案も練られたが、かえって刺激することになりかねないと、もっぱら説得工作に終始した。それにも限界があり、八月二十一日、海軍当局は、小園が錯乱状態であり、精神のバランスを崩しているとして精神病院に送りこんだ。

小園の身柄を押さえて、武装解除をはじめたが、それでも血気にはやる士官は戦闘機をのっとり、なおも抵抗をつづけようとしたが、各地の飛行場に不時着したところをつぎつぎと逮捕された。

こうして厚木航空隊の〝反乱〟は終わった。

3

小園は、海軍はえぬきの戦闘機乗りとして知られていた。戦術にも卓越した能力をもって、たとえば「零戦」による遊撃戦、「月光」による夜間作戦などは、彼の考案した戦法だった。「月光」に斜《なな》め固《こ》定銃《ていじゅう》を据えつけ、B29の下腹にくいついて敵機を倒す戦法は、小園が考えた戦法のなかでもっとも効果を上げ、彼に育てられたパイロットが撃墜王として、一時期、国民の喝采をあびたこともある。

昭和二十年にはいって、厚木航空隊は、第三航空艦隊の特攻隊基地ともなり、ここから特攻隊員が死地に赴いたのである。小園は涙をながして、彼らを見送った。そうした彼にとっては、戦況が悪化して自らの生存さえあやうくなると、簡単に継戦を投げだしてしまう海軍指導者の態度ががまんならなかった。

さらに小園は、より効果的な戦術を、軍令部に申しでてもいた。〈寡《か》をもって衆《しゅう》を破る〉作戦を具申しても、それが採用されることはなかった。小園とその周辺にいる士官は、そのことにも不満をつのらせていた。

小園は、海軍刑法にもとづいて軍事裁判を受け、二十年十月、党与抗命罪で無期禁錮の判決を受けた。しかし二十七年に熊本刑務所を釈放され、三十五年十一月五日、郷里の鹿児島で心筋梗塞により死亡した。五十八歳であった。

4

八月三十日、連合国軍最高司令官マッカーサーは、コーンパイプをくわえ、丸腰で、厚木飛行場に降りたった。

彼は、十日まえの〝反乱〟を知りはしなかったろうが、厚木航空隊の残党が発砲でもするのではないかと恐れていたのは、日本の海軍上層部の者たちだった。

〈参考資料〉

一、『あゝ厚木航空隊――あるサムライの殉国』（相良俊輔著、昭和四十六年、光人社）

一、『歴史と人物』（昭和五十三年五月号〈「国内特攻」未発事件の全貌〉、同八月号〈獄中の叛将小園安名〉、中央公論社）

〔付記〕小園安名の名誉を回復すべきだと説く、かつての部下たちは多い。むしろ小園は、沖縄突入の特攻作戦である「大和」の出撃に反対するなど、特攻戦法には反対していた。厚木航空隊に属していた予科練習生の藪一義《やぶかずよし》は、私家版の『我が青春の一ページ』のなかで、小園の軍人としての軌跡を正確に評価すべきと切々と訴えている。

十四、校長、副校長よ学園から去れ——上野学園闘争

檄

私達はお国のために学業を捨てて造幣廠《ぞうへいしょう》で働きました。そして敗戦の苦しい心の中にも懐しい母校へ帰る楽しい夢を抱いてゐました。ところが工場から帰つた私達の眼に映る母校の姿は、私達若い正義に燃ゆる者の到底我慢の出来ない不正だらけです。

授業などはほとんどせず学校農園と勤労奉仕ばかりです。農園の作業を休む生徒がゐると、ある先生は『農園が嫌なら学校にも覚悟があります』といつておどかします。（中略）

私達はつぎのやうに要求します。

一、学校農園より校長の退去
一、農作物の公平分配
一、工場の加配米、石鹼《せっけん》の分配報告
一、校長、副校長の排斥、全職員の罷免《ひめん》、正しい先生の復帰

上野高女　四年生有志一同

1

東京・上野にある私立上野高女（校長石橋藏五郎《くらごろう》）の四年生が、昭和二十年（一九四五）十月八日に書いた檄文である。上野高女は、四年制の旧制中学で、生徒は十二歳から十六歳まで、そういう少女たちが書いた檄である。

戦争末期、家庭でも学校でも敷地の一部を転用しての農園づくりが全国で奨励された。すこしでも自給自足を……というわけである。

上野高女でも学校農園がつくられた。ところが生徒たちが勤労動員で学校に登校しない

ときも、学校側は農園費を月一円ずつ徴収していた。農園道路をつくると称して、一口十円以上の寄付も集めていた。この農園のなかに校長や副校長（校長の娘）の自宅があった。

戦争が終わると、生徒たちは勤労動員から解放されて学園にもどってきた。しかし当時の日本は、深刻な食糧難に襲われていた。この年の米の生産高は四千万石弱で、国民の必要量七千五百万石にとおくおよばず、しかも空襲により輸送機構はマヒ状態であった。彼女たちにも、この食糧難が無縁のはずはなかった。生徒たちは少しでも食糧がほしいと学校側に要求した。

校長は、この農園は学校のものであり、しいていえば副校長の私有物だから農作物をどう処理しようと勝手だといい、生徒たちの要求をはねつけた。

しかも生徒たちの勤労動員によって配給米が造幣廠から学校側に送られていたのに、校長一族はそれをマンホールに隠して〝私物化〟していたのである。そのほか生徒にわりあてられた日用品も隠匿《いんとく》していたという。

皇国のため、天皇のためといって、校長、副校長は生徒を欺き、実際は私利私欲のためにふるまっていたのである。

十四、五歳の少女たちは、この裏切りといいかげんさに怒った。

四年生百三十名のうち百十名余がいっせいに登校拒否、そのうち六十名は二班に分かれ、各新聞社を回って学校側のきたないやりかたを説明した。別な班は、一高の校長安倍能成《あべよししげ》や自由学園の羽仁《はに》もと子を訪ね、学校側の非を訴えた。

世論は生徒たちに加担した。この訴えは、どの新聞にも掲載された。

同盟休校は二十日間もつづいた。学校側は、父兄や卒業生をつかい「学生は勉強を」と戸別訪問で切りくずしをはかったので、同盟休校で抵抗する者はつぎつぎに減った。百名から十三名になり、さらに六名が減り、さいごまでのこったのは七名だった。しかし、七名の結束はかたく、学校側もやっとその要求の一部をみとめざるをえなくなった。

2

上野高女の同盟休校に前後して、全国の中学、高校で、同盟休校があいついだ。

十月四日、宮城県石巻中学四年生百五十名中七十名は、勤労動員中の配給物資分配への不満から、同盟休校に突入。

九日、品川区大井鮫洲《さめず》の都立工業専門学校全生徒ならびに同校附属の電気工業学校四年生は、校長の独裁的教育方針を不適として、校長の勇退を求め、同盟休校に入る。

同じ九日、静岡県立藤枝農学校三年生百五十名は、校長他職員らが、学校農場の収穫物を私有し、米や作業衣などを自分たちだけで配給したことに抗議して同盟休校に入る。

十一日、神奈川県下の県立商工実習三、四年生は、勤労報奨金、学校農園収穫物の処理にからむ教職員の非を鳴らして同盟休校。

十五日、栃木県宇都宮市の私立下野《しもつけ》中学四年生二百名は、軍国主義教育の排撃を主張して、同盟休校に入る。

十六日、北海道後志《しりべし》支庁立小樽《おたる》工業学校生徒五百名は、校長の教育方針が、自主的精神を理解せぬこと、職員が、学校農園収穫物を勝手に使用したことなどに抗議して、同盟休校。

同じ十六日、栃木県立真岡《もおか》農学校の二年生全員と三年生二百名は、農畜物の公平な配給を要求して、同盟休校に入った。(『資料戦後学生運動(1)』)

彼らの主張は、農作物・配給物資の公正な分配から、独裁的教育者の排除、軍国主義教育の撤廃と、じつに広範囲にわたっている。上野高女の二十日間におよぶ同盟休校は、こうした闘争が全国に拡大するのろしとなり、さらにはげましをあたえたのである。

「お国のために学業を捨て」、「敗戦の苦しい心の中に」、「懐しい母校」へ帰る楽しい夢を抱いていた「若い正義に燃ゆる者」の見た学園は、「我慢の出来ない不正だらけ」であったという上野高女の生徒たちの訴えは、当時の中学、高校生に共通した心情であり、認識であり、そして怒りであったのだ。
十月に入って、学徒出陣の大学生が学校にもどってくると、学園民主化の闘争は、しだいに政治的な色あいを強めていく。そして昭和二十三年九月十八日、「われわれはファシズムと戦争に反対する」と主張する全日本学生自治会総連合、いわゆる全学連の結成に至るのである。

〈参考資料〉

一、『資料戦後学生運動(1)』(昭和四十三年、三一書房)

十五、人民政府樹立万歳――日本共産党の再建

人民に訴ふ

一、ファシズム及び軍国主義からの世界解放のための聯合《れんごう》国軍隊の日本進駐によつて日本における民主主義革命の端緒が開かれたことに対して我々は深甚《しんじん》の感謝の意を表する。

二、米英及聯合諸国の平和政策に対しては我々は積極的に之を支持する。

三、我々の目標は天皇制を打倒して、人民の総意に基く人民共和政府の樹立にある。

永い間の封建的イデオロギーに基く暴悪な軍事警察的圧制、人民を家畜以下に取扱ふ残虐な政治、殴打《おうだ》、拷問《ごうもん》、牢獄、虐殺を伴《ともな》ふ植民地的搾取こそ軍国主義的侵略、中国、比島其他に於ける侵略に伴ふ暴虐、そして世界天皇への妄想と内的

に緊密に結合せるものであつて、これこそ実に天皇制の本質である。彼等の自家広告的文句は却《かえつ》て彼等の欺瞞《ぎまん》性を暴露せるものである。

かかる天皇制、即ち天皇と其宮廷、軍事、行政官僚、貴族、寄生的土地所有者及び独占資本家の結合体を根底的に一掃《いつそう》することなしには、人民は民主々義的に解放せられず、世界平和は確立せらるるものではない。即ちポツダム宣言は遂行せられるものではない。

四、飢えと寒さと家なき死線への窮迫状態は、かかる悪虐な天皇制を維持して軍国主義の復活に備へることに熱中する天皇の宮廷、軍事行政官僚と独占資本家との結合による現政府によつては、いささかも改善せられることなきのみか、現に刻々悪化しつつある。軍国主義と警察政治の一掃は日本民族の死滅からの解放と世界平和の確立の前提条件である。この任務は人民政府によつてのみ遂行せられる。（五〜七、略す）

日本共産党出獄同志
徳田球一
志賀義雄
外一同

1

昭和二十年（一九四五）十月十日午前十時、府中刑務所の門が開かれた。

刑務所のまえには、雨の降るはだ寒い日にもかかわらず、七百名に近い人びとが集まっていた。彼らは、徳田球一、志賀義雄、黒木重徳、西沢隆二《にしざわたかじ》の出所を歓声をあげて出迎えた。

昭和三年に逮捕されて以来、獄中で生活をつづけること十八年、その割りに徳田も志賀もやつれた表情ではなかった。

新橋にある飛行館で、歓迎集会が開かれる手はずになっていた。が、釈放された共産党員たちは、そのままアメリカ軍のトラックに乗せられ、陸軍中野憲兵学校にはこばれていった。歓迎集会は沙汰《さた》やみになった。

しかし、出獄した共産党員たちが、出迎えの者に手渡したビラは、今後の共産党活動の方向を示していたのである。それが、冒頭の「人民に訴ふ」であった。

2

釈放の一週間まえ、つまり十月四日、連合国軍総司令部は、「政治的、民事的ならびに宗教的自由に対する諸制限の撤廃に関する覚書」を発表して、日本政府が依然として、治安維持法を楯《たて》に、政治的圧迫をつづけていることを警告した。

この覚書によって、二千七百名近い政治犯が釈放されることになった。

当時共産党関係者は、府中刑務所（徳田、志賀、黒木、西沢、金天海《キムチヨンヘ》など）、豊多摩刑務所（中西功《なかにしつとむ》など）、宮城刑務所（袴田里見《はかまださとみ》、春日庄次郎《かすがしようじろう》、竹中恒三郎など）、網走《あばしり》刑務所（宮本顕治）に収容されていた。このとき日本共産党再建の動きを担ったのは「府中組」で、覚書発表まえから徳田を中心にして再建案を練っていた。

「人民に訴ふ」は、府中組が相談してまとめたものだが、この内容は、徳田の意向が反映されており、草稿も徳田自身が筆をとったといわれている。十月四日以降、「府中組」の松本一三《かずみ》が獄外にでていき、「人民に訴ふ」を活版刷りにして、府中刑務所に用意していた。

十月二十日、再刊された「赤旗」のトップに「人民に訴ふ」は掲載された。第一号は、新聞というよりパンフレットのような体裁をとっている。一般紙にも短い紹介記事がのったこともあって、この再刊第一号は、人びとの間で奪いとられるように読まれた。折りから、戦前・戦時下の軍部ファシズムが息の根をとめられつつあるときでもあり、共産党は、時代の救世主のように受けとめられた。

3

「人民に訴ふ」のなかで強調されているのは、〈連合国の解放軍規定〉と〈天皇制打倒、人民政府樹立〉である。

第一項の「……我々は深甚の感謝の意を表する」は、アメリカ軍を解放軍と規定したとして、のちに共産党自身が自己批判して取り消している。また、徳田と志賀が、出獄するや、すぐさま有楽町、第一生命ビルの連合国軍総司令部のまえに行き、万歳を叫んだという指摘は、すぐに中野憲兵学校に連れていかれたので、根も葉もない噂だと、志賀は反論している。

第三項の〈天皇制打倒、人民政府樹立〉は、敗戦のショックがぬけきれない国民感情には、あまりにも刺激的だった。しかし「赤旗」の第二号、第三号と〈天皇制打倒〉の筆調は、きびしくなる一方で、第五号では「天皇制打倒！　人民政府樹立万歳！」という大見出しがはねている。

4

徳田らがつれていかれた陸軍中野憲兵学校では豊多摩組の中西功らが待っていた。徳田と中西のふたりは、出所者をまえにして、これからの日本の革命運動をどう進めるかを議論した。

第二次世界大戦の性格、社会民主主義の評価、敗戦直後の日本の情勢、それに当面どのような課題にとりくむか――ふたりの討論は白熱したものとなった。ことに人民戦線の戦術をめぐって、方針のくいちがいがあらわになってくる。

昭和八年（一九三三）にナチスが権力をにぎったあと、ヨーロッパの共産党運動は、幅広い勢力を結集しての反ファシズム統一戦線（人民戦線）結成を、戦術の基本とするようになった。十年ごろから、日本にもその動きは伝わり、無産政党のなかにも、反ファシズムの統一気運が生まれた。共産党は〈反ファシズム〉に結集するためには、独自のスローガンである〈天皇制打倒〉の旗をおろさなければならなかった。中西は、その戦術を理解し、推し進めようとしていた。しかし彼も昭和十七年、治安維持法で逮捕され、敗戦までの四年近く、獄中生活を強いられた。

幅広い人民戦線結成のために〈天皇制打倒〉の旗をおろすべきだと主張する中西に対して、徳田は、人民戦線の強化には〈天皇制打倒〉こそ必要不可欠だと熱っぽく説き、自説をひきさげなかった。

結局、徳田の考え方を柱にした「人民に訴ふ」が、再建共産党の土台となった。徳田にしても、志賀にしても、〈獄中十八年〉という勲章をもっている。この勲章のまえに、党員たちは、口をつぐむ以外になかった。

「徳田君は直言すれば聞く人だったけれど、『獄中十八年』という威力があるから、文句をいう人が誰もいない。それで通ってしまうんですね」(『社会主義運動半生記』)という有様だったのである。

偏狭なまでの徳田の理論は、三・一五直前の共産党のドグマをそのままひきうつしたものである。獄中十八年は、たしかに彼の勲章ではあるが、逮捕されてから敗戦までなんら活動できなかった分だけ、徳田は、思考停止におちいっていたといえまいか。

昭和十年の第七回コミンテルン大会は、各国共産党が独自の機動性を発揮することをうたい、コミンテルン主導の共産主義運動をうすめる方向にむかっていた。

さらに、ファシズムにたいしてあらゆる思想、理念をこえて大同団結しようとする人民戦線の戦術が打ち出され、わが国でもこの運動がおこっていた。そして、昭和十八年、コミンテルンの解散がきまり、各国共産党は主体性をもって闘うことが決議された。

しかし徳田には、こうした変化を肌で知るすべがなかったのである。

のちに徳田は、共産党の指導を家父長的に行なったと批判されるが、そういう性格と相俟《ま》って、獄中で知った「三十二年テーゼ」つまり、ブルジョワ＝地主的天皇制の打倒こそ日本の革命運動の任務だというテーゼをかたくなに守り、ここから逸脱しようとはしなかった。だからこそ、彼は、〈獄中十八年〉という錦の御旗をもって、すでにないコミンテルン主導の共産党活動に力をそそいだのだ。

明治二十七年（一八九四）九月に沖縄で生まれ、苦学して弁護士となるが、すぐに社会主義運動にはいる。そして大正十一年（一九二二）、モスクワの極東民族大会に出席、帰国後、日本共産党の創立に参画する。親分肌でコミンテルンに忠実な共産党員——。

執念に満ちたその男の像が、「人民に訴ふ」の文字の背後からくっきりと浮かんでくるではないか。

〈参考資料〉

一、『獄中十八年』（徳田球一、志賀義雄共著、昭和二十二年、時事通信社）

一、『日本共産党の研究（上・下）』（立花隆著、昭和五十三年、講談社）

一、『現代史資料⒁〜⒇・社会主義運動⑴〜⑺』（みすず書房）

一、『社会主義運動半生記』（山辺健太郎著、昭和五十一年、岩波新書）

十六、民主天皇という名のシナリオ――天皇の人間宣言

新日本建設に関する詔書

茲《ここ》ニ新年ヲ迎フ。顧ミレバ明治天皇明治ノ初国是トシテ五箇条ノ御誓文ヲ下シ給ヘリ。曰ク、

一、広ク会議ヲ興《おこ》シ万機公論ニ決スベシ
一、上下心ヲ一ニシテ盛ニ経綸《けいりん》ヲ行フベシ
一、官武一途庶民ニ至ル迄各《おのおの》其志ヲ遂ゲ人心ヲシテ倦《う》マザラシメンコトヲ要ス
一、旧来ノ陋習《ろうしゅう》ヲ破リ天地ノ公道ニ基クベシ
一、智識ヲ世界ニ求メ大ニ皇基ヲ振起スベシ

叡旨《えいし》公明正大、又何ヲカ加ヘン。朕《ちん》ハ茲《ここ》ニ誓ヲ新《あらた》ニシテ国運ヲ開カント欲ス。須《すべか》

ラク此ノ御趣旨ニ則リ、旧来ノ陋習ヲ去リ、民意ヲ暢達《ちょうたつ》シ、官民挙ゲテ平和主義ニ徹シ、教養豊カニ文化ヲ築キ、以テ民生ノ向上ヲ図リ、新日本ヲ建設スベシ。

大小都市ノ蒙《こうむ》リタル戦禍、罹災《りさい》者ノ艱苦《かんく》、産業ノ停頓《ていとん》、食糧ノ不足、失業者増加ノ趨勢《すうせい》等ハ真《まこと》ニ心ヲ痛マシムルモノアリ。然《しか》リト雖《いえど》モ、我国民ガ現在ノ試煉《しれん》ニ直面シ、且《かつ》徹頭徹尾文明ヲ平和ニ求ムルノ決意固ク、克《よ》ク其ノ結束ヲ全《まっと》ウセバ、独リ我国ノミナラズ全人類ノ為ニ、輝カシキ前途ノ展開セラルルコトヲ疑ハズ。

夫《そ》レ家ヲ愛スル心ト国ヲ愛スル心トハ我国ニ於テ特ニ熱烈ナルヲ見ル。今ヤ実ニ此ノ心ヲ拡充シ、人類愛ノ完成ニ向ヒ、献身的努力ヲ効《いた》スベキノ秋《とき》ナリ。

惟《おも》フニ長キニ亘《わた》レル戦争ノ敗北ニ終リタル結果、我国民ハ動《やや》モスレバ焦躁ニ流レ、失意ノ淵ニ沈淪《ちんりん》セントスルノ傾キアリ。詭激《きげき》ノ風漸《ようや》ク長ジテ道義ノ念頗《すこぶ》ル衰ヘ、為ニ思想混乱ノ兆《きざし》アルハ洵《まこと》ニ深憂ニ堪《た》ヘズ。

然レドモ朕《ちん》ハ爾《なんじら》等国民ト共ニ在リ、常ニ利害ヲ同ジウシ休戚《きゅうせき》ヲ分タント欲ス。朕ト爾等国民トノ間ノ紐帯《ちゅうたい》ハ、終始相互ノ信頼ト敬愛トニ依リテ結バレ、単ナル神話ト伝説トニ依リテ生ゼルモノニ非ズ。天皇ヲ以テ現《あきつみ》御神《かみ》トシ、且日本国民ヲ以テ他ノ民族ニ優越セル民族ニシテ、延《ひい》テ世界ヲ支配スベキ運命ヲ有ストノ架空ナル観念ニ基クモノニモ非ズ。

朕《ちん》ノ政府ハ国民ノ試煉ト苦難トヲ緩和《かんわ》センガ為、アラユル施策ト経営トニ万全ノ方途ヲ講ズベシ。同時ニ朕《ちん》ハ我国民ガ時艱ニ蹶起シ、当面ノ困苦克服ノ為ニ、又産業及文運振興ノ為ニ勇往センコトヲ希念ス。我国民ガ其ノ公民生活ニ於テ団結シ、相倚リ相扶《たす》ケ、寛容相許スノ気風ヲ作興スルニ於テハ、能《よ》ク我至高ノ伝統ニ恥ヂザル真価ヲ発揮スルニ至ラン。斯《かく》ノ如キハ実ニ我国民ガ人類ノ福祉ト向上トノ為、絶大ナル貢献ヲ為ス所以《ゆえん》ナルヲ疑ハザルナリ。

一年ノ計ハ年頭ニ在リ、朕《ちん》ハ朕ノ信頼スル国民ガ朕ト其ノ心ヲ一ニシテ、自ラ奮ヒ、自ラ励マシ、以テ此ノ大業ヲ成就センコトヲ庶幾《こいねが》フ。

御名御璽

1

昭和二十一年（一九四六）一月一日、年頭の勅語が各新聞に掲載された。新日本建設に関する詔書——いわゆる天皇の〝人間宣言〟である。

天皇自身が自ら神格化を否定したというので、歴史的な文書とされている。声をだして読んでみるとよくわかるが、なんとなく日本語に〝訳した〟という感じがする。あるいは開戦の詔書のように重苦しい抽象句の羅列を避けているかにみえる。

結論からいえば、こういう感想が決してまちがいではないといえる。なぜか。もともとこれは英文で書かれたものだからだ。

2

人間宣言のなかで、もっとも重要な部分は、後半のつぎの一節だ。

朕《ちん》ト爾《なんじら》等国民トノ間ノ紐帯《ちゅうたい》ハ、終始相互ノ信頼ト敬愛トニ依リテ結バレ、単ナル神話ト伝説トニ依リテ生ゼルモノニ非ズ。天皇ヲ以テ現御神《あきつみかみ》トシ、且日本国民ヲ以テ他ノ民族ニ優越セル民族ニシテ、延《ひい》テ世界ヲ支配スベキ運命ヲ有ストノ架空ナル観念ニ基クモノニモ非ズ。

この部分が、天皇が「人間である」と宣言した節だ。一読、二読、ごくあたりまえのように読みとれる文意だが、この期《ご》にあっては、天皇がわれわれ人間と同じ次元に生きている証《あかし》として、つまり虚構の崩壊として理解されたのである。ところで宣言が発せられた背景はどこにあるのか。天皇自身、この宣言をどのように思っていたのだろうか。

時間的な経過を追っていく——。

敗戦後の日本の指導者にとって最大の課題は〈国体護持〉であった。占領政策の内容がどうあれ、天皇の地位が守られるか否かが、彼らの職務の関心事であった。東久邇宮《ひがしくにのみや》内閣、幣原《しではら》喜重郎内閣、いずれも連合国の真意をさぐろうとした。そこに憲法改正論議が加わった。天皇の地位は新憲法作成の過程で明確になるので、連合国への打診と折衝はかなり神経質に行なわれた。

かつて天皇に近い立場にいた者、たとえば近衛文麿、木戸幸一らでさえ、天皇の地位には弱々しいほど自信を失った考えをもっていた。連合国が、天皇を戦争犯罪人のなかに含むのではないかという懸念は、近衛や木戸ばかりでなく、この時代のすべての指導者がいだいていた。

昭和二十年十月に成立した幣原内閣は焦っていた。幣原だけでなく、閣僚たちも、いろいろな手づるをさがしては天皇の地位に変化のないことを求めた。内相米内光政《よないみつまさ》は、マッカーサー連合国軍最高司令官に直接会って率直にたずねている。

「天皇の地位をどのように考えているのか」

マッカーサーは、天皇がその地位にとどまろうとするならば、より具体的な対応が必要になろうという意味のことをいっている。つまり天皇の神格化を否定し、実体をかえて、国民に君臨する方向を示せというのだ。

連合国、とくにアメリカ政府内部の考えを大まかに説明すれば、天皇を政治的にうまく利用して日本統治を容易にしたほうがいいとの方向にあった。それは日本と戦闘状態にあるときからの一貫した考えだった。

終戦前の昭和二十年五月、アメリカ国務省は日本占領政策の骨子を練っている。その報告書に添付された文書『日本における天皇の地位』には、「日本人は、天皇に狂信的な崇拝をささげているから、日本人の現在の態度のつづくかぎり、外部から天皇制を廃止しようとしてもおそらく効果がないであろう」と書いている。それがアメリカ側指導者の伏線にあった。

むろんそれだけではない。終戦後の米ソ冷戦構造を想定し、日本を対ソ戦略の政治的、軍事的前線基地として利用しようという心づもりもあった。そのため、日本人のあいだに容共的空気があふれてくることを、警戒もしていた。

3

連合国軍総司令部民間情報教育局長ケン・R・ダイク大佐は、天皇神格化をこわすためにはどういう方法がいいのか頭をいためていた。彼の相談相手になったのは、学習院の英人英語教師R・H・ブライスである。

天皇が、直接、神格化を否定する宣言を発表すればよいではないか、という方向が定まったのは、昭和二十年の十二月も半ばである。

そこでダイク大佐とブライスは、英文で、その趣旨をまとめた。その一節には、

「天皇と国民とは非常に強く結ばれている。しかしかかる場合は、神話、伝説のみによるものでなく、また日本人は神の子孫であり、他の国民よりすぐれ、他を支配する運命を有するという誤れる観念に基づくものではない。幾千年の献身と熱愛により練出された信頼の絆《きずな》であり、愛情の絆である」

とあった。これが天皇の人間宣言の骨子になっている。

このころ総司令部は、天皇を神格化させていたいくつかの慣例を中止するよう命じている。教育勅語を絶対視し神聖化することを慎《つつし》めと命じていたし、各地の真影《しんえい》（天皇・皇后

の写真）を宮内省に返すように命じた。宮城遥拝の中止も指令された。外濠《そとぼり》は着実に埋まっていった。

ダイク大佐の示した草案は、宮内省幹部も認めざるをえなかった。天皇自身も手直しを条件に草案に同意した。

草案は宮内省から吉田茂《よしだしげる》外相にまわり、吉田は、十二月二十日すぎに幣原首相に手渡した。幣原が自身で、この草案に手をいれるように……との配慮だった。

草案を検討するため、首相は私邸にこもった。

彼は明治後期に外交官の生活にはいった。その後大正十三年（一九二四）、加藤高明内閣の外相に就任以来、国際政局が緊迫化した昭和初期の日本外交の衝にあたった。その思想の核は、対英米協調を柱とするもので、それを尊ぶあまり、幣原外交は〝軟弱外交〟といわれて陸海軍の政治将校からは弾劾された。

昭和六年、政界から退いたあとはその表舞台にはでなかった。しかし外務省の長老として、しばしば英米に対して協調の態度を示すよう主張していた。こんどの戦争には乗り気でなく、それがアリバイとなって敗戦後の首班に祭りあげられたのである。

英文タイプで、彼は、草案を書いた。彼の英文を秘書官が日本語に直し、さらに日本語としての統一性を保つために文部大臣の前田多門《まえだたもん》が推敲を重ねた。こうして出来あがった第一稿の冒頭の部分は、つぎのようになっていたという。

茲に新年を迎ふ。朕《ちん》は茲に誓いを新たにして、旧来の陋習《ろうしゅう》を去り、民意を暢達《ちょうたつ》し、官民挙《あ》げて平和主義に徹し、教養豊かに文化を築き、以て民生の向上を図《はか》り、新日本を建設すべし。

十二月二十四日、幣原は、天皇にこの第一稿を示した。このとき天皇は幣原につぎのようにいった。

「日本における民主的な思想は、何も戦後になって、はじめて生れたものではなく、明治天皇の時代からあった、五箇条の御誓文を加えてほしい」(『天皇家の戦い』)

天皇制は、形式的には慶応三年(一八六七)十二月九日の王政復古によって成立した。五箇条の御誓文は、慶応四年三月十四日に発布されたが、明治天皇が新政府の基本方針を示すという意図のもとに、公卿、諸侯を率いて誓うという発布形式をとった。天皇は、昭和五十二年(一九七七)の記者会見でもこれを民主主義的内容という意味のことを発言した。

解釈は時代によってさまざまで、天皇を政治的絶対君主にし公卿・諸侯をそれに忠実な臣民とさせるという誓文発布時の事情をみれば、いちがいに民主主義的とはいえないと説く歴史学者も多い。

4

幣原首相はまた私邸にこもった。そして「茲に新年を迎ふ」のあとに、「顧みれば明治天皇云々」の一節と五箇条を加えたのである。

こんどは加えた部分を英訳し、それを総司令部に届けた。いっぽう天皇の意思を付した草稿は宮内省をつうじて、天皇にわたった。

十二月二十八日、天皇から政府に詔書が届いた。

このとき新たにつけ加えられた箇所がある。幣原の草案では、「……以て民生の向上を図り、新日本を建設すべし」とあり、つぎに「惟《おも》ふに長きに亙《わた》れる戦争の敗北に終りたる結果……」とつづいていた。そこに、「大小都市ノ蒙リタル戦禍、罹災者ノ艱苦、産業ノ停頓……」からはじまる「今ヤ実ニ此ノ心ヲ拡充シ、人類愛ノ完成ニ向ヒ、献身的努力ヲ効《いた》スベキノ秋《とき》ナリ」の部分がつけ加えられていた。

詔書のかなりの部分に、天皇の意思がこめられたことになる。

この日、詔書は、外国人記者団に公表された。そして十二月三十一日になって、日本人記者団にも示された。翌日の新聞に掲載されるように……との配慮である。

昭和二十一年一月一日。この日の新聞には皇居を散策する平服の天皇の写真が、詔書とともに掲載された。人間宣言の効果を一段と高めるための写真ともいえた。それまで天皇のそういう姿を見たこともなかった国民は、時代のあまりのかわりように目を丸くした。同じ一月一日の日付で、マッカーサー元帥も声明文をだした。つぎのような短いものである。

「天皇の新年の声明は、私の非常に欣快《きんかい》とするところである。天皇はその詔書に声明したところにより、日本国民の民主化に指導的役割を果さんとしている。天皇は断乎として今後の天皇の立場を自由主義的な線に置いている。このような天皇の行動は、いかにしても抗しえない健全な理念の影響を反映したものに外ならない。健全な理念というものは、到底、止め得べきものではない」――。

マッカーサーの歓迎声明には〝人間宣言〟のできあがるまでの幣原首相や天皇の苦心、連合国側のさまざまな思惑は隠されている。この人間宣言は、連合国軍の働きかけによるもので、日本側の本意ではなかった。すべてが連合国の意思であった。政治的な意味合いをつよくもたされているといっていい。

5

〝人間宣言〟をいまいちどくわしく読んでみると、いくつかの不明朗な意思が見えてくる。たとえば、ここには巧みに、天皇制を国民が理解するよう訴える意図が見える。人間宣言の柱となる部分、「……単ナル神話ト伝説トニ依リテ生ゼルモノニ非ズ」「世界ヲ支配スベキ運命ヲ有ストノ架空ナル観念ニ基クモノニ非ズ」がそれだが、逆によめば、戦時下あるいは戦前は、天皇とは、「神話と伝説によるもの」で、「世界を支配する運命を有する」と考えていたということになる。しかもそれは、一時期の誤れる状態だったかのように読むこともできる。

天皇制に傷をつけまいと配慮しつつ、いま国民は新しいかたちの天皇制を理解するように……と呼びかけている。天皇を戦争責任から遠ざけるという意味があったのはあきらかだ。

さらに、天皇制を論じる際、もっとも不明朗だとされているのは、つぎの部分である。

「……我国民ハ動《やや》モスレバ焦躁ニ流レ、失意ノ淵ニ沈淪《ちんりん》セントスルノ傾キアリ。詭激《きげき》ノ風漸《ようや》ク長ジテ道義ノ念頗ル衰ヘ、為ニ思想混乱ノ兆《きざし》アルハ洵《まこと》ニ深憂ニ堪《た》ヘズ」（傍点筆者）

草案をつくった幣原にすれば、敗戦直後からの天皇制にたいする批判は、日本人の道義の頽廃《たいはい》に映っていただろう。まして共産党などの勢力が、正面から天皇制打倒を叫んでいたときである。そこに不安を感じても、彼の立場では無理もない。

〝道義の頽廃〟は、戦争によるひとつの結果である。頽廃しているのは、生活がドン底に落ちこんだときの人間の側面である。それを見ずして、一方的に道義が頽廃しているというのは、いささか無責任だとの印象をもたれても仕方あるまい。

この人間宣言は、戦後日本のエポックともなるべき文書だった。二十四年後の、三島由紀夫自決の背景に、この文書のもつ〝真実の意味〟が問われているといってもいい。三島の怒りを裏づける意味がこの宣言にはあるからだ。この宣言が本当は何を語っているのかは、一部の学者だけの問題ではない。広く国民の間で、折りにふれ論じられる必要があるのではないか。

この年十一月三日、日本国憲法が公布された。天皇は〝国民統合の象徴〟として国事行為にかかわるだけの存在となった。しかしその地位は必ずしも明確ではない。「人間宣言」が否定されかねない危険性は、依然としていまに至るもつづいている。

〈参考資料〉

一、『天皇と昭和史』（ねずまさし著、昭和四十九年、三一書房）

一、『天皇家の戦い』（加瀬英明著、昭和五十年、新潮社）

〔付記〕この詔書がまとめられる折りに、宮廷官僚の側には強い抵抗があったという。当時の侍従次長木下道雄の『側近日誌』（平成二年、文藝春秋）にも、木下自身の不満（天皇神権説に似た表現もいれるべきだ）が書きのこされている。

十七、過ちは繰返しませぬから――原水爆禁止運動

安らかに眠って下さい
過《あやま》ちは
繰返しませぬから

(原爆慰霊碑)

1

昭和二十七年(一九五二)八月六日、被爆七周年を記念して、広島平和市民大会が開か

れた。

四つのスローガンが掲げられていた。そのはじめに、「広島の惨劇をくりかえすな」とあり、大会宣言にも、三十万広島市民と原爆に斃《たお》れた二十八万余の霊の名において、一切の原子兵器の製造と使用の禁止を訴える内容がもりこまれていた。

この大会の冒頭に、原爆慰霊碑の除幕式が行なわれた。浜井信三《はまいしんぞう》市長が、除幕を行なったが、そこにあらわれた原爆慰霊碑に、市民は感嘆の声をあげた。

写真家の土門拳《どもんけん》は、この原爆慰霊碑の宗教的な美しさをつぎのように綴っている。「ゆるやかな放物線をえがく鞍《くら》形の穹窿《きゆうりゆう》におおわれて一個の石棺がひそと静もっている。穹窿がシルエットにかこむ空間の中央に、なまなましい被害の跡をとどめる原爆ドームが望まれる。原爆慰霊碑は、その穹窿の下に石棺とともに原爆ドームをも包みこんで、全体として一個の空間的な慰霊碑を形づくっていると見ることができる」

平和記念公園内のドーム、慰霊碑などの配置とそのおごそかな構成は、「なにか精神的感銘を与えずにはおかない宗教的な風景」と、土門はくりかえし書いている。

石棺は白花崗岩《かこうがん》でできていて、高さ七十六センチ、幅百二十四センチ、奥行二百センチ。このなかに、原爆犠牲者の名を記した過去帳が納めてある。そして、石棺の前面に、「安らかに眠って下さい　過ちは　繰返しませぬから」という碑文が、横に、三段にわたって刻まれている。

原爆慰霊碑が姿をあらわしたとき、市民の間に感嘆の声があがったのは、その宗教的ふんい気に圧倒されたからだけではない。広島市民が、誰に気がねすることなく、独自に、こうして集会をもつことができ、「二度と広島の惨劇をくり返すな」と声を大きくして叫ぶことができることに、改めて感銘にも似た満足感をもったからである。

2

戦後長きにわたって日本における原爆・被爆の報道は、占領軍のプレス・コード（「連合国軍の利益に反する批判」「連合国軍の動静は公表されぬかぎり記述や論議してはならぬ」など）を楯に、統制されていた。

毎年、八月六日には、平和祭典が開かれたが、そこでは遠慮がちに平和への祈りと慰霊法要が営まれるだけだった。人口がふえても、祭典の規模は大きくならなかった。それでも原子兵器禁止の声は市民の間でひそひそと語られつづけ、いつの日か大きく声をだして「原爆反対」を叫ぶ日を待ち受けていた。

昭和二十七年四月二十八日、サンフランシスコ講和条約が発効し、占領時代は終わった。

原爆報道のタブーは解けた。広島市民も、声を大にして「ノーモア・ヒロシマ」を叫ぶことができるようになった。

『原爆の子』（長田《おさだ》新《あらた》編）『原子雲の下より』（峠《とうげ》三吉《さんきち》編）『原爆の図』（丸木《まるき》位里《いり》、丸木俊《とし》画）『原爆第1号、ヒロシマの写真記録』（梅野彪《ひょう》、田島賢裕《すけひろ》）などが相ついで発表、出版された。このときまで、広島を扱った映画は一本もなかったが、『原爆の子』『ひろしま』が、近代映画協会、民芸によって制作された。撮影には、広島市民が積極的に協力し、労働団体はカンパで資金を援助し、原爆未亡人の団体は出演協力に快く応じた。

昭和二十七年のこういう空気が、原爆禁止を願う平和運動にも影響を与えた。浜井市長が音頭をとって発足した広島平和問題懇談会は、市内にある労働団体、学生団体、市民団体、被爆者団体の二十四団体に呼びかけて、はじめて統一集会をもつことになった。あわせて広島市議会は、原爆慰霊碑もつくり、そこには碑文を刻むこともきめた。

八月六日の広島平和市民大会は、初めての屋外集会ということもあって、平和記念館の階上にも市民が鈴なりになるほどだった。「安らかに眠って下さい　過ちは　繰返しませぬから」という碑文は、原爆禁止を願う市民の出発点としての意味をもつことになった。

3

だが当時、この碑文は、あまり評判がよくなかった。除幕式の二週間まえに、碑文が公表されたとき、期せずしてつぎのような声があがった。

「おかしいではないか。〝過ちは繰返しませぬから〟とはどういう意味か。われわれは、なにもあやまちをおかしていない。むしろ犠牲者ではないか」

被爆者のあいだで、とくにその声はつよかった。

碑文を書いたのは、当時広島大学文学部で英米現代詩を講じていた雑賀《さいか》忠義《ただよし》教授である。浜井市長の依頼を受けて書いた。碑文への疑問、批判には、浜井市長が前面に出て、諭《さと》すようにこたえつづけた。

「とくにだれの過ちと指摘せず、すべての人が人類の一員として、その責任の一端を担う表現のなかに、私は寛容と反省と謙虚につうじる固い決意を見出す。これを偏狭《へんきょう》に、広島市民や日本人だけの過ちと解釈する必要はないと思う。……また〝過ちは繰返しませぬから〟ということばのなかに、自らもくり返さないが、他の人びとにもくり返させないように努力する意味も含まれていなければならない」――。

とはいえ、碑文論争は、除幕式がすぎても終わらなかった。被爆者のなかに、意外に説得力をもったのは、つぎのことばだという。

「被爆者には屈辱的な文章だ。過ちをくり返さないというのは、トルーマン大統領であり、かつての日本軍閥の親玉東條英機でなければならん」

おそらく広島市民の全員が、原爆慰霊碑のまえに立っているだろう。広島を訪れる観光客も、ほとんどがこの碑のまえに立つ。

そしてじっくりと碑文を読む。

「繰返しませぬから……ではなく、繰返させぬから……ではないか」

怪訝につぶやく。日本人の感覚からいえば、納得できぬ……とつぶやく。つぶやきが大きくなり、慰霊碑のまえで、解釈をめぐって観光客が議論する光景を見かける。それを見つめる被爆者の心中は複雑だという……。

4

原水爆禁止運動は、昭和二十九年から急速に高まり、広がった。この年三月、第五福竜丸が、南太平洋のビキニ沖でアメリカの水爆実験の死の灰をかぶった。それが契機になって、広島、長崎の実態も、広く報道されるようになった。

また、東京・杉並の母親グループから、原水爆実験禁止の署名運動が起こり、八月八日に、原水爆禁止署名運動全国協議会が結成された。そして十月十四日には、署名者は一千万人を突破した。

昭和三十年八月六日、第一回原水爆禁止世界大会が広島で開かれた。原水爆禁止日本協議会（原水協）は、この大会のあと結成される。

以来、世界大会は毎年開かれ、各国の平和運動家が集まる。はじめのうちは政治的思惑はからまず、素朴に原水爆禁止が叫ばれた。が、昭和三十五年の第六回大会に、原水協が安保反対を唱えたため、自民党系団体がぬけ、第七回大会（三十六年）では、民社党、全労会議が参加をとりやめた。大会の基調が、ソ連、中国など社会主義国と提携し、反帝闘争に傾斜していったからだ。民社党は核兵器禁止・平和建設国民会議（核禁会議）を結成した。

第九回大会（昭和四十年）直前には、原水協が①いかなる国の原水爆実験にも反対②平和共存③原水禁運動は国民のもの——という声明（二・二一声明）を発表したにもかかわらず、共産党が「ソ連の核は戦争抑止力」という見解を打ち出したために、大会は混乱状態となった。

この年、社会党、日本労働組合総評議会（総評）が中心になって、原水爆禁止日本国民会議（原水禁）が結成され、独自の大会をひらいた。以後は、八月六日を中心に原水協、核禁会議、原水禁が、個別に世界大会をひらいてきた。

十五年近く分裂大会はつづき、昭和五十二年からふたたび統一の話しあいがはじまっている。しかし、いまなお統一組織はできないでいる。

原水爆禁止運動が混乱していくなかで、碑文は表だって注目されることはなかった。政治的論争の蔭《かげ》で忘れられていた。しかし、広島市民、被爆者のあいだには、着実に定着している。昭和四十五年に広島で「原爆慰霊碑を正す会」なる組織が活動をはじめたが、市民は同調せず自然消滅した。「広島市民の間に定着している碑文は変えない」と、ときの山田節男市長は、市議会で胸をはった。

5

私は、被爆者団体協議会（被団協）理事で、広島市原爆資料館長の高橋昭博と、なんどかこの碑のまえに立ったことがある。高橋は、中学二年、十四歳のときに被爆した。いまだに病院がよいをしている。

「産婦人科と小児科以外は、すべての科で診療を受けた」

と高橋はいい、碑文について、「崇高な理想をもったことばだ。主語がないというが、碑文のまえに立って読む人すべてが主語ではないか」とこたえる。

だが、実際に碑文のまえに立つと、高橋の感情は揺れる。己が身をさいなむ原爆への怒りが高まってくる。

「このまえに立つと、被爆者としての恨みがつのってくる。それを抑えつつも、つのってくる。だが半面で、かつて自分も軍国少年として、敵をひとりでも多く殺してやろうと思っていたことが苦く思い出される。その過ちを自覚するのは苦しかったが、碑文のまえに立つと、そういう自分の気持を反省するつもりにもなる……」

そしてつぎのことばを足した。

「もし、日本がアメリカより先に原水爆を製造していたら、日本は戦局挽回のためにアメリカより先につかっていたでしょう。当時の日本の指導者の精神構造は、それを充分うらづけている。そのとき、私たちは加害国の汚名をきたでしょう」

それ以上、彼はことばをつづけなかったが、人類の歴史上で原爆の加害国にならなくてすんだ日本の〝人柱〟といいたいのではないか……と、私には思えた。

そういえば、この碑文を書いた雑賀教授も、そして依頼した浜井市長も、かつては皇国の聖戦意識でかたまった日本人だったという。碑文の裏がわには、彼らの自省も秘められていると解することができる。

6

第二次世界大戦終結後も、大国による核兵器の開発と実験はつづいてきた。ソ連・原爆実験に成功（昭和二十四年八月）、英国・オーストラリアのモンテ・ベロ島で初の原爆実験（二十七年十月）、米・水爆実験（二十七年十一月）、ソ連・水爆実験に成功（二十八年八月）、英国・クリスマス島で第一回水爆実験（三十二年五月）、仏・サハラ砂漠で初の原爆実験（三十五年二月）、中国・最初の核爆発実験に成功（三十九年十月）、中国・初の水爆実験（四十二年六月）、仏・初の水爆実験（四十三年八月）、インド・初の核実験（四十九年五月）（『原爆三十年』）

いま（昭和四十九年）核兵器を保有している国は、世界に六カ国（米、ソ、英、仏、中、印。ほかにイスラエルという説もある）である。

広島に投下された原爆は二十キロトンだが、現在、世界の核兵器の破壊力は五万～六万メガトンだろうと推測されている。第二次世界大戦で使用された爆弾の総破壊を、毎日つづけても、二十年はやむことがないというほどの核兵器の量をもっているのである。

核戦争の恐怖が絵空事でない今日、原爆慰霊碑の碑文は、一段とまた重みをましてきている。

〈参考資料〉

一、『原爆三十年——広島県の戦後史』（昭和五十一年、編集・発行　広島県）

一、『生きているヒロシマ』（土門拳、昭和五十三年、築地書館）

一、『ヒロシマ、ひとりからの出発』（高橋昭博著、昭和五十三年、筑摩書房）

十八、私たちは五月十九日を認めない——声なき声の会

市民の皆さんいっしょに歩きましょう
五分でも百米でもいっしょに歩きましょう
格別立派な意見があるわけではないし
主張をいいたてる大きな声も持たない私たちだけれど
〝声なき声〟にも何が正しいかを見わける分別はあり
不当な政治に抗議する意志があることをいっしょに歩いて静かに示しましょう
仕事は毎日忙しいし、その上
デモに参加するなんて気はずかしいと思うけれど
今、ここで私たちがあきらめて黙ってしまっては
日本はいつまでたってもよくはならない

いつか、私たちの子供に〝あの時みんなどうしていたの〟と
きかれてもはずかしくないことだけはしておきたい
五月十九日のやり方をズルズル認めてしまわないために
国会をすぐ解散して白紙にもどしてもらいましょう
アメリカに義理だてして国民をふみにじる岸首相には辞めてもらいましょう
そしてみんなが喜んで迎えられる日が来るまで
岸首相に利用されてるアイク訪日を延期してもらいましょう
市民の皆さん勇気を出そう
いっしょに歩いて私たちの気持をあらわしましょう
誰でも加われる〝声なき声〟の行進
土曜日
日比谷公会堂前（三時）――国会――アメリカ大使館――新橋（五時頃）

〝声なき声〟の会

1

昭和二十七年（一九五二）、サンフランシスコ講和条約が発効し、日本は〝独立国家〟となった。しかし、安保条約にもとづいて国内には、広大なアメリカ軍事基地がいくつも残されたままであった。そのため、内灘《うちなだ》闘争、砂川《すながわ》闘争などの激しい基地反対闘争が展開された。こうした闘いは、原水禁運動とも結合し、六〇年アンポを頂点とする大衆行動へと、さらに大きく広がっていく。

日米安保――正しくは「日本国とアメリカ合衆国との間の安全保障条約」といい、昭和二十七年に結ばれた。一九六〇年（昭和三十五年）にその改定が行なわれ、新安保条約となる（正式には「日本国とアメリカ合衆国との間の相互協力及び安全保障条約」）。その国会審議、とりわけ衆議院採決のときの政府自民党の横暴さに国民感情が爆発し、空前の大衆運動がおこった。その安保改定反対闘争を、通称六〇年アンポという。

旧条約と改定後の新条約には、いくつかのちがいがあった。

旧条約では、日本の防衛はいっさいアメリカに委《ゆだ》ねていて、日本の国家主権はアメリカに奪いとられた状態になっていた。新条約のほうは、日本も国家としての主権を回復するかたわら、防衛についてはアメリカと〝平等〟の責任を負うこととなっていた。ところがこれにはいくつかの不透明な部分があった。たとえばアメリカ軍が攻撃を受けたときには日本の自衛隊も出動しなければならないのか否か。極東での脅威には、日本も軍事的に対応しなければならないとあるのだが、極東が具体的にはどの範囲をさすのか不明確だった。

昭和三十四年十月からはじまった国会審議で、条約の不備をつく野党側の質問に、岸信介内閣はあいまいな答弁をくり返すだけだった。政府にすれば、日本が一方的にアメリカにおんぶするよりいくらかでも前進的な条約なのだから、問題にはなるまいとタカをくっていた節さえある。細部をあいまいなままに、昭和三十五年一月十九日、岸首相はアメリカにわたり、新条約に調印した。このときアイゼンハワー大統領の六月中旬の来日もきまった。

三月から四月にかけて社会党は安保特別委員会で、バクダン質問をつづけ、国会での可決を延ばす作戦にでた。岸首相の予定では、五月十九日に衆議院通過、その一カ月後に自然成立、とのつもりだった。そうすればアイゼンハワー大統領の来日時に、批准書の交換ができる。

そして五月十九日。安保特別委員会で自民党議員が社会党議員の質問中に、突然、質疑打ち切りと条約の採決を提案し、これを可決させた。すぐに本会議が開かれ、清瀬一郎衆議院議長は警官を導入して社会党議員を排除し、たった八分間でこの条約を可決してしまった。

数を頼んでの自民党の暴力、議会政治の否定であった。岸首相はA級戦犯から首相の座についた人物であり、国民のあいだには反岸ムードが潜在化していたこともあって、この日から安保改定反対運動は、いっきに広まっていった。

安保条約に反対する意見と、議会主義を破壊した自民党への怒りと、それに岸への憎しみがくわわって、反対運動は国民のすべてに納得できるものとなった。近代日本史上でも例をみないほどの大衆行動が連日つづくことになったのである。

議会政治を無視した岸内閣を、新聞・テレビなどマスコミも批判をはじめた。岸内閣は退陣して総選挙を行なえ、という主張を執拗にくり返す新聞もふえた。

2

六月にはいって、国会周辺は連日、デモで埋まった。しかし、ここには日本の民主主義の弱さも露呈された。労働組合、団体や学生の動員によるデモは、空前の規模に達したが、どの政党にも組織にも属さない市民、婦人、老人がデモに参加しようとしてもその場がなかった。

六月四日午後。労働者、学生のデモが渦巻いている国会周辺を、ふたりの男女が横断幕をかかげてデモをはじめた。

そこにはつぎのように書かれていた。

「総選挙をやれ、U2機かえれ、誰デモはいれる声なき声の会」

U2機というのは、当時日本に配置されていたアメリカの偵察機であり、五月にソ連が、この飛行機を撃墜して操縦士を逮捕していると発表して以来、米ソの対立激化の象徴とされていた。いっぽう横断幕は学生や労働者の笑いもさそった。「声なき声の会」という名称に諷刺《ふうし》がきいていたからだ。当時〝声なき声〟というのは岸首相の愛用のことばとして流行語にさえなっていた。

岸首相は、デモに参加する人の数がふえ、自民党の暴挙に反対する声が広まるのをあざけるかのように、「私は国民の〝声なき声〟に耳を傾けている」「国会へのデモは多いというが、後楽園だってあんなに超満員ではないか」といった。

横断幕をもっていたのは、三十歳の画家小林トミと、小林の意見に同調した友人である。この横断幕が解散地の新橋につくころには、三百人ほどの列となっていた。子どもを背負った母親、予備校生、老人、恰幅《かっぷく》のいい中年紳士……だれもが怒っているのだが、それをどういうふうにあらわしていいかわからずにいる人たちだった。とにかく国会周辺に行って、様子をみようという人たちだった。小林さん自身が、勇気をふるって行なった呼びかけは、自民党の暴挙を怒っている人たちの胸に火をつけるかっこうになった。

この日から〝声なき声〟の会は、皮肉なことに岸首相の命名によって発足した。連日のように国会周辺に〝声なき声〟の横断幕が広がった。アピールの末尾に書かれたように、日比谷公会堂前に集まり、ビラをまきつづけながら、アメリカ大使館を経て国会議事堂にむかう。そのあいだに人波はふくれあがった。

怒れる人たちの長い長い行列だった。

アピールは、ただしずかに、〝五月十九日をみとめないといいつづけよう〟という主張をくり返した。

3

六〇年安保は、無力な民の側にも、権力に対するさまざまな抗議の方法があることを教えた。〝声なき声〟の会のような行動もあれば、全学連主流派のように国会突入をはかって革命への局面を切りひらこうとする激しい行動もあった。昭和三十五年六月十五日は、そのすべてが集約された日であった。安保改定阻止国民会議（幹事団体十三団体、共産党はオブザーバー）の呼びかけに応じて国会周辺に集まった労働者、市民、学生は十万人を超えていた。

ほとんどのデモ隊は、国会周辺で集会を開き、国会議事堂正面から衆参院議員面会所に回り、そこで野党の議員を激励して、新橋にもどって流れ解散をすることになっていた。

夕刻から夜にかけ、全学連主流派（共産主義者同盟＝ブントの指導を受けていた）が、なんども国会突入をはかった。そこで東大生樺《かんば》美智子《みちこ》が死亡した。学生たちは国会構内で抗議集会を開いた。それを知った大衆がまた国会にもどった。怒りの声が終夜国会をつつんだ。

十六日、アイゼンハワー大統領の訪日延期が、緊急閣議で決定された。

六月十九日の自然成立まで、国会周辺は押し寄せる人波で包囲された。十八日には、国民会議の発表した数字によると、三十三万人の人びとがかけつけた。こうした多数の人びとが国会をとりまき、十九日午前零時を待った。国会まえ広場にすわりこんだ人びとは、童謡「赤とんぼ」などをくり返し唱った。

半年にわたってつづいた安保改定反対闘争は、あっけない幕切れとなった。岸首相は国会のなかでカンヅメになってこの〝時間〟がすぎ去るのを待った。

六月二十三日、日米新安保条約の批准書交換が行なわれ、新条約は発効した。そして、その同じ日に岸首相はやっと退陣を表明した。

4

条約自然成立のあと、安保反対勢力はさまざまに解体した。全学連主流派を指導したブントはちりぢりになり、知識人のイデオローグたちは絶望感から口をつぐんだ。運動のエネルギーがはげしく、怒りが深かっただけに、またむなしさも大きかった。

自民党は岸をひっこめると、「寛容と忍耐」をスローガンにする池田勇人《はやと》首相を誕生させ、ついで所得倍増論の高度経済成長政策を進めた。あれだけもりあがった国民的熱気は徐々に拡散していったのである。

〝声なき声〟の会は、月にいちどの例会を開きつづけた。とくに政治的信条を掲げているわけではないのに、はじめのうちは例会にも、よく人が集まった。七月にはいって「声なき声のたより」の刊行がきまり、創刊号は三千部を刷った。だがその運動はしだいに小さくなった。六〇年代半ば、集まる者は片手の指で数えられるほどに減った。その間、小林トミはたったひとりで「声なき声のたより」を発行したときもあった。小林のような献身者がいたことによって、日本の市民運動はすこしずつ力をつけていった。

七〇年アンポが人の口にのぼるようになって、再度この組織は注目された。しかし、「五月十九日をゆるすな！」という素朴な志を原点にした運動は、七〇年が近づいても、もりあがる気運を欠いていた。
しかし〝声なき声〟を先鞭《せんべん》とした市民運動が、全国のいたるところにできあがり、ベトナムに平和を！市民連合（ベ平連）の運動をはじめ、消費者運動、反公害運動へとつながっていった。

〈参考資料〉

一、『1960年5月19日』（日高六郎著、昭和三十五年、岩波新書）
一、『資料・戦後二十年史(1)（政治）』（昭和四十一年、日本評論社）

〔付記〕 当時の岸首相は、晩年になっての回想録で、「国民の〝声なき声〟に耳を傾けている」とのひらきなおった発言について、「あのころは自分も若かったから」と自省の弁を洩らしている。

十九、内閣総理大臣佐藤栄作閣下——ベトナム反戦の焼身自殺

抗　議　書

内閣総理大臣佐藤栄作閣下

佐藤首相に死をもって抗議する。（中略）首相の米国行きが迫ってくるにつれて、沖縄、小笠原返還要求の声が小さくなってきた。

米国の壁が厚くてとうてい施政権の返還は望めない。できるだけ早期返還の意思表示をとりつけたら成功だとなってしまった。

はじめから拒絶を予期する交渉なんて全くのナンセンスである。

私は佐藤首相の第二回東南アジア出発の前に出した抗議書にも書いておいたが、

日本の要求事項をまず決定し、それに基づいて粘り強く交渉されることを要望した。

またベトナムの問題については、米国の北爆拡大に対する非難の声が、いまや革新陣営からだけでなく国連総会においてスウェーデン、オランダ、お隣のカナダからさえ反対意見が出ているにもかかわらず、首相はあえて南ベトナム訪問を強行したのみならず、オーストラリアにおいては北爆支持を世界に向って公言された。

毎日毎日、新聞に雑誌に表れる悲惨きわまる南北ベトナムの庶民の姿、いま米国が使用している新しい兵器の残虐さは原水爆のそれにも少しも劣らない。（略）

ベトナム民衆の困苦を救う道は、北爆を開始した米国が無条件に北爆を停止することだ。ジョンソン大統領に圧力をかける力を持っている国はアジアで日本だけである。その日本が圧力をかけるどころか北爆を支持したのに深い憤りを覚える。私は本日、公邸前で焼身、死をもって佐藤首相に抗議する。

戦争当事国のベトナム、米国人でない第三国人のわたくしが焼身自殺をするのはあるいは物笑いのタネかもしれないが真の世界平和とベトナム問題の早期解決を念願する方々がわたしの死をむだにしないことを確信する。

由比忠之進

1

昭和四十二年（一九六七）十一月十一日の午後五時五十分ごろ、永田町の首相官邸前の路上で、ひとりの老人が焼身自殺した。

由比忠之進《ゆいちゅうのしん》、七十三歳。

現場のすぐ脇に、ねずみ色のビニールかばんがあった。かばんの上にそっと置かれた大きな封筒のなかに、佐藤首相あての抗議書がはいっていた。

抗議書の内容は、とりたててめずらしいものではない。死にのぞんで吐くことばにしては、絶叫の口調はなく、落ちつきすぎるほど落ちついている。「北爆を支持する首相」に対する「深いいきどおり」は、当時の心ある人びとの共通の心情だった。

さとすような抗議書の文面とはうらはらに、彼の行動は激烈だ。その行為を抗議文とかさませれば、それははげしい諫言《かんげん》となる。それゆえ、佐藤政府に大きな衝撃を与えたのである。この報をきくなり、佐藤首相は夕食の箸《はし》をとめてしまう。

昭和四十二年二月十一日、初の建国記念日。同十七日、第二次佐藤内閣発足。四月十六日、東京都知事選に社共推薦の美濃部亮吉《みのべりようきち》当選。六月二十三日、米ソ首脳会談。六月三十日、佐藤首相韓国訪問。九月四日、南ベトナム大統領選でグエン・バン・チュウ当選。九月七日、佐藤首相、台湾訪問。九月二十日、佐藤首相、第一次東南アジア訪問。十月八日、佐藤首相、第二次東南アジア・オセアニア諸国訪問。羽田で学生と機動隊衝突、京大生山崎博昭死亡。十月十日、成田新空港の測量開始（反対派座りこむ）。十月三十一日、吉田茂元首相の国葬——。

そして十一月十二日には、日米首脳会議のために佐藤首相はアメリカへ出発する予定だった。

2

年譜で見るとおり、佐藤首相はこの年、つごう四回も東アジア、東南アジアを訪問している。これほど熱心に外遊したのはなぜか。理由は簡単だ。前年六月に、アメリカ軍は北ベトナムのハノイ、ハイフォンに初の爆撃を行なっている。それはアメリカ自身にとっても危険な賭けだった。世界での孤立を防ぐために、各国の支援、支持をかためておく必要があった。

佐藤首相は、東南アジアでのその役割をひき受けた。彼の執拗な、台湾、韓国、タイ、シンガポール訪問は、アメリカの斥候のような役目があった。むろん、日本になんらかの力（軍事力、経済力）がなければ、根回しはうまくいかない。

ところがこのころの日本は、高度成長がピークにさしかかりつつあった。経済成長率二〇％弱というスピードで伸びていた。それをみやげ（援助）に東アジア、東南アジアを固めて歩いた。日本の人心もまた日本の国際的地位向上という錯覚のなかにあったから、佐藤首相の東アジア、東南アジア訪問の真意を見ぬく目はなかったといえる。

由比の抗議書のなかに、「私は佐藤首相の第二回東南アジア出発の前に出した抗議書……」という一節がある。由比は、佐藤が第二次東南アジア歴訪にたつ二日まえの十月六日付で、「内閣総理大臣佐藤栄作閣下に呈す」抗議書を首相官邸に送っている。そこで、「アメリカの言いなりになっている日本政府」が「ベトナムの問題は当事者同志の話し合いによるのが近道だ」といっているようでは、「私は総理の常識を疑います」と諫《いさ》めた。

十一月十二日。佐藤首相は、東南アジア訪問で得た感触をもとに、ジョンソン大統領と〈日本の役割〉について協議することになっていた。日本の役割というのは、いうまでもなく、アメリカの対ベトナム戦争を巧妙に側面から援助することである。

日本の経済成長は、市場と技術をアメリカ資本に委ねていたので、ベトナム戦争への協力は高度成長の当然の代償であった。そういう危ない橋をわたりながら、日本の経済成長はつづいていたのである。多くの人びとはそれに目をつぶった。

3

たしかに「ベトナムに平和を！市民連合（ベ平連）」の運動もあった。授業料値上げ反対闘争、インターン闘争などとからんで学園内部でも、反戦運動の幅は広まっていた。すこしずつ佐藤内閣の危険性を指摘する声は強くなっていた。だが選挙のたびに、自民党の議席がふえるという現象のなかに、大衆の自己満足が証明されていたといえる。

十月六日の由比の抗議書の前半には、自身の経歴が書かれているが、その経歴が平凡すぎることにおどろく。行為に走る人間のもつ激情性といったものが、略歴のなかにひそんでいないかと思って読んでみる。なにもない。そこかしこにいる老人ではないか。紡績工場の技術者としてつつましく生きてきた平凡な庶民のそれではないか。

明治二十七年（一八九四）、北九州で生まれ、蔵前の東京高等工業学校（現東京工業大学）を卒業したのち、南満州に渡った。植民地にあって、日本人としての優越性を存分にあじわった。「……日本の膨張を謳歌《おうか》したものでした」とも書いている。

敗戦時、五十歳である。人生の大半は終わっている年齢だ。

中国で敗戦をむかえ、「日本の中国侵略の罪悪」に気づく。それが、その後の生き方の課題となった。

〈侵略〉と知ったときから、彼は贖罪《しょくざい》にも似た生き方をするようになる。恥をもって生きつづけたのである。

たぶんこの老人は、明治期に生を享《う》けた人にありがちな一徹さをもちあわせていたのだろう。それは硬骨さといっていい。本書の前半にとりあげた「他山の石」刊行者の桐生悠々をみてもいい。彼らに共通する硬骨は、すでにいまの時代には稀少価値になっている……。

抗議書のなかにその硬骨をみる。内閣総理大臣佐藤栄作閣下ということばのもつ堅苦しさ。閣下という称は、昭和二十二年五月に片山哲《かたやまてつ》内閣のときに廃止になっている。

由比老人を支えている旧時代の尊称――それを守りぬく一途な硬骨さこそ、抗議書を支える核といっていい。それゆえ佐藤首相も恐れたのだ。

4

抗議書にはすこしもにおわせていないが、由比忠之進はエスペランチストである。彼の娘蔵園正枝《くらぞのまさえ》は、父忠之進の略伝を書いているが、それによると、彼は二十代の後半にエスペラントを習ったという。特別に思想的な意味があったわけではない。しかし戦後のエスペランチストとしての彼の略歴は、日本エスペラント史の一端を担っている。

敗戦後、彼は名古屋エスペラント会を母体として熱心に活動をつづける。世界平和エスペラント運動の日本責任者であり、エスペラント誌「人民中国」の仲介者でもあった。

由比が焼身自殺したあと、佐藤内閣の側近たちは、ふたつの事実をさがし回ったという。ひとつは不治の病、たとえばガンを患っていなかったか、そしてもうひとつが特定のセクトにつながっていなかったか。いずれかの事実があきらかになれば、佐藤首相への抗議というより、厭世《えんせい》的な自殺か政治的意図を含んだ自殺にすりかえることができる。衝撃的な自殺の意味を弱めることになる。

しかし側近の努力は徒労に終わった。

むしろ由比忠之進はエスペランチストとして、どのセクトにも属さず、良心的ヒューマニスト、絶対平和の希求者でしかないことが明らかになった。そのことを政府当局も認めなければならなかった。「ベトナム民衆の困苦を救う道は、北爆を米国がまず無条件に停止するほかない」と願う庶民のひとりなのであった。

由比の遺品のなかに自殺する寸前に書いた文書がのこっている。

「死期が迫っているにしては冷静でおられると思って居たのだが、虎の門が近づくに連れ胸どきどきしだした。（中略）やっぱり死というのは大変なことだ……（人通りが多いので）夕方迄待つ事にし遂に山王《さんのう》に来た。石段に掛けて之を書いた」

〈死〉はとくに怖いものではなく、絶対平和の希求者の結語だとわりきっている面がみえてくる。またエスペラント語で、ジョンソン大統領あての抗議文も残されていた。抗議文は、あらゆる軍事基地を南ベトナムから撤去し、北爆を無条件停止して強国の誠意を示してほしいと訴え、最後に、

「世界最大の権力者であるあなた、わたしの微弱な声を聞きとどけてくださることを期待し」

と結んでいる。

この抗議文は、アメリカのエスペランチストの集会でも、披露《ひろう》された。

5

遺書によると、由比は四月から自殺を覚悟していたという。そのためにひとつずつ仕事をかたづけていった。

彼は、広島市編集の原爆体験記とベトナム問題の記事のエスペラント訳を行ない、それがすみしだい自殺することに決めていた。ほぼ仕事が終わっていたが、佐藤首相の訪米の前日に、「最早《もは》や猶予出来なくなった」（遺書）として決行した。

由比の抗議に対して、木村俊夫官房長官は、首相の訪米の目的は沖縄と小笠原問題の解決を主にしているのであり、ベトナム問題にはわが国独自の立場から話しあうとの声明を発表した。

佐藤と由比、明治期に生まれ、大正期に育った首相と庶民、片や〝ノーベル賞〟を受け大往生し、片や自らの怒りが世界に広がるよう願って焼身自殺をとげた。

どちらが〈その時代を担った〉歴史的人物というべきだろうか。

〈**参考資料**〉

一、『反体制エスペラント運動史』（大島義夫、宮本正男共著、昭和四十九年、三省堂）

一、『明日への葬列――60年代反権力闘争に斃れた10人の遺志――』（高橋和巳編、昭和四十五年、合同出版）

二十、「明日のジョー」の悲しき証明——よど号事件

出発宣言

（1）

全ての日本プロレタリア、人民諸君、同志諸君！

そして全ての革命的世界プロレタリア、人民諸君！

我々は、今、日本を出発せんとしている。ハイ・ジャックで……

60年代後半、確実に、万国プロレタリア、人民の決死の闘いが、世界革命の時代、世界革命戦争の時代を告げてきた。

この時代、万国プロレタリア、人民の力によって、国籍、国境はとってはらわれるべきである。国境、民族を乗り越え、万国プロレタリア、人民が団結してこそ、

帝国主義、ブルジョアジーを、この地球上から一掃しうる。だが国境、民族を越えた、万国プロレタリアの団結は、帝国主義、ブルジョアジーとの血の闘いを経ることなしにはありえない。

そして又、全てのプロレタリア、人民は知っている。過去、幾度か、「国際主義」「万国のプロレタリア団結せよ」の旗の前に決起せんとしたことか。そして、その度に、如何《いか》に多くの「共産主義者」達が、その名の下に、プロレタリア、人民を裏切ってきたかを……

今、世界革命、世界革命戦争の時代である。この時代を領導しようとする我々は、まず、我々自らを、この時代にふさわしい主体に転化し昂《たか》め上げなければならない。我々はかたく信じる。我々が、言葉だけでなく、現実的に、徹底した「国際主義者」になりきった時にのみ、プロレタリア、人民の心を固く握るだろうと。

ハイ・ジャックは、その出発点である。我々は、意識的に自ら国籍を捨て、国境を強行的に、突破することから、それを開始せんとしているのである。

(2)～(7)までは略

(8)

それ故蜂起《ほうき》の軍隊は、中枢権力の一挙的解体と機動隊の武装解除をなしうる力量をもたねばならない。権力に全く見えない所で組織だって活動できる能力をもつことであり、あらゆる武器を使いこなせる能力をもつことである。この様な訓練をつんだ軍を建設しなければならない。

我々の大部分は、北朝鮮に行くことによって、それ自身を根拠地国家化する様に最大限の努力を傾注すると同時に、現地で訓練を受け、優秀な軍人になって、如何なる困難があろうとも、日本海を渡って帰日し、前段階武装蜂起の先頭に立つであろう。

我々の大部分は、北朝鮮に断乎《だんこ》、渡るのである。そして断乎として帰ってくるのである。如何に国境の壁が厚かろうとも……

だが、同時に、日本の同志諸君！

逆に、日本に於ける、あるいは各国に於ける前段階武装蜂起が貫徹されない限り、世界革命戦争の対峙《たいじ》下に突入しないのであり、それ故、帝国主義の包囲下にある「労働者国家」が文字通りの根拠地化されるはずもないのであり、故に、我々の帰ってくることを期待し、乃至《ないし》は、それを待つことを理由に、前段階武装蜂起の時期を遅らしてはいけない。

それはただ、軍事的に劣勢な中で開始されなければならないということだけである。

断乎として、日本の同志は前段階武装蜂起を貫徹せよ！

我々が帰ってきて、前段階武装蜂起がなしえる時には、その軍事的技術の優位性に於て、その蜂起の軍の世界性に於て、有利な、前段階蜂起—世界革命戦争が有利な地点から、開始されるだろう。

再度、強調する。我々の大部分（世界党建設のために残る同志を除外して）は、帰ってくることに、全精力を集中するだろうと。

(9)

我々は、明日、羽田を発《た》たんとしている。我々は、かつて、如何なる闘争の前に於ても、これほどまでに、自信と勇気と確信が、内から湧《わ》きあがってきたことを知らない。

我々は、この歴史的任務を遂行しうることを誇りに思う。我々は、日本の諸同志に、心から感謝する。この歴史的任務を我々に与えてくれたことを。我々は、我々の与えられたこの歴史的任務を最後まで貫徹するだろう。

日本の同志諸君、プロレタリア人民諸君！

全ての政治犯を奪還せよ！

前段階武装蜂起を貫徹せよ！
前段階武装蜂起⇅世界革命戦争万歳！
共産同赤軍派⇅万歳！
そして、最後に確認しよう。
我々は〝明日のジョー〟であると。

3/30　10じ半

田宮高麿
以下8名

1

宣言の末尾にでてくる「明日のジョー」というのは、昭和四十五年（一九七〇）当時、「少年マガジン」に連載されていた劇画の題名（正確には「あしたのジョー」）である。学生をはじめ劇画ファンに愛読されていたものだ。

ストーリーは貧しい階層出身のボクサーが、試練を経ながら成長していくというありふれた展開である。しかし主人公ジョーの、チャンピオンになんども挑戦するプロセスは、全共闘世代に拍手をもってむかえられた。当時の彼らの行動原理と似ていたからだ。

ジョーはリング上で、髪の毛が白くなり、肉体が一個の物体に化したかのように〝燃えつきていく〟。なにやら不鮮明な終わり方をするのだが、そこがまた人気を得た原因だともいう。

「よど号」乗っ取りの赤軍派幹部田宮高麿《たみやたかまろ》は、このジョーの姿に自らと八人の仲間を擬している。まるで田宮は、革命が成ったとき、自らは一個の物質と化して燃えつきていく、そういう運命にあるのだと覚悟しているように見える。これまで日本の革命運動に命を投げだそうとする者の宣言や檄文は、大体が、どれも悲壮で悲しみや怒りがもえたぎっており、ときにそれが抑えがたく噴出している。田宮の宣言のように、その時代のサブカルチュアを引用したものを見たことはない。そしてこの宣言のリズミカルさはどうしたのだろうか。

2

昭和四十五年三月三十一日。羽田発福岡行きの日航機「よど号」（乗務員七人、田宮ら犯人を含めた乗客百三十一人）が、富士山上空にさしかかった午前七時三十分ごろ、前方にいた六人の男がいっせいに立ちあがった。

左手にモデルガン、右手に日本刀をもっていた。手なれた様子で操縦室に入る者、スチュワーデス（編集部注・当時の呼称、現在の客室乗務員、日本ではＣＡなど）を脅かす者、乗客をなだめる者に分かれた。腰に登山ナイフとパイプ爆弾で武装しているひとりが、

「おれたちは爆弾をもっている。死ぬつもりだ」

と威嚇《いかく》する。そのあとは、彼らがつくりあげた脚本どおりに進んだ。

機内の制圧者たちは、石田真二機長に、「北朝鮮のピョンヤンまで行け」と命じた。そのあとで、乗客にむかって演説をくり返し、ときに冗談までまじえて、手品師のように乗客の心理をなだめていった。

演説をくり返したのは、田宮高麿であった。彼の演説は、出発宣言の反復であったが、それに疲れると、乗客に宣誓するかのように、

「世界のプロレタリアートのために最後までがんばりたい。みなさんには迷惑をかけたが、それも日本を愛するゆえの行動と理解してほしい。……われわれは、北朝鮮を足場にして北ベトナム、キューバにも足を伸ばし、世界平和のために闘う」

と叫んだ。その口調は、一語の切れ目をひきのばす、あの学生運動特有のものだったが、表情はやわらかかったと、のちに解放された乗客が証言している。

「よど号」は、田宮の指示で福岡空港で給油したが、このとき、病人や婦人、老人、子ども二十三人を釈放した。そのあと北朝鮮にむかって午後一時五十九分、福岡空港を離陸した。しかし、日本政府は韓国政府と連絡をとり、金浦《キンポ》空港をピョンヤン空港に擬装することにした。日本政府にも韓国政府にも、政治的な計算が働いていて、とにかく北朝鮮に送りこみたくはなかったのだ。

しかし、擬装は、田宮によって見破られた。それから三昼夜、金山政英駐韓大使、橋本登美三郎《とみさぶろう》運輸相が、金浦空港の管制塔から田宮にむかって、北朝鮮行きを思いとどまるよう説得したが、田宮は終始ピョンヤンに行けとくり返した。かけひきは終わり、乗客とスチュワーデスを降ろして、運輸政務次官の山村新治郎が身がわりになり、四月三日午後六時四分、「よど号」はピョンヤンにむかった。

3

戦後の全学連を中心とする学生運動は、日本共産党の指導下にあった。

しかし、共産党が、それまでの極左冒険主義を自己批判した六全協（日本共産党第六回協議会、昭和三十年）をめぐって、全学連の内部に亀裂が生じた。

昭和三十三年、共産党の指導に反撥《はんぱつ》するグループが、党を除名され、共産主義者同盟（ブント）を結成した。また、社会主義学生同盟（社学同）が、トロツキズムに基づいた運動をすすめるようになる。さらに、革命的共産主義者同盟（革共同）の指導をうけた学生グループも活動をつづけていた。

昭和三十五年の安保闘争の総括をめぐって、反日共系の学生組織はいくつものセクトに分かれていく。昭和四十四年の東大安田講堂攻防を頂点とする学生運動の組織は四分五裂となった。こういう潮流のなかで田宮の属する共産主義者同盟赤軍派が、ブントの一セクトとして誕生する。

昭和四十四年九月三日、共産主義者同盟赤軍派軍事革命委員会名で、「戦争宣言」を発表し、軍団を組織して赤軍に結集せよ、全人民の武装を切り拓き、世界赤軍へ発展させよと軍事行動への檄をとばした。

赤軍派を指導したのが、議長塩見《しおみ》孝也《たかや》（元京大生）、軍事委員長田宮高麿（元大阪市立大生）である。

ふたりは、赤軍派の武力闘争がつぎつぎと失敗するのに焦り、ハイジャックで国外にわたり、国際根拠地をつくるとともに世界革命の軍隊組織を編成しようと考える。その計画を進めている折りに、塩見は、東京の田端にあるアジトで逮捕されてしまった。これが昭和四十五年三月十五日のことである。

塩見が逮捕されたあと、田宮がどのようにして北朝鮮行きを進めていったのかははっきりしていない。しかし、とにかくひとたび目標を設定すると、どんなことでもやりぬくというのが赤軍派の戦略であり、田宮の性格であったのだろう。八人のハイジャッカーが集められ、乗っとり作戦を「フェニックス作戦」と名づけて、ひそかに執拗に訓練をつづけた。

各人の分担がきまり、計画遂行の自信がわいてから、三月三十一日という決行日をきめた。

冒頭の出発宣言は、決行日の前夜、田宮が書き、投函《とうかん》されたと推定される。「赤軍」特別号の六月十日号（ハイジャック特集号）に収録された。

六千字に及ぶ長文のなかで訴えている要点は、〈一国社会主義革命の時代は去り、世界革命の時代にはいった。いまや世界革命を統率する司令部とその根拠地をつくらねばならない〉というところにある。

また「世界的闘いの後を今見る時、ヴェトナム、ラオス、カンボジアにおいて、中近東において、全て拡大、前進への道を歩んでいる」と世界情勢を分析している。

もっとも、いま昭和五十五年の段階で、事態は田宮のいう方向には進んでいない。ベトナム、ラオス、カンボジア、中近東が、「全て拡大、前進」しているとはいいがたい。

田宮ら九人が、北朝鮮にいってから十年の歳月が流れた。ときおり訪朝団をつうじてはいる情報では、彼らは学習に余念がないという。そしていま、「明日のジョー」たちは「自らの思想がまちがっていた」と告白しているそうである。とするなら、彼らはみごとに現実によって復讐されているのではないだろうか。なるほど、彼らは「明日のジョー」だったかもしれない。チャンピオンのまえでジョーが燃えつきたように、九人のジョーも燃えつきたといっていい。

このハイジャックの二年後の昭和四十七年、連合赤軍浅間山荘事件がおこり、大量リンチ事件が発覚した。また、海外で活動をつづける日本赤軍というグループが誕生している。彼らのイデーは、無限に現実とかかわりをもとうとしているかのようにみえる。しかしそれはつねに不毛の土壌で消えていくアダ花のように思われる。

〈参考資料〉

一、『「赤軍」ドキュメント——戦闘の向示録』（査証編集委員会編、昭和五十年、新泉社）

〔付記〕北朝鮮にわたった赤軍派のメンバーは、現在（平成十五年＝二〇〇三）のところ、北朝鮮の政治戦略に利用されているというのが正直な姿である。日本人拉致《らち》問題を見ても、彼らの歴史的責任は重いというべきである。

二十一、もののふの魂はどこへ行ったのだ——三島事件

檄　楯の会隊長　三島由紀夫

われわれ楯の会は自衛隊によつて育てられ、いはば自衛隊はわれわれの父でもあり、兄でもある。その恩義に報《むく》いるに、このやうな忘恩的行為に出たのは何故であるか。かへりみれば、私は四年、学生は三年、隊内で準自衛官としての待遇を受け、一片の打算もない教育を受け、又われわれも心から自衛隊を愛し、もはや隊の柵外の日本にはない「真の日本」をここに夢み、ここでこそ終戦後つひに知らなかつた男の涙を知つた。ここで流したわれわれの汗は純一であり、憂国の精神を相共にする同志として共に富士の原野を馳駆《ちく》した。このことには一点の疑ひもない。（中略）

われわれは戦後の日本が経済的繁栄にうつつを抜かし、国の大本を忘れ、国民精

神を失ひ、本を正さずして末に走り、その場しのぎと偽善に陥り、自ら魂の空白状態へ落ち込んでゆくのを見た。政治は矛盾の糊塗《こと》、自己の保身、権力慾、偽善にのみ捧げられ、国家百年の大計は外国に委《ゆだ》ね、敗戦の汚辱は払拭《ふっしょく》されずにただごまかされ、日本人自ら日本の歴史と伝統を瀆《けが》してゆくのを歯嚙みをしながら見てゐなければならなかつた。われわれは今や自衛隊にのみ、真の日本、真の日本人、真の武士《もののふ》の魂が残されてゐるのを夢みた。しかも法理論的には自衛隊は違憲であることは明白であり、国の根本問題である防衛が、御都合主義の法的解釈によつてごまかされ、軍の名を用ひない軍として、日本人の魂の腐敗、道義の頽廃の根本原因をなして来てゐるのを見た。もつとも名誉を重んずべき軍が、もつとも悪質の欺瞞《ぎまん》の下に放置されて来たのである。自衛隊は敗戦後の国家の不名誉な十字架を負ひつづけて来た。自衛隊は国軍たりえず、建軍の本義を与へられず、警察の物理的に巨大なものとしての地位しか与へられず、その忠誠の対象も明確にされなかつた。

われわれは戦後のあまりに永い日本の眠りに憤つた。自衛隊が目ざめる時こそ日本が目ざめる時だと信じた。自衛隊が自ら目ざめることなしに、この眠れる日本が目ざめることはないのを信じた。憲法改正によつて、自衛隊が建軍の本義に立ち、真の国軍となる日のために、国民として微力の限りを尽すこと以上に大いなる責務はない、と信じた。
四年前、私はひとり志を抱いて自衛隊に入り、その翌年には楯の会を結成した。楯の会の根本理念はひとへに自衛隊が目ざめる時、自衛隊を国軍、名誉ある国軍とするために命を捨てようといふ決心にあつた。憲法改正がもはや議会制度下ではむづかしければ、治安出動こそその唯一の好機であり、われわれは治安出動の前衛となつて命を捨て、国軍の礎石たらんとした。国体を守るのは軍隊であり、政体を守るのは警察である。政体を警察力を以て守りきれない段階に来てはじめて軍隊の出動によつて国体が明らかになり、軍は建軍の本義を回復するであらう。日本の軍隊の建軍の本義とは「天皇を中心とする日本の歴史・文化・伝統を守る」ことにしか存在しないのである。国のねじ曲つた大本を正すといふ使命のため、われわれは少数乍《なが》ら訓練を受け、挺身しようとしてゐたのである。（中略）
政府は政体維持のためには、何ら憲法と抵触しない警察力だけで乗り切る自信を得、国の根本問題に対して頰《ほ》つかぶりをつづける自信を得た。これで左派勢力には憲法護持の飴玉をしやぶらせつづけ、名を捨てて実をとる方策を固め、自ら、護憲を標榜《ひようぼう》することの利点を得たのである。名を捨てて実をとる！　政治家にとつてはそれでよからう。しかし自衛隊にとつては致命傷であることに政治家は気づかない筈《はず》はない。そこでふたたび、前にもまさる偽善と隠蔽《いんぺい》、うれしがらせとごまかしがはじまつた。

銘記せよ！　実はこの昭和四十五年（注・四十四年の誤りか）十月二十一日といふ日は、自衛隊にとつては悲劇の日だつた。創立以来二十年に亘《わた》つて憲法改正を待ちこがれてきた自衛隊にとつて、決定的にその希望が裏切られ、憲法改正は政治的プログラムから除外され、相共に議会主義政党を主張する自民党と共産党が非議会主義的方法の可能性を晴れ晴れと払拭した日だつた。論理的に正に、この日を境にして、それまで憲法の私生児であつた自衛隊は「護憲の軍隊」として認知されたのである。これ以上のパラドックスがあらうか。

われわれはこの日以後の自衛隊に一刻一刻注視した。われわれが夢みてゐたやうに、もし自衛隊に武士の魂が残つてゐるならば、どうしてこの事態を黙視しえよう。自らを否定するものを守るとは、何たる論理的矛盾であらう。男であれば男の矜《ほこ》りがどうしてこれを容認しえよう。我慢に我慢を重ねても、守るべき最後の一線をこえれば、決然起ち上るのが男であり武士である。われわれはひたすら耳をすました。しかし自衛隊のどこからも「自らを否定する憲法を守れ」といふ屈辱的な命令に対する男子の声はきこえてはこなかつた。かくなる上は、自らの力を自覚して、国の

論理の歪みを正すほかに道はないことがわかつてゐるのに、自衛隊は声を奪はれたカナリヤのやうに黙つたままだつた。（中略）

沖縄返還とは何か？　本土の防衛責任とは何か？　アメリカは真の日本の自主的軍隊が日本の国土を守ることを喜ばないのは自明である。あと二年の内に自主性を回復せねば、左派のいふ如く、自衛隊は永遠にアメリカの傭兵《ようへい》として終るであらう。

われわれは四年待つた。最後の一年は熱烈に待つた。もう待てぬ。自ら冒瀆《ぼうとく》する者を待つわけには行かぬ。しかしあと三十分、最後の三十分待たう。共に起つて義のために共に死ぬのだ。日本を日本の真姿に戻してそこで死ぬのだ。生命尊重のみで、魂は死んでもよいのか。生命以上の価値なくして何の軍隊だ。今こそわれわれは生命尊重以上の価値の所在を諸君の目に見せてやる。

それは自由でも民主主義でもない。日本だ。われわれの愛する歴史と伝統の国、日本だ。これを骨抜きにしてしまつた憲法に体をぶつけて死ぬ奴はゐないのか。もしゐれば、今からでも共に起ち、共に死なう。われわれは至純の魂を持つ諸君が、一個の男子、真の武士として蘇へることを熱望するあまり、この挙に出たのである。

1

三島由紀夫の檄文を評して、「小説家としての三島の文章もアジテーションとなると通俗的で平凡である。例の文語体系のものだが、高踏的な調子は落ち、安っぽい語い（彙）が目につく……」と、朝日新聞紙上に書いたのは、作家の松本清張である。

さらに松本は三島の檄文を、二・二六事件の青年将校の蹶起趣意書とオーバーラップさせる。

「国の大本を忘れ、国民精神を失ひ……政治は矛盾の糊塗、自己の保身、権力欲、偽善にのみ捧げられ、国家百年の大計は外国に委《ゆだ》ね」は、「元老重臣軍閥財閥官僚政党等は……些《いささ》かも懺悔《ざんげ》反省なく、然《しか》も依然として私権自慾に居つて苟且偸安《こうしょとうあん》を事とせり。……内外真に重大危急……外侮、外患」に似ているというのだ。

「『自衛隊が目ざめる時こそ日本が目ざめる時だと信じた』（檄）の内容は説明されていないが、この自覚は『軍による国内改革』を目ざしていた青年将校らの意図や計画に通じる。……『檄』には『愛する歴史と伝統の国日本』とか『武士』とかいう言葉が美しい抽象性のままに（三島の美学）出てくるが、青年将校らの蹶起趣意書その他の文章も同様な抽象性の字句であり、しかも檄よりはもっと三島好みの荘重さがあったのである」

松本はこう断じたあと、結論として、「一番大きな違いは、三島の行動がつくりごとだったことであり、それが檄の文章の軽さにあらわれている」という。松本にかかっては、三島の檄は脈絡のない字句が、二・二六決起将校の趣意書の構造を真似《まね》てできあがっているにすぎないとなる。

こういう見解は、たしかに多くの作家、評論家によって指摘されもした。政治性の志向のつよい作家ほど、この檄の文脈にひそんでいる〝昭和前史の亡霊〟に批判を集中したのである。彼らの指摘はあるていどあたっているのかもしれない。

この檄をなんど読んでも、意味があいまいであり、つまり本音では、三島が何をいわんとしたのかが浮かんでこない。全文三千字に及ぶ長文のなかで、彼が真に訴えたかったものがはっきりとしたかたちをとってこないのである。

むろん字句そのものの訴えはわかる。自らの存在を否定する憲法を、諾々《だくだく》と死守しつつ、何ひとつ行動を起こそうとしない自衛隊員。そこには武士《もののふ》の魂のひとかけらすらなく、誇りを失い、屈辱に甘んじている情けない集団の構成員におちこんでいる姿がある。「われわれは四年待つた。最後の一年は熱烈に待つた。もう待てぬ。自ら冒瀆する者を待つわけには行かぬ。しかしあと三十分、最後の三十分待たう。共に起つて義のために共に死ぬのだ」――というところに彼の願いはあるといえる。
しかしだからといってそれがすべてではあるまい。彼は意図し、行動し、そして現実社会から去っていった。それなのに、檄文は彼の意図の深層にあるものをうかがわせない。檄文は、むしろ目つぶしのようなものと思えるほど平板である。

2

昭和四十五年(一九七〇)十一月二十五日。この日の午前十時四十五分ごろ、三島由紀夫は、東京市谷の陸上自衛隊東部方面総監部に正門からはいり、益田《ました》兼利《かねとし》総監に面会をもとめた。制服姿の四人の「楯の会」会員をつれていた。なんどか面談しているので、容易に部屋へ通された。総監室でしばらく日本刀の話をしていたが、いきなりもってきた刀をぬき、要求書をわたし、会員が総監をはがいじめにして椅子にしばりつけた。はじめ益田総監は、軽い冗談だと思っていた。

しかし三島は隊員を集めるようにいい、これは本気だとにおわせた。そこから〝事件〟となった。総監を人質にとられた自衛隊では、要求どおり、千人の隊員を総監室のまえの広場に集めた。三島は、日の丸のハチマキをしめ、楯の会の制服であるカーキ色の姿でバルコニーに立つ。タレ幕を垂らし、そこから檄文もまいた。

三島は演説をはじめた。しかし、そのかん高い声がなにをいっているのか、隊員たちにはきこえなかった。総監が人質になっている、作家の三島が不法行為を働いている、そういう噂を断片的に耳にいれている隊員たちは、三島にむかって罵声《ばせい》をあびせた。

「いいかげんにしろ」「英雄きどりはやめろ」という野次。それに嘲笑《ちょうしょう》。なかには懸命に耳をかたむける者もいたが、その数は多くはなかった。

「再軍備すべき憲法改正がいまや国民に忘れられてしまった。おまえらはそれをどうも思わないのか。……われわれは待った。四年待った。もう待ちきれない。われわれと起ちあがってくれ」

三島はこのことばをなんども叫んだ。「おまえたちは武士か。それでも武士なのか」ともいった。隊員には、それが何を意味しているかわからなかった。

激し、鎮まり、声をふるわせ、三島の一方的な演説は十分ほどつづいた。

ここで三島はすべてをあきらめた。いやはじめの考えどおりバルコニーから姿を消した。あとは彼自身が考えていたプログラムを実行することだった。政治的計算を煮つめたうえで、自衛隊クーデターの起爆剤になろうとするならば、もっと具体的な対応を考えたろうが、彼にはそういう計算がなかった。だから直線的に、「武士」としての自己完結に行きついた。

その自己完結もまた彼のプライドを充足させる方法であった。

彼は益田総監と四人の会員の目の前で、制服のボタンをはずしてから、短刀で真一文字に腹を切った。そのあとから会員のひとり森田必勝《もりたひつしょう》（元早大生）が介錯《かいしゃく》した。かねて打ちあわせてあったとおりの儀式だった。ついで森田も割腹した。

のこった三人の会員は、ふたりの首を床にならべ、それに制服をかけた。それから総監のナワをほどき、部屋を出ていき、外にいた警察官に逮捕された。

ことが起きてからこのときまでわずか五十分、初冬の〈ドラマ〉であった。

3

三島は、出身階層（高級官吏の子弟）と出身校（学習院、東大）、出身職（大蔵省高級官僚のタマゴ）のいずれをとっても、庶民の心理を理解できにくい立場にいた。実際、三島の周辺から庶民的空気をかぎとろうにも寸分もその徴候はない。

彼の文学作品は、どれをとっても、人間の美的感覚を追求し、伝統と歴史の良質の部分に羨望《せんぼう》を感じ、それを継承しようとする香りをただよわせている。随筆、評論は、きわめて男性的な世界の礼讃に満ちている。それが青年の社会的欲求不満の核にピタリと符節が合う。

青年はたけだけしくなければならぬ。虚飾を捨てておのれの存在が確認できる対象に真《しん》摯《し》に立ちむかわねばならぬ。行動はすべからく意志の結果であらねばならぬ。しかしそういうごくあたりまえのことが、実際には、社会の制約とか意思の強弱によって制御されがちである。だがそれは怠惰であり、ひとえに個人のポテンシャルの問題だと、彼はいうのである。

「楯の会」は、彼の意志を具体化した集団であった。彼はまるで軍の最高司令官でもあるかのように、このミニチュア軍隊を閲兵する。「楯」というのは〈醜《しこ》の御《み》楯《たて》〉からとったものである。制服もいかにも軍隊のそれであるかのように見えるし、その整列行進も軍隊式だった。隊員は九十五人。早大、東大、一橋大、慶大、日大、国学院などの学生だった。

楯の会のイデーは三つあった。反共、天皇制支持、暴力是認、である。反共とは、共産主義はわれわれの伝統と文化、歴史とあいいれないためであるとする。天皇制支持は、反共と表裏の関係にあり、天皇は日本人の歴史的、文化的連綿性と民族的同一性の象徴であると考えるゆえだ。

暴力是認というのは、三島のいう「武士」像を追ってくればあたりまえのことである。

暴力否定こそ、戦後民主主義の弱さのあらわれであり、それこそ日本共産党の術策におちいる詭弁《きべん》だという。秩序の無条件の尊重に絶対反対を主張する。ここには、〈左翼〉と対決するのに力の時代にはいったという認識がある。武器で対決するときにそなえ、それに習熟しておく必要があるといい、自衛隊への体験入隊一ヵ月以上を入会の条件としていたのも、このことを物語る。

しかし、三島が、三つのイデーを教条的に追求していたと考えるのはまちがいだ。彼は小世界の君臨者たることによって、抽象と具象の有機的結合をはかろうと模索しつづけた。死後七、八年経ってから、自衛隊時代に三島と交遊のあった幕僚のひとりが、三島はひそかに山谷にもぐりこむなど市民のなかにはいって情報収集に努め、その動向をさぐっていたと告白している。三島は小世界を無限に拡大することで、理念と現実の融合をはかろうとしていたのだ。山谷にもぐるという、一見突拍子もない行動の裏に、彼の小世界を飛翔させるための手がかりをすこしずつ固めようとしていた事実があった。しかし、庶民感覚をまったく欠いていた三島に何ができるというのか――という反問は当然起こる。

いっさいの手段がその手がかりにならぬと知ったとき、彼は、自らの死がその最終の決め手となると考えたのだ。それはまさに命をはっての……試練である。

檄のなかで、「日本を日本の真姿に戻してそこで死ぬのだ。生命尊重のみで、魂は死んでもよいのか」という。いまこそ生命以上の大切なものを見せてやる、といい、「それは自由でも民主主義でもない、日本だ」という。「憲法に体をぶつけて死ぬ奴はゐないのか」ともいっている。自らの死と、それを追ってくる自衛隊員の絶望的な死とが、〈真実の日本〉という理念と〈日本〉という現実の融合を生むきっかけになるというのである。

4

五・一五事件でふれた農本主義者橘孝三郎は、決行直前に、つぎのような「檄」を書いている。

「生命ニ価《あたい》スルモノハ唯《ただ》生命ヲ以テノミスベシ。日本愛国革新者ヨ、日本愛国革新ノ大道ノ為ニ死ヲ以テ、唯死ヲ以テ立テ」

〈生命ニ価スルモノ〉とは、天皇をもつ日本、天皇の赤子としての万民平等の日本をさしている。それを命をもって守れというのが橘の主張である。

三島の訴えは、橘のそれにきわめてよく似ている。ふたりのあいだには、歴史的時間のちがいもあり、性格や思想のちがいももちろんある。しかしただひとつの共通点が見いだせる。それは、行為は精神の軌跡だという主張である。橘はベルグソンを、三島は陽明学を借りて、しきりにそれを説いた。行動こそが男の真理だと……。

三島の作品『英霊の声』は、二・二六事件の刑死者磯部浅一をモデルにしたものだ。「天皇さま、お恨み申し上げます」という磯部は、三島を魅きつけてやまないのだ。

だが磯部は、二・二六事件のもうひとつの側面を見なかった。陸軍を中心とする指導者は、彼らの行為を断罪しつつ、そのエネルギーを着実に政治力学のなかに組みこんだ。決起した青年将校の怒りを巧妙に陸軍の外部に向け、それを恫喝《どうかつ》の武器にして、自らの思いの方向に政治を動かしていった。青年将校たちは、指導者たちのワナに二重三重にはまったのである。しいていえば、青年将校に与えられたのは、〝行動の美学〟といわれる政治の領域以外での抽象概念であった。

三島は、自らの主張と死が政治的にどのように汲みとられるかを知っていた。いや充分計算していた。そこが磯部とちがう。そして現実は、三島の願っている方向に、弛緩《しかん》状態をつづけながらすこしずつ歩いているのである……。この十年間はそういう気持がしてくる。

〈参考資料〉

一、『松本清張社会評論集』（昭和五十一年、新日本出版社）

一、『三島由紀夫と楯の会事件』（保阪正康著、平成十三年、角川文庫）

二十二、いまさみしくってしようがない——少年の自殺

拝啓
おれは今《いま》、レコードをききながら泣いている。これからはどうやって生きていいかわからない。

ただいろんなことを考えているだけだ。

おれなんか、死んだ方がいいのかな。

死んで天国に行きたい。

田舎に帰りたかった。

いまさみしくってしようがない。

1

十六歳の少年、江尻富美雄（仮名）は、キャンディーズのLPの上に、この遺書をのこして逝った。昭和五十三年（一九七八）三月十六日正午すぎ、江尻少年の死体は都営地下鉄工事現場のコンクリート製水槽（高さ三・七メートル、幅七・三メートル、奥行九・五メートル）の水底で発見された。場所は東京都千代田区九段一の一、いわば東京の中心地である。この自殺を報じた読売新聞は、「さびしい、田舎に帰りたい——少年作業員　工事現場で自殺」と社会面の一部をさいた。

しかしほとんどの新聞は黙殺した。なぜだろうか。

なにしろこの日は、もうひとつ女子高校生の自殺があった。大学の進路を文科にするか、理科にするか悩み、あげくのはてに日赤医療センター敷地内宿舎屋上からとびおり自殺をはかったのである。こちらのほうが、たしかに人びとの関心を集める。おりしも教育過熱の時代ではないか。

少年作業員の工事現場での自殺は、女子高校生よりはるかにニュース価値が低いということだろう。とにかくこの少年の死は、都会人の関心をさそうにはあまりにも条件が悪かった。

2

私はこの新聞記事が気になった。新聞記事のなかに、江尻少年が自殺したのは、「寂しいので泣いている。彼女もできない。いなかに帰りたい」などの走り書きがあり……という一節にも関心を持ったが、それより江東区のアパートの一室に住み、そこに遺書が置かれていたというのを知ったからだった。

そのころ私は、ある老人の生き方を追いかけて、江東区のアパートを訪ねては取材していた。貧相なアパートであった。ドアをあけると四畳半の部屋のまんなかにコタツがあり、あとはピンク・レディーや西城秀樹らのポスターが壁にはってあった。それが不自然であった。孫のような歌手たちの笑いのなかで、老人はテレビを見ては、一日をすごしていた。江尻少年の自殺を新聞記事で読んで、私は陽当たりの悪い部屋でテレビにかじりついている老人を思った。もし少年であれば、あんな環境には耐えられぬだろうと思った。江尻少年が作業現場に寝泊まりしていたのなら、私の関心をひかなかった。しかし江東区の陽のあたらないアパートの一室で、「寂しいので泣いている」少年の像は、あまりにもむごい感がする。

昭和五十四年四月、サンケイ新聞は、少年の自殺をとりあげた。たまたまこの企画のなかで、江尻少年がとりあげられた。そこで私は、彼がのこしていた冒頭の遺書の詳しい内容を知った。中学生時代の同級生に宛《あ》てたものという。

「おれは今、レコードをききながら泣いている。これからはどうやって生きていいかわからない」

この一節は、大仰《おおぎょう》にいうなら、深遠をつくことばである。レコードをきいているうちに、己れのいまがなんとも空《むな》しくなるというのは、しばしばあることだ。そんな経験はだれにでもある。しかしだれもがそれに耐えている。そういう経験をとおして、私たちは成長していく……。

十六歳の少年が、なぜ死んでいかなければならなかったのかを追いかけていくと、そこにはこの時代がかかえているあらゆる問題がひそんでいることに気づく……。この少年は時代に押しつぶされた犠牲者だということがわかってくる——。

まだ世の中のことを寸分も理解しないでいる少年が、地下鉄工事の現場で自死するのは、この社会がかかえている矛盾をひとりでかかえていった姿ともいえる。大変失礼な推測をする。もし彼が犯罪者に転じて、そのことにより〝社会的発言〟を得るようになったら、たちまちのうちに〝守る会〟なるものが、その発言を武器にするだろう。実際にそういう例があるではないか。

しかしひたすら「レコードをきいて泣いている」少年には、だれもふりむいてはくれない。そこにまたこの社会の二重の残酷さがある……と私は思う。

3

江尻少年は、昭和三十六年十二月十六日に生まれた。高度成長政策が進められたころに生まれたのである。推測すれば、物質的に恵まれた環境が用意されている世代のはずだ。

実家は福島県の小さな町にある。そこには祖父母と母親、そして小学生の弟がいる。サンケイ新聞の報じるところでは、彼の自殺を東京の警察が伝えると、母親は絶句し、つぎに弱々しく汽車賃の心配をしたという。そこに家庭環境の一端がのぞかれる。

少年は地元の中学を卒業すると、すぐに神奈川県藤沢市の電機会社に就職した。仕事は、ベルトコンベアの作業工程の監視だった。彼に必要なのは、目と手だけである。じっと流れてくる部品を見つめているだけだ。それも限られた時間いっぱいつづける。神経は疲れる。仕事を終えると、会社の体育室でピンポンをして寮に帰ってくる。あとはテレビを見るだけだ。

平凡な日々のくり返し。

そこには彼なりに満足感はあったろう。なぜならここにいる限り衣食住が保証されるからだ。ときに家庭へ仕送りをしている。しかしこういう生活に耐えるには、ある種の諦観《ていかん》とか割り切りが必要になる。そこに達するには、彼はまだあまりにも若すぎた。

中学時代、少年は野球部にはいっていた。万年補欠だった。それでも退部はしなかった。家に帰るより、学校にいるほうがまだ楽しかったからともいう。そういう楽しさを、人生のあきらめにむすびつけるのは、彼にはあまりにも厄介な営みだった。

昭和五十三年二月、彼は電機会社を辞める。すでに人生の輪郭を知った中年の社員たちが、懸命にとめる。しかしそれをふりきるように辞めていく。彼は、衣食住の代償として毎日八時間から九時間も拘束されつづける仕事が耐えられなくなったのだ。それをだれが辛抱がたりないといって責められよう。

その後、彼は叔父を頼って東京に出てくる。

叔父が地下鉄工事に従事していたので、その手伝いをすることになった。一日五千五百円の仕事。といってもとくべつにむずかしい仕事ではなかった。

地下鉄工事に従事する労働者は、三十代か四十代の屈強な者が多い。経験こそが工事を円滑に進める鍵なのである。そのなかにあって、十代のこの少年は、あまりにも弱々しく痛々しい。

この仕事についてまもなく、二メートルの高さのヤグラからすべり落ちて怪我《けが》をしている。事実、一カ月ほど共に働いた労働者は、その痛々しさと仕事の不慣れに同情していたのだ。

五千五百円の日給は、彼にとっては高額に映る。

電機会社の単調さから救われ、そのうえこれだけの金がはいる。しばしば藤沢にある電機会社の寮にも遊びに行ったという。土産を渡し、ときに椀飯《おうばん》ぶるまいをした。それがたとえ少年の見栄であっても、そのこと自体に彼自身が満足感を味わっていたとするならば、それはそれで人生勉強のひとつであっただろう。

4

少年の自殺のあと、彼の部屋をのぞいた叔母は、布団とボストンバッグ、そして一台のプレーヤーがあるのを見つけている。四畳半の部屋に、彼の楽しみをあらわすのはプレーヤーだけだ。

レコードが一枚あった。キャンディーズのLPだったという。キャンディーズは、半年前に「ふつうの女の子に戻りたい」と、解散宣言をし、その素朴さが若者の気持をとらえた。彼女たちのヒット曲「春一番」のなかに、

〈もうすぐ春ですねえ〉

という歌詞がある。青春の息吹《いぶき》をたたえる歌詞が散っている歌。三人の女性がハーモニーをとりながらくり返し歌う。

感情を刺激し、そしてレコードがとまる。

思うに、少年は、四畳半の部屋でなんどもなんどもLPをかけていたのだろう。それをききながら、彼は泣きつづけている。なんのために……なぜ自分が生きているのか、生きつづけるのか、それをたしかめようとする。そのことを知ろうと希求する。しかし彼にはそれがわからない。十六歳、彼の年齢の九〇%はまだ高校一年生である。

〈もうすぐ春ですねえ〉をきいて泣きつづける少年。夜、地下鉄工事で地下十メートルの地底にもぐり、そして昼はアパートにかえってキャンディーズのレコード。そのくり返しに、こんどは初めの職場、電機会社の単調さとちがう耐えられなさを見つけていただろう。

だが地下鉄工事もまた永遠の彼の仕事になりうるかどうか。都会の喧噪《けんそう》をぬうように、都会が寝静まると同時に、地下にもぐっていく生活。周りにいるのは三十代か四十代の男

たちばかりだ。少年はまだ一人前でない。労働の意味もしらない。屈強な男たちが工事の基本ともなるべき土砂運びをし、重いコンクリートを運んでいるとき、筋肉もかたまっていない少年はどぎまぎしているだけだ。仕事の邪魔にさえなりかねない。

少年は故郷を思う……そこに友人もいる。肉親もいる。しかし彼を受けいれる職場はない。

三月十日すぎ、彼の姿が工事現場から見えなくなった。ここにきて四十日を経たときだ。心配した叔父は、捜索願をだす。まだ子どもだから仕事もあきっぽいのだろう、どこかで遊びあるいているのかもしれん——しかし四畳半をしらべてはじめて遺書をのこしているのを知る。

遺書はLPのレコードの上にのせられていた。

姿が見えなくなってから一週間後、彼の姿は水槽のなかから発見される。彼の働いていた職場の一角にある水槽であった。カーキ色の作業衣と長ぐつ姿。ズボンのポケットに、一万一千円と二十五円の硬貨があった。中学時代の友人に宛てた遺書、それに女性の友だちに宛てたらしい手紙が投函されずにあり、それらが、彼の遺志をはかる、のこされたすべてであった。

肉親宛ての遺書はない。肉親に別れを告げる遺書より、彼自身の心の悩みをそのまま書きのこすことで、江尻少年は〈時代〉に宛てての遺書を書いたことになる。

「死んで天国に行きたい」

「いまさみしくってしようがない」――。

十六歳の少年の本音だろう。彼は本音のままに死んでいった。土曜日の夜の新宿、日曜日の昼の原宿、そこにはこの少年と同じ境遇の少年が無数にいる。田舎に帰りたいが帰れない少年、四畳半で泣くだけの少年、しかし彼らはとにかく新宿や原宿で、自己発散をしてつかのまの解放感を求めている。

私が取材した老人は、もう人生の終焉《しゅうえん》を迎えていた。いまの四畳半の生活で、好き勝手のできる境遇は幸せすぎるほどだといっていた。

そういう老人たちの人生は、戦争によって狂わせられたにもかかわらず、「しかし生きのこっていることで、私は幸せなのだ」といいつづける。その意味を、死んだ江尻少年や、原宿や新宿に集まる少年が理解するには、まだ幼すぎる。所詮《しょせん》、人間はたったひとりで生きていく動物なのだということを知るには、彼らは子どもでありすぎる。だが江尻少年の死は、この時代がいつかこういう層によって反撃を受ける予兆であると断言できる。

この少年の苦しみを歪曲《わいきょく》して〝政治化〟しようとする勢力が生まれ、それが時代の主流になれば、社会はより苦悩に満ちたものになる。勉強部屋と塾だけにとじこめておこうと

願う母親への〝秀才生徒〟の反乱は、江尻少年の自死と同根である。彼らもまた、

「これからはどうやって生きていいかわからない」

と悩んでいる。この悩みを放置すれば、いつか政治がまちがいなく〈死〉へとつながる道に進む。いまふえている一連の少年、少女の自殺は、次代の断面をきびしく断罪しているのである。


〈参考資料〉

一、「サンケイ新聞」(東京版、昭和五十四年四月、五月、六月)

二十三、私たちは本当の情が欲しいのです――中国残留孤児

私たちは本当の情が欲しいのです

（前略）

もうすでに三十九年の〝過去〟になります。長い歴史の河。一瞬のうちに流れ去ってしまいました。しかし、私たち孤児の心は、とても流れがゆるやか、流れが遅すぎました。私たちはいつも肉親のことを思いつつ心を痛めて泣いて暮らしてしまいました。筆では言い表せません。

このたびの、中日両国の政府のわれわれに対するご援助に感謝いたします。それから民間団体および同胞の皆さんに感謝いたします。そしてお父さん、お母さん、兄弟の皆さま、お姉さん、妹に。しかし私は、今日肉親には会えませんでした。

でも私は心悔ゆることはありません。三十九年の願いは必ずいつかかなえられると思っています。同胞よ、肉親の皆さん、これは私の骨肉を温めて下さる思いでもあります。

十四日の間、肉親にとうとう会えなかった。涙はご飯のつぶの中にも落ちました。夜も眠れませんでした。ただ皆さんの、肉親にも及ばない私たちに与えて下さるこの温かさ。この気持ちは永遠に忘れることはありません、私たち孤児は本当の情が欲しいのです。懐の中に飛び込みたい気持ちです。

私は皆さんとお会いできたこの感情を、いかなるお金や品物でもかえ難いものだと思います。今日、私たちは出発します。また私たちは養父の懐に帰ります。そして、自分たちの家族、子供たちの待っている所に帰ります。私たちを幼い時にかわいがっていて下さった兄弟、お父さん、お母さん、姉妹の皆さんさようなら、肉親の皆さんさようなら、皆さんどうかどうかいつまでもお元気でいて下さい。

昭和五十九年十二月

（第六次訪日団）武淑芝

1

中国残留孤児の第一次訪日調査団が、肉親を求めて日本を訪れたのは、昭和五十六年(一九八一)三月二日のことである。日本と中国との間で国交が回復してから九年目であった。

この第一次訪日調査団は男性二十四人、女性二十三人で、年齢は三十五歳から四十三歳までである。つまり昭和十三年生まれから二十一年生まれとなる。この年齢を見てもわかるとおり、敗戦時には幼児であった。なかには昭和二十年八月十五日現在には、まだ生まれていない者も含まれている。旧満州(中国の東北地方)からの引き揚げ時に両親や肉親とはなればなれになったり、あるいは帰国にあたってはあまりにも艱難《かんなん》が多いために中国人に預けられたり、という人生を歩んだ人たちである。

日本の軍国主義の犠牲である。いや軍国主義などといってしまえば、責任が曖昧になってしまうので、あえていえば関東軍や大本営による「民間人放棄」という言い方もできる。その犠牲者が中年世代に達して、日本の厚生省の招きで「肉親さがし」に日本を訪れたということである。やっと「帰国」したという言い方をしたほうがあたっているのかもしれない。

2

この第一次訪日調査団の四十七人のメンバーは、テレビや新聞などで、肉親だった人は名のりでてほしいと訴えた。このときに来日した残留孤児は、自分がどのようにして肉親とはなればなれになったかを養父母から聞かされたり、あるいは自らの記憶の底に眠っている光景を訴えた。ある帰国残留孤児は、「両親は東北地方(旧満州)の開拓団にはいっていましたが、ソ連軍の進出により着のみ着のままで逃げました。途中で食べる物もなく、日本兵からは幼児が泣くのはうるさいと叱られ、父は中国人の養父母に私を預けたそうです。そのとき私はまだ五歳でした」という話をしたが、この第一陣の孤児は比較的年齢も高かったために記憶も鮮明であった。

そのために厚生省の係員が聞きとり調査を行なっても、残留に至る経緯や肉親の名前などを覚えている者が多く、肉親が相ついでお互いの記憶を確かめて、息子、娘、あるいは兄弟との再会を果たすことができた。第一陣では四十七人のうち三十人の孤児の身元が判明している。

しかしその後、訪日調査団は平成七年（一九九五）までに二十六次にわたって行なわれ、肉親との対面は回を追って減少し、平成二年十一月二十六日の第二十一次では三十七人が訪日したが、身元が判明したのは四人であった。以下第二十二次では、五十人が来日したが、判明したのはわずか五人であった。訪日の残留孤児は三十人台から四十人台であるにもかかわらず四人か五人しか判明しないという状況になっている。当初には判明率も六〇％から七〇％台だったことを思えば、残留孤児の肉親さがしは実質上は無理に近くなっていることがわかる。

日本での国民的関心も薄れて、しだいにメディアもくわしく報じなくなった。最初のころのあの熱気は薄れていったのだ。

残留孤児の訴えは、どの言をとってみても〈戦争被害〉そのものである。とくに残留孤児と同じ世代にあたる私は、その訴えを耳にするたびに涙がとまらない。私の両親は旧満州に行ったわけではないから、残留孤児になることはなかったにしろ、人生の歯車などどこでどうなるかはわからない。

だから、残留孤児の訴えは、つまりは私たちの世代そのものの訴えだと思われるのである。決して他人事ではない出来事といってもよかった。

冒頭に掲げた訴えは、第六次訪日調査団の一員として来日した武《ぶ》淑芝《しゆくし》の訴えである（この訴えの文章は、『私の祖国——戦後50年・中国残留孤児の記録』から引用）。この訴えには、残留孤児の正直な気持が文節ごとにあらわれていて、私の世代にはごく自然に涙がでてくる内容である。武淑芝は、敗戦時（昭和二十年八月十五日）には黒龍江省佳木斯《チャムス》市に住んでいて六歳であった。この書の記録によれば、以下のように書かれている。

「家族は母、兄、姉、私の4人だった。昭和20年8月、一家で同市の収容所に避難していたが、母はそこに来た養父夏栄生に私を預けた。右大腿《だいたい》部にはれものの跡がある。O型」

武淑芝がどのような経緯で育ったのかは定かではないにしろ、養父母に大切に育てられたことはわかる。この訴えのなかには、そのようなニュアンスが充分にくみとれるのである。

この訴えそのものは、「昭和という時代」そのものへの静かな異議申し立てである。生硬な表現で日本軍国主義を批判するのでなく、肉親の感情というものを私は欲しいのです、との意味はすぐにいろいろな事実を想像させていく。その感情を断ち切ったのは誰か、私の一家をこのようにしてしまったのは誰か、そのような怒りが文面からはあふれてくる。その静かな怒りに気づくのは、まさに同世代の者にしかわかりえない歴史的感情といっていいのではないかと思う。

とくに現代にあっては、日本の人たちの愛情にふれることはできるし、この訪日調査団にかかわりをもつ人たちの愛情も充分に理解できる、と言いつつ、「私たち孤児は本当の情が欲しいのです」と訴えている。それを求めて、残留孤児たちは日本を訪れたのだという。その情に出会いたいとの思いを誰もがもっているのだという。

3

武淑芝が残留孤児の総意を代弁するような形で訴えている「本当の情」とは何なのだろうか。

それは日本国民に投げかけられた問いであり、その問いに私たちは答えを返さなければならない。その責務がそれぞれの立ち場に課せられている。私たちは、武淑芝の問いにどのように答えるべきなのだろうか。誰もが自らに問い、答えを考えなければならないとすれば、私自身はどうなのか。

「本当の情」とは、もとより父や母、そして兄弟や姉妹の愛情であることはまちがいない。両親や兄姉と会って、その懐のなかにとびこみたいというのは、誰もがもっている感情であり、そのように理解することがもっとも重要である。そのことを否定してしまっては、武淑芝の訴えは無味乾燥になってしまうだけだ。

だが「本当の情」とはそのようなものだけではないと思う。私の見るところ、彼女はなぜ私はこのような目にあったのだろうか、なぜ日本という国は私たちのような存在に、これまで目をつぶってきたのだろうか、あるいは私たちにどのように説明してくれるのだろうか、との思いがあったのだろう。それは肉親の情とはまったく別の「国からの情」である。この「情」を私たちのまえに示してほしいと訴えているのである。

私たちの国は、なぜ残留孤児が生まれたのか、そのことを充分に説明していない。関東軍の将校の家族は日本に帰る列車や船便を告げられていて残留孤児になる者は少なかったといわれてもいる。関東軍は居留民の保護を謳っていたが、実際にはなんらの手も打たなかったというのが実態だ。そのために多くの犠牲者がでたともいえる。

国は、昭和十年代初めに満州への開拓移民をあらゆる機関を通じて宣伝している。それに応じて農村からは、百万人余の人びとが東北地方の農村にはいっていった。もともとは中国の領土であり、土地なのだから、確かにこれは無謀なことでもあった。だが国はこうした事実を伏せて、甘い言で農民の移民を促したのだ。

残留孤児が生まれた背景を具体的に検証していくならば、国としての責任が果たされていなかったという現実が生まれてくる。国の虚構のからくりに欺かれた人びとの犠牲という構図が浮かんでくる。この構図こそ悲劇の奥にひそんでいる史実そのものである。

武淑芝が求めている「本当の情」とは、この事実についての説明であろう。と考えれば、私の答えはおのずと決まってくる。つまりこういうことである。

「あなたたちが残留孤児となった経緯については、国（政府）の政策の誤りから発生したというのが主要因です。政策の誤りは、昭和六年（一九三一）九月十八日の満州事変（中国では九・一八事変）から始まり、中国に対しての無謀な政策の結果から生まれました。この大状況とは別に、敗戦直後の居留民の保護、居留民を日本に整然と送り返すという本来の政策についても誤りを犯しています。この点については、正式に謝罪します。また戦後の長きにわたって、この問題についてほとんど解決の意思表示をしてきませんでした。中国と国交回復を行なうまえにも、どのようなルートであれ、こうした問題に積極的に取り組むべきでしたが、そのような努力を欠いたことも認めなければなりません」

こうした言を、まずは政府が認めたうえでその後の処置を早めに採っていたら、残留孤児の感情もやわらぐはずであった。「本当の情」とはこういうことをさすのではなかったか、と私には思える。

武淑芝は、滞日中は名のりでる肉親はなく、家族に会えなかったと記録にはのこっている。第六次訪日調査団は九十人が来日したが、家族と会えたのは四十人であった。彼女は会えなかった五十人のうちのひとりだったのである。

この訴えには、会えなかったという事実を正確に受け止めて、中国に帰ることも記している。養父母のもとへ、そして夫や子供たちのもとへ帰ることを自らに確認している。彼女にとっては、二度と再び日本に来ることはないだろう、いや訪れることはあっても、私は中国人として来るであろうとの宣言の意味もこもっている。自分の肉親とはもう会うことはないであろう、との思いをこめて、「さようなら」と言い、「どうかいつまでもお元気でいて下さい」と訣別《けつべつ》していったのである。

4

私はこれまで、本来なら残留孤児の運命を辿《たど》るはずだったが、母親が日本に戻らずに、中国に住むことを決心したためにそのまま中国で育った日本人にもなんにんか会っている。ある母親は、新京に住んでいたが、敗戦後に日本に帰るのは無理と悟って、まだ四歳だった男の子と中国にのこることにした。夫が戦死したことを確認して、中国人と結婚している。先妻の子供も育て、自分の子供も育てるという苦労をしている。

昭和五十年に中国政府と日本政府に帰国が認められ、自分の子供とその夫、そしてその娘の四人で日本に帰ってきている。

この母親（すでに七十代半ばにさしかかっていたが）の話を、私は聞いたことがあるのだが、中国人に対して日本兵がいかにひどいことをしたかを、小声でなんども話していた。彼女は政治的には、大日本帝国は正しかったと思って、戦後も吉林省に住んでいたのだが、自分が日本人とわかると、誰もがよそよそしくなって避けていくのがわかったという。なぜなのだろうと彼女は思った。やがてその理由がわかった。

「日本兵のなかには鬼のような人が確かにいたのです。私はそういうケースがあまりにも多いのに驚きました。五、六人の兵士が娘のいる家に行って、『娘をだせ』と脅しました。その父親が『何をいうか』とどなると、銃剣で殺しています。娘と母親を強姦しました。娘があまりにさわぐので身体中に銃剣をさして逃げています」

その娘は終生精神のバランスを失っていた。母は自殺したという。吉林省のある村では、娘はほとんど強姦されたという事実もあるそうだ。

こういう情勢のあとで、日本人の残留孤児を育てた養父母は確かに苦労したと、この母親は話していた（この母親は、のちに中国での体験を書にまとめている）。

残留孤児たちのなかには、ときに養家から手ひどい扱いを受けた者もいるという。そのような話も洩れてきている。だが孤児たちが、長じて日本軍の蛮行を具体的に確かめたときに、どのような思いをもったかも私には想像できるのである。

前述のこの母親は、「ときに日本人であることが恥ずかしく、そして辛い思い」ももったというが、日本軍が行なった蛮行のことを思えば、自分は耐えなければならないとつねに自答したという。そして自らの四歳の男の子は、成績がよかったために吉林の秀才のそろう工科系の大学に進んだが、この息子は日本に戻ってきてもなにか違和感をもって日常生活をすごしているようでもあった。その彼が私につぶやいたことばがあった。たどたどしい日本語である。

「私は、中国人という気持のほうが強いのです。日本人には違和感をもっている。中国人にどれほどのことをしたか、日本の人はあまり知らないのに驚いたのです。情がないのです。それを強く感じています」

その後まもなく、この息子は出張の帰りの飛行機事故にあい死亡している。まだ三十代後半であった。

この青年を思いだすたびに、私は、残留孤児が口にした「本当の情が欲しいのです」という意味が別な意味にも理解できるのではないかと思ってしまうのである。昭和のこの負の歴史を、私たちはどのように次世代に語っていくかが試されているのではないかとの感がしてならないのだ。

残留孤児の帰国後の生活について、次の世代が育ってきていて、いくつかの問題が新たに浮かんでいるという。日本社会の閉鎖性、残留孤児の次世代の孤独感などがそうだというが、なかには日本から再び中国に戻る人たちもいるという。

国の正式な見解が必要ではないか。それが「本当の情」というものではないか、とも思えてくる。

〈参考資料〉

一、『父よ母よわが祖国よ――中国残留孤児の手紙』(山村文子ほか編、昭和五十六年、朝日新聞社)

一、『私の祖国――戦後50年・中国残留孤児の記録』(浜口タカシ写真・文、平成七年、財団法人中国残留孤児援護基金)

二十四、けいさつの　あほども　え――グリコ・森永事件

［第1挑戦状］
昭和59年4月7日（土）大阪中央郵便局投函
4月8日（日）に「サンケイ新聞」「毎日新聞」に送付

けいさつの　あほども　え
おまえら　あほか
人数　たくさん　おって　なにしてるねん
プロ　やったら　わしら　つかまえてみ
ハンデー　ありすぎ　やから　ヒント　おしえたる
江崎の　みうちに　ナカマは　おらん

西宮けいさつ　には　ナカマは　おらん
水ぼう組あいに　ナカマはおらん
つこうた　車は　グレーや
たべもんは　ダイエーで　こうた
まだ　おしえて　ほしければ　新ぶんで　たのめ
これだけ　おしえて　もろて　つかまえれん　かったら
おまえら　ぜい金ドロボー　や
県けいの　本部長でも　さろたろか

1

グリコ・森永事件と呼称されるこの事件は、昭和五十九年（一九八四）から六十年にかけて起こっている。その発端は、昭和五十九年三月十八日夜に江崎グリコ社長江崎勝久が兵庫県西宮市の自宅から、覆面姿の男らにピストルで脅されて拉致されたことに始まった。

十九日朝に大阪・高槻《たかつき》市内の公衆電話ボックスで「江崎グリコへの脅迫状」が発見されたが、その内容は「人質はあづかった」として、「現金10億円　と　金１００kg　を　よおい　しろ」というもので、身代金目的での誘拐であることがわかった。当時の新聞では、「欧米型犯罪の幕開け」と報じたが、確かに日本にはなかった新しいタイプの犯罪だったのである。

江崎社長は、大阪の茨木市の水防倉庫に監禁されていたが、二十一日午後になって自力で脱出している。国鉄大阪貨物ターミナル駅構内で発見されたときは、「夢遊病者のようなふらつく足取り」（『グリコ・森永事件』）だったという。「見つかったら、娘が殺される。見張りがおらんから、逃げてきた。見つかったら自分も殺される。早く一一〇番を」と脅えた様子で、発見者たちに口走ったというのである。

江崎社長は警察の事情聴取に応じたあと、記者会見の席に臨んだが、「私には全く犯人の心当たりがない。みなさんの中で、もし心当たりがあるなら、私に不名誉なことであってもかまわない、正直に警察に話してくれ」と言っている。この事件がどういう理由から起こったのか、皆目わからないというのであった。その意味ではなんとも不思議な事件であった。

2

その後も江崎社長のもとには、六千万円をだせ、といった新たな脅迫状が送られている。江崎グリコはなんらかの理由でターゲットにされたということになろう。

この事件の不思議さは、警察の関係部門やメディアに丹念に脅迫状が送られてくるという犯人の依怙地《いこじ》さにある。四月八日にメディア二社に、「けいさつの　あほども　え」という一文が送られている。これが冒頭に掲げた一文である。これを檄文というわけにはいかないが、このグリコ事件をきっかけに次つぎと食品メーカーに脅迫状が送られてくる様を称して、「劇場犯罪」という語も生まれたほどだから、最初のこの一文は、劇場犯罪を生む社会の病いを象徴しているといえるのではないかと思うのだ。

毎日新聞とサンケイ新聞（当時）に送られたこの一文は、捜査当局への挑戦状ともいえる。とくに、「けいさつの　あほども　え」という言い方そのものが警察になんらかの恨みもあると考えられるし、これをメディアが報道するという結果を考えれば、権力に対する挑戦といった発想があるのかもしれない。しかもこの第一回目にはまだ使われていないが、二回目の挑戦状（四月二十二日にやはり毎日新聞とサンケイ新聞に届く）も、「けいさつ

の　あほども　え」で始まる一文を送りつけていて、差しだし人は「かい人21面相」となっている。

怪人二十面相は、江戸川乱歩の探偵小説に登場する名だが、あきらかにこれをもじって二十一面相と名のっているとも考えられるのだ。

かい人二十一面相は、五月十日にはグリコの製品に青酸ソーダをいれたと脅し、そのためにグリコでは全製品を店頭から引きあげるという処置もとっている。加えてこの間に、グリコ本社の試作室やグリコ栄養食品の車庫などがガソリンで放火されるという事態にもなった。このため警察庁では、グリコに関する一連の犯罪を称して、「広域重要一一四号事件」と名づけて、犯人逮捕に全力をあげることを国民に約束することになった。

なぜグリコが狙われるのか。江崎社長は、世間がさまざまに噂をしていることに、「警察には一切の隠し事はしていません」と記者会見で述べている。さらにグリコ製品のイメージは急速に落ちていき、グリコ会長の大久保武夫は、「このような状態が続けば、来年三月期の決算で五十億円の減少になる」と沈痛な表情で発表している。これが五月二十三日のことであった。

こうした状態を読んだのか、かい人二十一面相は六月二十五日に朝日、毎日、読売、サンケイなど四紙に第五の挑戦状を送りつけているのだが、このなかで「全国のファン　の

みなさん　え」と題して、「わしら　もう　あきてきた　社長が　あたま　さげて　まわっとる　男が　あたま　さげとんのや　ゆるして　やっても　ええやろ　ナカマの　うちに　4才の　こども　いて　まい日　グリコ　ほしい　ゆうて　ないている　わしらもさいきん　たべへんけど　むかしは　よく　くうた　もんや」と書き列《つら》ねている。

文中では、「江崎グリコ　ゆるしたる　スーパーも　グリコ　うってええ　青さんいりの　チョコレート　18こ　は　もやしてもうた」という一節さえある。

江崎グリコへの脅迫は、このあと確かにおさまっている。ところがグリコにかわって、丸大食品に対して現金五千万円を要求する脅迫状をなんどか送っている。これも成功していない。そしてグリコに「わしら　もう　あきてきた」と終結宣言したときから三カ月後に、こんどは森永製菓にターゲットがしぼられていった。九月十二日に青酸ソーダ三十グラムを同封した脅迫状を送りつけ、「一億円をだせ」と要求している。森永側が指定された場所に現金を用意していくと、この社員が警官であると見抜き、犯人グループは接触せずに未遂に終わっている。

その後に、朝日、読売、毎日、サンケイに送ってきた第六回目の挑戦状には、さらに警察当局をからかう内容が盛りこまれていた。「警官広田は　かっこ　ええやんか　おおさか婦警の　よしの君　ワトソン君と　相談　してみたかね」という具合である。さらに

「このまえの　森永の　TEL　あれ　なんや　サラリーマンは　TELで　りょおかい　なんて　いわへんで」という一節さえもあった。まさに警察に対する挑戦状だったのである。

十月に入ると「どくいり　きけん」のタイプで打ったシールが貼られた森永製品が京都、大阪、兵庫、愛知のスーパーで発見されている。実際に犯人グループは、その脅しを実行に移すことができることを示したのである。その後も名古屋のスーパーや大阪の茨木市のスーパーで「どくいり」シールを貼った森永製品が発見されている。

森永製菓もまたスーパーの店頭から引きあげることになった。

この段階（昭和五十九年十月）で、捜査本部は江崎グリコと森永製菓に現金の受け渡しを要求した犯人グループの声を公開している。これは女性と男児であったところから、捜査本部には情報が殺到している。次いで、あるスーパーの防犯カメラがとらえた不審な男性の写真を公開した。いわゆる「キツネ目の男」といわれる写真で、これにもまた多くの情報が寄せられたというのだ。

その後も、かい人二十一面相からの脅迫状が食品会社に届いている。当時の新聞報道によれば、東京のスーパー、森永乳業、ハウス食品工業（現ハウス食品）、不二家製菓などに脅迫状が届いたというのだ。一一四号事件、キツネ目の男、それに困惑する警察幹部、それをからかうように犯人グループの挑戦状はなおも送りつけられた。十二月には、「兵ご県の　あるところで　ある会社から　1億　とったで」という挑戦状が大阪府警本部に届き、「正月くらい　ゆっくり　せいよ」とからかったというのである。

こうした挑戦状は大体がメディアに送りつけられるので、メディアの側は競って報道もしている。その一方で企業への脅迫状は、密かにというのだから、現代社会の弱点を巧みについた犯罪だともいえた。この間、捜査当局は、犯人グループを追いつめるところまで捜査を進めたといわれているが、結局は犯人グループのひとりをも逮捕できなかった。

昭和六十年二月ごろには、マスコミにあてた挑戦状のなかで、「国会ぎいんの　みなさん　え」と題する嘲笑的な一文をも送りつづけた。

そしてグリコ事件から一年五カ月後の昭和六十年八月十二日に、マスコミにあてて二十五通目の挑戦状を送っている。これも「国会ぎいんの　みなさん　え」と題していたが、「わしら　みたいな　悪　ほっとったら　あかんで　まねする　あほ　まだ　ぎょおさんおる」「くいもんの　会社　いびるの　もお　やめや　このあと　きょおはく　するもんにせもんや」とあり、その最後は「悪党人生　おもろいで　かい人21面相」となっていた。実際に、これ以後は犯人グループからの挑戦状は途絶えてしまったというのである。いわば一一四号事件は犯人グループが一方的に幕をおろしたということになるだろう。

3

思えば奇妙な事件だった。犯人グループは表面上は利益を得ていないのである。裏側では犯人グループとの取り引きに応じた企業もあるといわれているが、正確にはわかっていない。ではこの犯罪を単に「劇場犯罪」と名づけていいのだろうか。何が目的の犯罪だったのか。

この事件は、知能犯と暴力犯が混じりあわせになっているように見えながら、実際には知能犯としての要素が強い。昭和という時代をふり返ってみても、これほど手のこんだ、そしてマスコミを巧みに使い、警察内部にも通じていて、この時代の人びとの感情を利用する犯罪はなかった。

したがって、グリコ・森永事件の犯人グループについても、高度な教育を受けた反体制の思想をもつ人物、警察の捜査に通じていてそれを破る自信のある人物、さらには大手企業の弱点を熟知していてどのような脅しが効果あるかを知っている人物、などの像が浮かんでくる。しかも日本の警察は広域になればなるほど捜査が手間どるという事実を巧みに利用しての犯罪でもあった。犯人たちはこうした犯罪を利用して、捜査当局に悪罵を浴びせ、その権威を失墜させようと狙っていたこともまたまちがいないだろう。

犯罪が高度化するとともに、よりこの情報社会のウィークポイントを狙ってくり返される、そういう時代の予兆だったといえるだろう。ただ犯人グループは、大衆がこうした犯罪を甘い目で見て、欲求不満そのものを解消するとにらんでいたようにも思えるが、現実にはそのようなことはなかった。姿の見えない犯人の不気味さというイメージが強かったからである。

グリコ・森永事件のプロセスで、この犯罪に似せた事件は九十八件起こったという。そのうちの六十七件では犯人が逮捕されている。

グリコ・森永事件は、平成十二年にすべて時効になった。犯人グループはひとりも逮捕されることはなかった。捜査当局が「完敗」した事件として記録にのこされることになった。犯人グループもまた、バブルのあの昭和狂騒曲のなかで必死に国民にむかって時代への不満を演じたのではなかったか。そして、犯罪のバブル化。のこされた挑戦状をひとつひとつ丹念に読んでいくと、なおのことそう感じられてくるのである。

〈参考資料〉

一、『グリコ・森永事件』（朝日新聞大阪社会部著、平成六年、朝日文庫）

二十五、家の人、そして友達へ――〝葬式ごっこ〟自殺

突然姿を消して、申し訳ありません
(原因について) くわしい事については……とか……とかにきけばわかると思う
俺だってまだ死にたくない。だけどこのままじゃ「生きジゴク」になっちゃうよ、ただ、俺が死んだからって他のヤツが犠牲になったんじゃいみないじゃないか、だから、もう君達もバカな事をするのはやめてくれ、最後のお願いだ。

昭和六十一年二月一日

S・H (本書では名を伏せる)

1

昭和六十一年（一九八六）二月三日の朝日新聞の朝刊二十三面に次のような記事が掲載されている。

〈一日午後十時すぎ、岩手県盛岡市盛岡駅前のターミナルデパート「フェザン」の地下飲食店街の公衆トイレ内で、男の子が首をつって死んでいるのを警備員が見つけ、盛岡署に届けた。

同署の調べで、持ち物などから東京都（略）、会社員S・Mさんの長男S・H君（13）＝（中学校名略）二年＝と分かった。H君は、トイレの洋服掛けのフックにビニールひもをかけ、首をつっていた。同デパートは午後九時に閉店したが、トイレのドアが閉まったままなので不審に思った警備員がのぞき、発見した。

下着などが入ったバッグがあり、中にあった買い物袋に、横書きで、友だち二人の名前をあげ、「これ以上生きてもジゴクだ」「こういうことはもうしないでほしい」などと書いてあった。このため、同署はいじめを苦にした自殺とみて詳しく調べている。（以下略）〉

このあと記事は、Ｓ・Ｈの父親の実家が岩手県にあり、かつてＳ・Ｈが父親に連れられて盛岡に来たことがあると伝えている。そして、以下にこの区立中学内の衝撃やＳ・Ｈがいじめにあっていた事実や学校側の反応などを報じている。朝日に限らず、各紙ともＳ・Ｈの遺書を紹介し、いじめの内容などを伝えている。

私もまた当時、中学生の子供をもつ父親として暗然とした気持でこの記事を読んだ。そしてこのときの記事には書いていなかったのだが、のちに各紙が報じたなかに級友や教師までが加わって、「葬式ごっこ」なるいじめを行なっていたことを知り、心底からの激怒がわいたことを、今なお記憶している。

2

校内暴力という語が日常にごくあたりまえの語として使われるようになったのは、昭和五十五年にはいってからである。さまざまな統計がそれを物語っている。この年十二月に警察庁保安部少年課がまとめた統計では、昭和五十五年一月から十二月までの校内暴力の発生件数は千二百十件、補導人員七千五百八十七人、被害者は四千百四十一人となっている。発生件数は九十二件の増加（八・二％増）であった。

このうち中学生のかかわった事件は九百二十一件、全体の七六・一％だったとある。つけ加えておかなければならないのは、このときの校内暴力は「教師への暴力」がふえつつあることだった。とくに中学生にそれが目立っていた。教師に対する暴力は、前年と比べると四四・七％もふえていた。

警察庁の調査とは別に共同通信社が、昭和五十六年三月に「全国の校内暴力事件の発生状況」調査を行なっているが、これによると全国の教育委員会集計では三千六百四十五件で、教師への暴力が五百十五件に及んでいるともある。当時の新聞は、連日のように「荒れる中学校」という見出しでこうしたニュースを報じたのである。

S・Hの自殺の因は〝いじめ〟にあったが、校内暴力がさわがれだしてから六年後のことである。校内暴力は主謀者の中学生が教師への反抗として、あるいは教師の権威に対する挑戦として暴力を用いての抵抗という側面もあったが、その暴力がしだいに変わっていき、こんどは〝いじめ〟が前面にでてきたことにもなる。この〝いじめ〟のあとは、登校拒否、ひきこもりという方向に進んだと思うが、S・Hの自殺は〝いじめ〟にはいっていくときの事件ではなかったろうか。校内暴力がより陰湿化していくとき、と考えてもいい。

S・Hの鉛筆で書かれた遺書は、トイレの床に置いてあったのだという。この遺書が訴えている内容、用いている表現を見ていくと、すぐにわかることがある。『生きジゴク』

になっちゃうよ」「君達もバカな事をするのはやめてくれ」という表現にみられるように、死を賭して訴えたのである。自らの身を犠牲にして訴えたという点では、この内容はあまりにも重い。その重さは、むろん学校や教師につきつけられた刃であるだけでなく、級友たちにも――〝いじめ〟に参加していない者にも――強いメッセージを発していると読めてくる。

そしてその重さは、昭和という時代に通底しているシステムや理念にまで及んでいると私には思える。もっと具体的にいうならば、かつての昭和陸軍内部でもみられた〝いじめ〟である。憂さばらしのために何人かの新兵に意味もなく制裁を加え、その人間性を侮辱することで、自らの存在を確認するというもっとも自己を透視する能力のない者たちの行為なのである。

3

この事件から、私が今筆を起こしているこのとき（平成十五年＝二〇〇三）まで、およそ十七年が経っている。私は、この出来事に関心をもち続けてきた一人ではあるが、その詳細については主にその後の新聞報道や単行本（『「葬式ごっこ」――八年後の証言』）で知っている範囲に限られている。それを前提に書き進めるのだが、事件の起こったときから気になっていたのは「葬式ごっこ」という〝いじめ〟である。

各紙の内容をまとめてみると、次のようになるらしい。

教室の黒板の前にS・Hの机が置かれる。そこにアメだまや夏ミカンが並べられる。そして花や線香も添えられるのだという。その机の上には、S・Hの写真が飾られていて、横の色紙には「追悼」と書かれている。その文字の周辺に級友の寄せ書きやら署名がされている。「やすらかに」と書かれていたともいう。さらに新聞報道によるなら、「担任を含む四人もの教師のメッセージや署名もあった」との事実も明かされていた。

これは「遊び」や「冗談」や、そして「悪ふざけ」という類のことではない。「いじめ」でもない。擬似的な殺人行為ではないだろうか。クラスのなかに、いじめる側といじめられる側の関係もあったにしても、本来ならこういうクラス全員が加わるような擬似的殺人行為は教師が止めにはいるべきと思うが、教師が加わっているという一点で、これは〝集団殺人〟に類する行為になってしまったといえるのではないか。S・Hの心情を思うとき——まだ十三歳ではないか——、教師が加わった瞬間に彼を取り囲む全世界から攻撃を受けたと考えても不思議ではない。

〝生きジゴク〟とはそのようなことをさしているのではないか。

四人の教師がどのような心情で、こういう行為に加わったかは知らないが、もしひとりの教師がたまたま不在のときに、職員室の彼の机の上に同僚たちが同じことをしていたらどのような気持になるだろうか。それを同僚たちが「単なる冗談だよ」と笑ってすまそうとしたらどのような心情になるだろうか。ふつうはこのようなことはありえない。なぜならごくあたりまえの感覚をもっている社会人なら、こういう行為はしない。つまり職員室の教師たちは、こうした行為がその人をどれだけ傷つけるかを理解しているはずで、こうした行為を行なう側の人間のモラルや倫理観とは一線を画して生きているからである。

それなのに生徒たちの教室という空間では、平気でこうしたモラルや倫理観を捨ててしまう。その空間ではもっともモラルや倫理観、あるいは社会的良識のバランスを教えなければならないのにである。

こう考えてくればすぐにわかることだが、ある空間を支配するのにもっとも易《やす》き方法は、特定の人物や集団をターゲットにして、共通の意思をもって排除や攻撃の対象にすることだ。そうなればそこに連帯感が生まれる。ターゲットにされた人物や集団を除いてはである。この考えをもとに、もっと理解を進めてみよう。昭和という時代の局面には、そのようなことが幾つもあったと気づく。たとえば、昭和十年ごろの世相を思いだしてみればいい。この期に天皇機関説排撃、国体明徴《めいちょう》運動があったが、これは歴史的には天皇神権説にもとづく現人神《あらひとがみ》の意識を国民に植えつけようとした運動であった。ターゲットになったのは、憲法学者の美濃部達吉である。美濃部を排撃するその構図は、このＳ・Ｈを〝いじめ〟る教室という空間と同様であった。

Ｓ・Ｈは、直観的に自らのような立場が自らだけの問題でなく、人間社会がかかえている本質的な問題だと知っていたのではないかと思う。

十三歳だからまだ知識のうえで、学問的にそのような本質的な問題を理解する力には欠けている。当然である。しかし、「俺が死んだからって他のヤツが犠牲になったんじゃいみないじゃないか」という一節にこめられた思いは、いつの日か知的に、学問的に、そして歴史的に深みを増して、人間そのものの存在に普遍化できる能力をもっていたと私には思える。

だからＳ・Ｈという固有名詞は忘れたにせよ、彼の訴えた十三歳の遺書は、私たちの記憶から離れないのである。「葬式ごっこ」という語に含まれているこの社会の業《ごう》に気づかざるを得ないのである。

十三歳の少年だから、まだ経歴というに値するほどの軌跡はない。だが、個人の経歴という領域を超えて、現代人として記憶し、記録される証がこの遺書にはこもっている。生者の愚かな行為を戒める響きが、この遺書には含まれている。

4

この事件のほぼ二カ月後に、東京都教育委員会は、担任教師のFを諭旨免職にするなど校長、教頭、そして四人の教師に処分をくだした。「単なるいじめだと思っていた」というような教師や学校長の言に対して、行政の側はそれを認めず、「いじめ」と断定したうえでの処分だった。教室という空間、学校という空間の非社会性に対して、社会の空気を考慮せざるを得ない教育委員会の判断はそれなりに妥当性をもっている。以下、この事件の動きを時系列風に追って記しておくことにする。

昭和六十一年四月、警視庁と所轄の警察署は、日ごろからS・Hのいじめに加わっていた十六人の生徒を傷害や暴力行為で書類送検している。六月に、S・Hの両親は、東京都と区、それにリーダー格のAとB（いずれも遺書に名の挙げられている人物）のふたりの両親を相手に、二千二百万円の損害賠償請求を東京地裁に起こした。これとは別に、九月に東京家裁はAとBに対して保護観察処分を言いわたした。

平成三年三月二十七日に東京地裁で判決がだされた。訴訟から五年後のことである。やはり各紙の記事やメディアでの記事をもとにその内容を紹介すれば、『葬式ごっこ』はいじめではなく、むしろひとつのエピソードとみるべきもので、自殺と直結させて考えるべきではない。S・Hの心理的、精神的反応を予見することは不可能だった」という内容であった。つまり自殺との因果関係について否定的な見解を示し、「葬式ごっこ」は単なるエピソードという決めつけであった。

ただこの裁判の内容やその判決は、S・Hのつきつけている問題にこたえるというより、生者の諒解事項を確認するという儀式であるから、それ自体このような結論をだすことはありうる。それにしてもこの判決は、あまりにもS・Hの心情とはかけはなれているのも事実である。とくに「自殺の予見性はなかった」という判断は、傍観者のエゴイズムという以外にない。

原告側の両親は、この判決を不服として抗告している。それから三年後の平成六年五月二十日、東京高裁は「自殺の前年から『葬式ごっこ』をはじめとするいじめは続いており、学校側にはいじめを防止できなかった責任がある」として、第一審判決を破棄し、被告四者に総額一千百五十万円の支払いを命じている。この判決でも、S・Hの自殺の予見性はなかったとして、加害生徒や学校側には賠償責任はないとしている。

この判決文のなかからいじめに関する部分を抜きだしてみる（前出の『「葬式ごっこ」——八年後の証言』から引用。固有名詞はイニシャルに変える）。

「九月以降の出来事のうちでも、一一月一五日の教室内におけるいわゆる葬式ごっこは、グループとは無関係の二年A組の生徒らも加わった形で行われ、S・Hの追悼のための寄せ書きの色紙には二年A組ほぼ全員と第二学年の他の学級の生徒らの一部のほか、F担任ら四名の教諭が加わっていた点で特異なものである」「葬式ごっこをされ色紙を受け取ったS・Hは、その場では格別の反応は示さなかったものの、帰宅後、母親に色紙を見せ、しょんぼりと沈んだ様子で『おれ学校でこれを渡されたよ。担任の先生も書いているんだよ。』と述べていたのである」「葬式ごっこに加わった多数の生徒ら及び教師らとしては、悪ふざけという意識であったとしても、いきなり教室という公けの場で、しかも学級の生徒らほとんど全員が参加したような形で、自分を死者になぞらえた行為に直面させられた当人の側からすれば、精神的に大きな衝撃を受けなかったはずはないというべきであるから、葬式ごっこはいじめの一環と見るべきである」

この事実認識とその判断は当然なことを当然なまでに指摘したにすぎない。葬式ごっこという残酷な行為が、当人たちが「悪ふざけ」と思うそのこと、そのあたりまえの感覚こそが裁かれて当然というのである。

5

『「葬式ごっこ」』という書は、この問題を追っていた新聞記者が、八年後のこの判決のあとで関係者の証言を集めて編んだ書である。すべての法廷を傍聴しただけに、随所に現在に続く教育界の疲弊があばきだされている。「教員同士のかばい合いと、区教委への忠誠心を見せつけられた思いがした」という法廷風景。「控訴審判決の分かりやすさは、教師でなくても、だれでも想像できる事態を、区立中（中学名は伏せる＝引用者）の教師たちが想像し、洞察しなかったことを突いているからだ。見方を変えれば、『被害感情に即して見る』ことを、教師たちが怠った、という批判でもある」との著者の鋭い指摘。改めて、教育現場という空間の怖さ（それは大仰にいえば、近代日本の軍隊を始めとする集団に通じているということだ）を私たちは知っておかなければならない。

昭和六十一年一月三十一日午前八時二十分、S・Hは家を出た。靴を履いたあとの行動が、洗濯をしていた母親には「ちょっとの間だが、ぐずぐずしているよう」に見えたという（同書六十三頁）。それが家族に見せた最後の姿だった。翌日夜に盛岡駅前のターミナルデパートのトイレで死ぬまで、S・Hがどこで何をしていたかはわからないそうである。

　昭和五十五年九月十六日の朝、大阪府のある市で中学一年生の少年が自宅横の倉庫で縊《い》死《し》した。十二歳だった。同級生や上級生に日常的に恐喝を受けていた。彼は学校に行くことに脅えた。そしてこの日、ズック靴の紐《ひも》を結び終えても立ちあがろうとはしなかったという。それどころか、頭をかかえこんで、ため息を洩らしさえした。母親に促されると、「学校に行きたい……こともないんや」とつぶやくように答えている。

　そして自ら命を絶っている。遺書はなかった。

　この事件とその背景を調べ、そして教師たちの集団の責任転嫁などを詳細に私はまとめたことがある。そして昭和五十六年五月に上梓《じようし》した。調べれば調べるほど、涙で原稿が書けなかったという記憶をもっている。この少年の像に、なんどもS・Hが重なった。

　一九六八年生まれのこの少年、一九七二年生まれのS・H、そしてこのころに校内暴力で自ら死を選んだ生徒たち、今なお死を選ぶ少年少女たち。彼らの訴えの多くは、つまりはその時代への告発と受けとめるべきである。とくにS・Hの遺書はそのひとつの例である。

〈参考資料〉

一、『「葬式ごっこ」――八年後の証言』（豊田充著、五味彬撮影、平成六年、風雅書房）

二十六、国民とともに——新天皇の「お言葉」

即位御朝見の儀における天皇のお言葉（平成元年一月九日）

大行《たいこう》天皇の崩御は、誠に哀痛の極みでありますが、日本国憲法及び皇室典範の定めるところにより、ここに、皇位を継承しました。

深い悲しみのうちにあって、身に負った大任を思い、心自ら粛然たるを覚えます。

顧みれば、大行天皇には、御在位六十有余年、ひたすら世界の平和と国民の幸福を祈念され、激動の時代にあって、常に国民とともに幾多の苦難を乗り越えられ、今日、我が国は国民生活の安定と繁栄を実現し、平和国家として国際社会に名誉ある地位を占めるに至りました。

ここに、皇位を継承するに当たり、大行天皇の御遺徳に深く思いをいたし、いかなるときも国民とともにあることを念願された御心を心としつつ、皆さんとともに日本国憲法を守り、これに従って責務を果たすことを誓い、国運の一層の進展と世界の平和、人類福祉の増進を切に希望してやみません。

内閣総理大臣の奉答

謹んで申し上げます。

大行天皇には、国民の切なる願いもむなしく崩御あらせられ、誠に哀痛措《お》くところを知りません。

ここに、皇位を継承せられた英邁《えいまい》なる天皇陛下から、日本国憲法を遵守し大行天皇の御徳業を継述するとともに、国運の一層の進展と世界の平和、人類福祉の増進を切望するとのおことばを賜りました。

国民一同、日本国憲法の下、天皇陛下を国民統合の象徴と仰ぎ、世界に開かれ、活力に満ち、文化豊かな日本を建設し、世界の平和と人類福祉の増進のため、更に最善の努力を尽くすことをお誓い申し上げます。

1

新しい天皇の「即位御朝見の儀」はテレビで放映された。このことに国民の多くは驚いたのではないだろうか。こうした宮中の儀式がテレビで家庭に放映されること自体に驚きがあったし、加えて新しい天皇が、昭和天皇の口調とは異なったイントネーションで「お言葉」を読むのもひときわ斬新《ざんしん》に映ったのである。

昭和天皇の発声は、幼年期からの帝王学教育によって独得の響きをもっていたが、新しい天皇の口調には一般に交わされる柔らかさが伴っていた。さらにこの「お言葉」の内容もまたこれまでの天皇家には見られないほどの口語体だったからである。

このテレビ放映にふれた国民は、天皇と国民の間には新しい時代の新しい感覚が生まれたと感じたにちがいなかった。昭和天皇が崩御してから二日後の平成元年（一九八九）一月九日の午前のことである。

このときから、いささか大仰にいうなら、新しい天皇はまさに人間の顔をもって茶の間にはいってきたという言い方もできるだろう。

2

「お言葉」は、まさに読んですぐに理解のできる内容である。そして新しい天皇は、自らの立場を明確にしている。それはどのような立場か。つぎのように理解していいであろう。〈昭和天皇の御遺徳に思いを至せば、いかなるときも国民とともにあることを念願としていたそのお心を、自らの心ともし、そして国民の皆さんとともに日本国憲法を守り、ここに定められた責務を果たしていくことを誓います。そのことによって、国運のこれからの発展と世界の平和、人類福祉の増進を願っています〉

こうした文案は、新しい天皇の意思を尊重しながら政府が作成している（当時の政府は竹下登内閣であった）。そして新しい天皇のもとに届け、改めて表現を手直しするという形で完全稿となっていった。このときに、末尾にある「皆さんとともに日本国憲法を守り」という部分の「皆さん」が、「国民」となっていた。それを自らの希望で、「皆さん」と手直しをしたとされている。

実際に、テレビを見ていて気づいたことなのだが、この部分を読むときの新天皇は、ゆっくりと参列者を見回したのである。そのことは、確かに国民とともに、私も進んでいきたいとの意思を明らかにしたということができる。この「即位御朝見の儀」は、皇居松の間において行なわれたが、そこには各皇族、竹下首相をはじめ衆参両院議長、最高裁長官など二百四十三名が出席していた。国民の代表ともいうべきこうした立場の要人に、「皆さんとともにある」との考えを披瀝したという意味にもなった。

新天皇は明らかに現代社会の約束事、あるいは過去と未来をつなぐ現在の状況をそのまま肯定して、「天皇は定められた役割を果たす」というのであった。もうひとつ別な見方をするなら、昭和天皇は国民の上に存在する君主ということがいえたが、新天皇はそうした立場ではなく、国民とともに横にならんで、この国を新しい方向に進めていきたいとのニュアンスを正確に伝えようとしていたともいえるのである。

そこにこめられた思いは、昭和という時代とは、大きく変わっていくことが予想された。同時に、昭和史がもっていたイメージ（そこにはしばしば戦争というイメージが重なるが）もまた徐々に変わっていくことを予想することができた。

3

昭和天皇は、大正天皇の崩御とともに践祚《せんそ》の儀式を行なったが、即位の礼は大正天皇の喪があけた昭和三年（一九二八）に行なわれた。一月からいくつかの儀式（四十四に及ぶ）が始まっていき、そのクライマックスは十一月十日であった。京都御所で行なわれた「紫宸殿《ししんでん》の儀」「大嘗祭《だいじょうさい》」がそうである。

「即位の礼」では、新天皇が皇位を継承したことを天皇家の祖先に告げるとともに、内外に即位を知らせる意味をもつ。このときに勅語が発せられるが、この勅語はもとより漢文体の国民にはなかなかなじみのない内容である。たとえば、昭和天皇の勅語の冒頭は、「朕《ちん》惟《おも》フニ我カ皇祖皇宗惟新《いしん》ノ大道ニ遵《したが》ヒ天業ヲ経綸《けいりん》シ万世不易ノ丕基《ひき》ヲ肇《はじ》メ……」で始まり、その末尾は「有衆其レ心ヲ協《かな》ヘ力ヲ戮《あわ》セ私ヲ忘レ公ニ奉シ以テ朕カ志ヲ弼成《ひっせい》シ……」となっている。むろん現代にあっては、一読してもすぐにはわからない。

この勅語の言わんとするところは、〈私は皇国の大道を守り、それを発展させていくが、国民もまた天皇のその意を理解して天皇を輔《たす》けるようにせよ〉といった意味になる。

もとよりこの時代は、天皇に国家の主権があったわけだから、このような内容でかまわないといえたわけだが、そこにはひとえに国民には臣民の道が説かれていたことにもなる。前述のように、天皇が国民の上位にあり、その国民に天皇を輔佐《ほさ》するよう求めたものともいえた。この勅語は確かに二面性をもっていて、一面で天皇機関説としての側面、もう一面で天皇神権説としての側面である。天皇を大日本帝国のもっとも重要な機関として捉え、ここに国民の意識を収斂《しゅうれん》するとともに、天皇の神権化を認めるとのニュアンスである。

昭和という時代の前半期（昭和二年から二十年八月までとなるが）は、この天皇の神権化の道をまっしぐらに進んだ。それは天皇の大権を付与されていた政治・軍事指導者の意図したことでもあったが、政治的にはこの勅語は彼らの暴走を阻むことはできなかったと解せられる。

新天皇の「御朝見の儀」の「お言葉」は、父・昭和天皇とはまったく異なる内容であった。これほど大きな変化が、天皇家の「父と子」の間に起こったのは珍しいことだった。一般的にいうなら、新しい天皇は先帝の遺訓やその理念とするところを受けつぐ、あるいはその文化的、歴史的役割を守り、発展させるという意思を示すのだが、昭和天皇と新天皇の間にはそれはなかった。昭和天皇の勅語は、「践祚後の朝見の儀」に発せられたが、新天皇のもとでは「即位後朝見の儀」といわれ、勅語にかわって「お言葉」という誰にもわかりやすい表現になったのをみても、今後は断絶が生まれることが予想できるのである。

4

しかし、新天皇は、「お言葉」のなかで昭和天皇の「御遺徳」や「御心」を守っていくことは正確に国民にむけても発している。「御在位六十有余年、ひたすら世界の平和と国民の幸福を祈念され、激動の時代にあって、常に国民とともに幾多の苦難を乗り越えられ」という部分のなかに、昭和天皇を位置づけていることがわかるのである。

この論には、天皇制に批判的な論者から、昭和天皇の戦争責任論が欠けているとの批判が起こっている。なかには戦争責任の文言をいれるべきだと主張するグループや集団もあった。

だがはたしてそのように簡単に言えるだろうか。私はかつて拙著（『天皇家とその時代』）のなかに次のように書いた。長くなるが、その一節を書いておきたい。

「新天皇の言葉は、父昭和天皇についての総括をし（前半）、次いで自らがどのように天皇としての心構えをもって歩んでいくか（後半）、を明らかにしている点ではセットになっていて、後半の自らの心構えは前半の轍《てつ》を訓としてというようにも読める。その微妙な亀裂を解く鍵は、実はこれまでの新天皇の歩みにあると思える。

一説によれば、新天皇は皇太子時代のある時期（少年期から青年期にかけてと思われるが）に、太平洋戦争のプロセスのなかで父昭和天皇に戦争責任があると理解して相当の悩みを持ったという。昭和天皇の逝去後、新天皇紹介のなかでこのことに触れたメディアもある。しかし、これは昭和二十年代から三十年代にかけて少年期から青年期を迎えた者ならば、誰もが持っている経験のはずである」
昭和二十年代、三十年代に日本社会には確かに世代間の亀裂が深かった。それは〈戦争〉についての理解をめぐってであり、誰もがそのギャップに悩んだ時代である。とくに新天皇は、小泉信三やバイニング夫人に少年期に教えを受けている。そして、天皇以下の世代はそれぞれに自らの納得する答えをさがすために学びを身につけた。

各種の書物によれば、新天皇は皇太子時代に父・昭和天皇とこうした会話を交わしたという。そこで昭和天皇から、立憲君主制下の君主のあり方を学んだ。新天皇自身も記者会見などで語っているが、自らの疑問に答えをだすために、一方で『西園寺公と政局』、『木戸幸一日記』をはじめとする昭和史の第一次資料にふれたという。こうした資料を細部にわたって検討を続ければ、当時の昭和天皇の立場は確かに明らかになってくる。そういう検証の結果、新天皇は父・昭和天皇が立憲君主制を守り、実質的に輔弼《ほひつ》、輔翼の任にあたる臣下の者の政策に異を唱えることのできない立場に立っていたことを知ったとも話している。

昭和四十年代後半のなんどかの宮内記者会との会見で、そのような自らの考えをはっきりと示していた。このころの記者会見で、「明治以後、政治に関わりをもたれたこともあったが、本来は政治から中立的で、それらを超えたものであり、今後もそうであらねばならないと思っている」と語ってもいる。こうした考えは、明治以後の大日本帝国憲法下での天皇制は政治・軍事の両面にですぎた（というより、だされてしまったという意味だが）との自省をもっているとの発言につながった。

5

新天皇の「即位御朝見の儀」の「お言葉」は、昭和天皇の内省をも間接的に含んでいるのではないか。それだからこそ、この「お言葉」は、昭和という時代を見つめるときの新しい視点になるのではないだろうか。新天皇があえて「皆さん」という語を用いた理由も真摯に考えてみる必要がある。そこに天皇と国民の新しい出発があるように思えるのである。

〈参考資料〉

一、『天皇家とその時代』（保阪正康著、平成五年、朝日ソノラマ）

二十七、「沖縄のこころ」を世界に伝えたい――翁長雄志知事の平和宣言

平和宣言

二十数万人余の尊い命を奪い去った地上戦が繰り広げられてから、七十三年目となる六月二十三日を迎えました。

私たちは、この悲惨な体験から戦争の愚かさ、命の尊さという教訓を学び、平和を希求する「沖縄のこころ」を大事に今日《こんにち》を生きています。

戦後焼け野が原となった沖縄で、私たちはこの「沖縄のこころ」をよりどころとして、復興と発展の道を力強く歩んできました。

しかしながら、戦後実に七十三年を経た現在においても、日本の国土面積の約〇・六%にすぎないこの沖縄に、米軍専用施設面積の約七〇・三%が存在し続けて

おり、県民は、広大な米軍基地から派生する事件・事故、騒音をはじめとする環境問題等に苦しみ、悩まされ続けています。

昨今、東アジアをめぐる安全保障環境は、大きく変化しており、先日の、米朝首脳会談においても、朝鮮半島の非核化への取り組みや平和体制の構築について共同声明が発表されるなど緊張緩和に向けた動きがはじまっています。

平和を求める大きな流れの中にあっても、二十年以上も前に合意した辺野古への移設が普天間飛行場問題の唯一の解決策と言えるのでしょうか。日米両政府は現行計画を見直すべきではないでしょうか。民意を顧みず工事が進められている辺野古新基地建設については、沖縄の基地負担軽減に逆行しているばかりではなく、アジアの緊張緩和の流れにも逆行していると言わざるを得ず、全く容認できるものではありません。「辺野古に新基地を造らせない」という私の決意は県民とともにあり、これからもみじんも揺らぐことはありません。

これまで、歴代の沖縄県知事が何度も訴えてきたとおり、沖縄の米軍基地問題は、日本全体の安全保障の問題であり、国民全体で負担すべきものであります。国民の皆様には、沖縄の基地の現状や日米安全保障体制の在り方について、真摯《しんし》に考えていただきたいと願っています。

東アジアでの対話の進展の一方で、依然として世界では、地域紛争やテロなどにより、人権侵害、難民、飢餓、貧困などの多くの問題が山積しています。

世界中の人々が、民族や宗教、そして価値観の違いを乗り越えて、強い意志で平和を求め協力して取り組んでいかなければなりません。

かつて沖縄は「万国津梁《しんりょう》」の精神の下、アジアの国々との交易や交流を通し、平和的共存共栄の時代を歩んできた歴史があります。

そして、現在の沖縄は、アジアのダイナミズムを取り込むことによって、再び、アジアの国々を絆《つな》ぐことができる素地ができてきており、日本とアジアの架橋《かけはし》としての役割を担うことが期待されています。

その期待に応えられるよう、私たち沖縄県民は、アジア地域の発展と平和の実現に向け、沖縄が誇るソフトパワーなどの強みを発揮していくとともに、沖縄戦の悲惨な実相や教訓を正しく次世代に伝えていくことで、一層、国際社会に貢献する役割を果たしていかなければなりません。

本日、慰霊の日に当たり、犠牲になられた全ての御霊《みたま》に心から哀悼の誠を捧げるとともに、恒久平和を希求する「沖縄のこころ」を世界に伝え、未来を担う子や孫が心穏やかに笑顔で暮らせる「平和で誇りある豊かな沖縄」を築くため、全力で取り組んでいく決意をここに宣言します。

平成三十年六月二十三日

沖縄県知事　翁長雄志

1

この平和宣言は、平成三十年（二〇一八）六月二十三日の「沖縄全戦没者追悼式」での、翁長雄志《おながたけし》知事の発した宣言である。この宣言について、琉球新報は、「遺族ら約五千百人が参列し、教訓を次世代につなぎ、恒久平和を求めることを誓った」と書いている。確かにこの時は、戦後七十三年の慰霊の日であった。

この宣言を細かく分析していくと、沖縄の歴史、現実、そして県民の怒りを含めてその感情が、正確に刻まれていることに気がつく。言うまでもなく太平洋戦争下の沖縄戦は、本土決戦と理解すべきである。沖縄という地が戦場になり、そこでは非戦闘員が戦闘に巻き込まれただけでなく、県民が日本軍からも様々な形で戦闘の犠牲とされる姿もあった。軍事指導者があのまま戦争を続けていたら、アメリカ軍が上陸するはずであった鹿児島湾や相模湾《さがみわん》などで沖縄と同様の光景が描かれるようになったであろう。そういう想像力を持って、この翁長知事の平和宣言をよく読むことが必要になってくる。

さらにこの宣言の中で、翁長知事は「沖縄のこころ」という表現を用いて、沖縄の現実に触れている。翁長知事の言にはしばしば用いられる言葉なのだが、「(戦後七十三年を経た今でも）日本の国土面積の約〇・六％にすぎないこの沖縄に、米軍専用施設面積の約七〇・三％が存在」する不合理を指摘している。近代日本史に触れていけばいくほど、沖縄の現実は日本の政治、軍事、文化、さらには歴史の矛盾や不合理をそのまま押し付けられていることに気がつくのである。翁長知事の平和宣言は、こうした矛盾の皺寄《しわよ》せの中で生きる沖縄の人々の苦悩や苦痛を正直に語っていると言えるのではないか。

「沖縄のこころ」とは何か。これについても翁長知事は説明しているのだが、一言で言えば「平和で誇りある豊かな沖縄」ということになる。これはなんとも当たり前のように思えるのだが、当たり前だからこそ実は重いと言えるのであろう。この当たり前のことが実現していないという沖縄こそ、問題だという意味になるように思う。今なおごく当たり前の日常を要求している知事の言に、私たちは正直に応じなければならないとの覚悟を持つべきなのである。この平和宣言はそういうことに気づかせてくれたという意味で、重要なのだと、私は繰り返しておきたい。

2

翁長知事は、もともとは保守系の政治家の父親のもとでそだち、那覇市の市議会議員、沖縄県議会議員などを経て保守系の那覇市長になった。一家あげて自民党の、いわば現地の保守陣営の大物の家庭に生まれ育った生粋の保守政治家であった。日米安保条約のもとで、沖縄の基地問題は普天間《ふてんま》基地をゆくゆくは辺野古《へのこ》に移す、そのために埋め立てを始め、基地の設営に向けて政策を進めるというのが自民党の政策として採用されている。これに対して沖縄では、反対の声も強い。二〇一四年の名護《なご》市長選から始まり、名護市議選、さらには沖縄知事選、そして衆議院選挙と、この二〇一四年だけでも辺野古移設に反対という沖縄の民意は疑う余地のないほどに明確に示されている。

にもかかわらず当時の安倍晋三《あべしんぞう》政権は、そういう声を無視して辺野古にこだわり続けている。いわば沖縄の民意など知ったことか、というのが一貫した姿勢であった。

先に述べたように翁長知事は父親の代から自民党の有力者であった。自身もその流れにつながる政治家であった。政治活動の方向は自民党と重なり合ってきたのである。しかし翁長知事はある時から徹底した反対論者に変わった。沖縄に過重なまでに依存する基地の姿は、むろん日米安保条約に基づいており、翁長知事もその重要性を認識しているわけだが、しかし民意を犠牲にしての安保条約などあり得ないというのがその主張の根拠である。

その点について翁長知事はその著書（『戦う民意』）の中で、次のように言っている。

「今後、辺野古で埋め立て工事の強行が続けば、地元における激しい反対運動はさらに大きなうねりとなって、世界に発信されていくでしょう。そのとき、日本の、アメリカの民主主義があらためて問われることになります」

民意をこれだけ拒否するとはどういうことだろうか。日本とアメリカの民主主義が泥をかぶる状態になることだという主張に行き着いたかのようである。こうした信念は翁長雄志という人物の政治姿勢というより、沖縄の過去（歴史）を背負った姿の中からごく自然に生み出されたものなのであろう。

翁長知事の父親助静《じょせい》は教員出身で、沖縄戦で全くの焦土と化した糸満《いとまん》市摩文仁《まぶに》に野ざらしにされた白骨を集めて、「魂魄の塔」建立の役を果たした。助静は真和志《まわし》市長、翁長の兄助裕《すけひろ》は副知事を担った。いわば保守政治の渦中にありながら育ったというべきであった。

しかし翁長は父親たちが、あらゆる人たちの遺骨と向き合った感情をその著書の中で次のように書いている。

「戦火で荒れ果てた地に散乱する遺骨を前にした時、沖縄戦を生き抜いた私たちの先輩は、軍人の遺骨だからとか、憎むべき敵、米兵の遺骨だからというわだかまりを持つことはありませんでした。誰に看取《みと》られることなく、この地で死んでいったものへの哀悼の気持ちと、死者は丁重に扱わねばならないという真摯な思いを持って対応したのです」

これこそが沖縄県民の慰霊の心の出発点だというのである。翁長知事の心中に宿っているこういう感性が、「平和宣言」の根幹をなす「沖縄のこころ」ということになろうか。

3

もう六年前になろうか、自民党の勉強会で、ある作家の講演時に、沖縄の新聞はつぶさないといけないといったような言が吐かれ、それに呼応する形で現職の代議士の間で、沖縄の二紙に広告を出すなという暴論が出て、ひと騒ぎになったことがあった。それが六月二十五日ごろだったように思う。非常識な意見だというので、問題になったにせよ、私が最も驚いたのは「六月」に平気でこういうことを言ってのける歴史感覚のなさである。言うまでもなく六月は沖縄にとってどういうときなのか、沖縄戦の追悼の月ではないのか、というのが私の驚きであった。

こういうときに平気で、沖縄の人々を愚弄するような言を吐くというのは、単に沖縄の人を侮辱しているだけでなく、沖縄戦の犠牲になった数多《あまた》の人たちを踏みにじることに通じている。

この折、六月三十日に、私は地元の新聞社の政経懇話会で講演をすることになっていた。その講演で、演題を変えてほしい、なぜこういう暴論が平気で吐かれるのか、そのことを考えてみたいと思うと話して、歴史上の本土決戦の実態について論じた。いささか興奮した口調になった私としては暴言への怒りを抑えることはできなかった。

講演が終わると何人かの人が私の元に寄ってきた。代表的な財界人が、「今日の話はよくわかった。私たちは二紙に広告を出し続けますよ」と言った。彼は涙ぐんでいたのである。こういう人でも涙ぐむというのは、よほど肚《はら》にすえかねるということである。こういう状況をどのような表現で語るべきなのか、私は翁長知事の著書を読んでよく理解ができた。次の表現は重要である。

「沖縄の政治は、基地の全面撤去を求める革新派と、経済復興のために条件付き容認の立場をとる保守派との間で長年対立が続き、『基地か経済か』という問題提起しかできませんでした。しかし、ここに来て、いま求められているのは、沖縄に生きる人々の『生活のための政治』です」

翁長は、人々の当たり前の生活を阻《はば》んでいるのが基地だというのである。そのことを主張するときには、保守も革新も関係ない。そういう立場が沖縄の基本的な立脚点だと主張する。その集大成がこの平和宣言の骨子であり、精神だということになるのであろう。沖縄の基地問題は、日本の安全保障に関わることであり、国民すべての問題だとこの平和宣言は訴えていることになる。沖縄から発せられた日本国民の悲願というのが平和宣言と考えれば、この一字一句は私たちの精神の発露と言っていいように思う。

4

翁長は沖縄県の知事として、東京に出てきては陳情を繰り返していた。その体験を通して何がわかったかも書き残している。

那覇市長のポストを離れ、県知事選挙に立候補したのは二〇一四年十月だった。当時の仲井眞《なかいま》弘多《ひろかず》知事が辺野古の埋め立てを認める方向を打ち出したことに対抗する形での立候補であった。知事選では、十万票の差をつけて当選している。以来、辺野古基地を断念するように訴える活動を各方面に積極的に開始している。国連人権理事会総会でも基地問題を人権問題として訴えている。

こうした働きを翁長はつぶさに自著にも書いている。しかし翁長の筆が重い意味を持つのは、二つの事実が紹介されている点にある。その二つを併記しておこう。

「私が知事に就いてまずやろうとしたのは、安倍総理に会って沖縄県民の意思を伝えることでした。しかし、面会を何度申し入れても、まったく会えない月日が流れました。(略)いずれ会える日も来るだろうと、私はぐっとこらえて年末年始を過ごしました」

「(引退した後藤田正晴《ごとうだまさはる》に会った折に) 突然、こういうふうにおっしゃいました。『俺はな、沖縄に行かないことにしているんだ』(略)『沖縄の県民に申しわけなくてな。俺は顔をまっすぐ見られないんだよ』先生は突然、涙声でそう言われました。胸がつまりました」

沖縄開発庁長官を務めた山中貞則《やまなかさだのり》などの世代の政治家もそういうタイプであった。

私は、後藤田とはわりに心を許して会話を交わしたから、この意味がよくわかる。沖縄戦であれほどの犠牲をこの国は要求した。県民は戦火の中に、まさに楯《たて》のような存在と化した。後藤田はそのことを言っているのである。

沖縄県知事に会おうともしない政治家たちと、引退したとはいえ沖縄戦の話を思い出して涙を流す政治家との間にある歴史観の違いはこれほどの開きがある。この開きに対して、私たちはどのような感想をもつべきであろうか。私たちは次の三点を改めて理解する必要がある。
1、沖縄戦で戦死した県民、およそ十万余の御霊を想う
2、戦後の米軍基地による加害の実態についての認識
3、沖縄県の未来に対する日本社会の責任と義務

この三点において、現在もまだ充分に総括しないできたのが日本社会である。総括しないどころか、むしろ金で横っ面を張り飛ばすような仕打ちを繰り返してきた。あるいは煮え湯をのませてきた。そして無責任な人は沖縄戦が民間人を巻き込んだ本土決戦の先駆けとなった悲惨さを忘れている。そして一部の代議士のような無知な発言を繰り返している。この構図が解体されるのはいつのことなのか。それは私たち国民の戦争の継承の姿と関わりを持っている。

無神経な言動は無責任であり、歴史を自省する姿勢の欠如である。

ジャーナリストの松原耕二が書いた『反骨——翁長家三代と沖縄のいま』という書の末尾は、「沖縄戦で米軍の砲弾を受けて亡くなった祖父、キャラウェイ（注・高等弁務官を兼ねた沖縄の米軍司令官）の強権政治に抗議する先頭に立った父。息子である翁長は、いま辺野古移設に反対して政府と向き合っている。翁長家三代の歩みは、まさに沖縄の戦後そのものと言ってもいいだろう」とある。その戦後がまだ終わっていないところに、この国

の悲劇があるということになるが、その感覚を共有することにためらう日本社会は、戦後の意味を間違えているということになろうか。

〈参考資料〉

一、『戦う民意』（翁長雄志著、平成二十七年、ＫＡＤＯＫＡＷＡ）
一、『反骨――翁長家三代と沖縄のいま』（松原耕二著、平成二十八年、朝日新聞出版）

二十八、天皇の素朴な「人間の声」——天皇の退位についてのおことば

退位礼正殿の儀の天皇陛下のおことば（平成三十一年四月三十日）

今日《こんにち》をもち、天皇としての務めを終えることになりました。

ただ今、国民を代表して、安倍内閣総理大臣の述べられた言葉に、深く謝意を表します。

即位から三十年、これまでの天皇としての務めを、国民への深い信頼と敬愛をもって行い得たことは、幸せなことでした。象徴としての私を受け入れ、支えてくれた国民に、心から感謝します。

明日《あす》から始まる新しい令和の時代が、平和で実り多くあることを、皇后と共に心から願い、ここに我が国と世界の人々の安寧と幸せを祈ります。

1

天皇が生前退位するのは、近代史の時にはなかったが、現代史に入って初めて実行されることになった。近代日本の天皇制は、「皇室典範」によって終身在位であり、加えて男系男子の継承が決まっていた。

明治、大正、昭和と三代の天皇は、自らの死が天皇としての役割を終える時であった。その日まで寝たきりの状態であろうが、天皇としての役目が課せられていたのである。平成の天皇は、こういう制度がいかに非人間的かを訴えて、生前の退位を認めるように訴えた。それが平成二十八年（二〇一六）八月のことであった。

その時の「おことば」の中には、「(私も) 既に八十を越え、幸いに健康であるとは申せ、次第に進む身体の衰えを考慮する時、これまでのように、全身全霊をもって象徴の務めを果たしていくことが、難しくなるのではないかと案じています」という一節がある。「天皇が健康を損ない、深刻な状態に立ち至った場合、これまでにも見られたように、社会が停滞し、国民の暮らしにも様々な影響が及ぶことが懸念されます」とも訴えている。そういう事実を語ることによって、生前退位の方向を認めてほしいといった意味合いを強調されている。

このおことばは、その趣旨は以上のようなことになるのだが、もう一面でご自身が天皇に即位してから二十八年、「私はこれまで天皇の務めとして、何よりもまず国民の安寧と幸せを祈ることを大切に考えて来ました」とも話されている。国民との間に、相互にコミュニケーションが成り立ったことを何よりも喜びとしている心中も明かしている。

天皇自身がそのようなお気持ちを、国民に直接明かすというのは極めて重要なことである。これまでの天皇には考えられなかった。それだけにご自身のお考えになっている皇室安泰の心情は、いかに深いかを感じさせることにもなっている。平成の天皇のおことばは、本来ならこちらの方がより重大であるようにも思うのだが、本書ではこの国民への呼びかけではなく、このおことばが結局は実り、政治の側の配慮で生前退位を認める立法措置が決まった、そして退位をされることになったその時（平成三十一年四月三十日）の「おことば」を引用している。

ここに引用したおことばは、生前退位を認めてほしいと訴えた国民むけのおことばと一体になっていると理解すべきであろう。私自身は、退位を訴えられる前の数年間、作家の半藤一利《はんどうかずとし》さんと平成の天皇と皇后にお会いしたことがあった。昭和史について雑談を行うという懇談会でもあったのだが、こういう機会にお二人の歴史に向き合う真摯《しんし》な姿勢の一端を知り、深い感銘を受けた。そのことは記しておきたいと思う。

2

改めてこの「おことば」を分析してみたい。いくつかのことに気がつくはずである。私は極めて重要なこととして次の三点をあげておきたい。

1、自らの考えに沿った立法措置に対して感謝されている。

2、象徴天皇の確立を国民に伝えている。

3、令和が平成の精神を継ぐ形になってほしい。

この三点を、さして長くないおことばから吸収するべきであろう。私は、実はこうしたおことばの伏線になっているのが、この年の二月二十四日に行われた在位三十年を祝う式典でのおことばだと思う。平成の天皇は、この時に次のようなことを述べられた。

「平成の三十年間、日本は国民の平和を希求する強い意志に支えられ、近現代において初めて戦争を経験せぬ時代を持ちましたが、それはまた、決して平坦な時代ではなく、多くの予想せぬ困難に直面した時代でもありました」

全文千五百字程度の中に盛られた一文である。無論これは重要な意味がある。はっきり言ってしまえば、平成という時代には戦争がなかった、国民に多大な犠牲を要求する戦争がなく、そのことは「天皇のために」と叫んで死んでいく国民がいなかったことが、自分にとっては最大の喜びであると言っているのに等しい。天皇という務めを果たすことができたのは、国民の象徴天皇制への協力のおかげであり、自らがそういう国民とともに象徴天皇像を作るために、精一杯努力してきたことが実ったというのは喜びであるという意味でもあった。

平成の天皇が、その役割を終えるにあたって国民に示した「おことば」は、前述のように三点の骨格から成り立っている。やはり重要なのは、2であるということになるであろう。象徴天皇制とはどのようなものか、そのことを確認し、ご自身も納得しておられるというのが自負になっていることがわかる。結果的にと言っていいのだが、近代天皇制は明治、大正、昭和（昭和の場合は前半期になるのだが）のいずれの時代にも天皇制絶対の超国家主義的国家として、天皇は位置付けられていた。天皇は自らの意思を表にださない君主のような存在であった。平成の天皇はそういうシステムの時代ではない時に育った。いわゆる戦後民主主義の時代の天皇である。

この時代の象徴天皇制は、どの天皇も挑んだことのない天皇であった。平成の天皇は、美智子皇后とともにその像の確立を目指して努力を続けた。まさに手を携《たずさ》えてである。といってもその中心はあくまでも天皇であり、天皇の強い意思を皇后が支えるという図式だったのである。

象徴天皇は平成の天皇が皇后の協力で独自につくり上げた天皇像であるということは、歴史的にも妥当性を持っているとの理解から出発しているのであろう。その部分は在位三十年の式典でも以下のように語られている。

「憲法で定められた象徴としての天皇像を模索する道は果てしなく遠く、これから先、私を継いでいく人たちが、次の時代、更に次の時代と象徴のあるべき姿を求め、先立つこの時代の象徴像を補い続けていってくれることを願っています」

ここに盛られている内容は、象徴の像はどのようなものか、それははっきりとした形はない。私は私の思う形で、象徴像をつくってきた、しかしそれとて完全とはいえない。いや、むしろ象徴天皇像を求める道筋はあまりにも長い。私に続く天皇はぜひ私のつくった像の不足部分を補ってほしいと、みずからの天皇像の継承を訴えていたのである。

それゆえに天皇という立場を離れる平成の天皇の、このおことばはまさに歴史的意味を伴って、私たちに時代の移り変わりを教えているというべきであった。

あとがき

本書にとりあげた檄文の主役たちを見てみるといい。訴えている字句はちがい、内容や行動も千差万別である。しかし、その底に流れる思考のかたち、行動の起点には、何か共通のものが見つかりはしないだろうか。たぶん、そこに日本人の原型というものがあるのだろう。

三年ほどまえである。立風書房の富田和男氏と談論している折りに、〈檄文〉に類するものをまとめて、そこから昭和の行為者の共通項をひきだし、彼らの意図したものをさぐってみたらどうだろうかということになった。当然のことだが、行為者の意図と歴史的評価は異なっているだろうから、そのちがいを浮かびあがらせて、〝昭和史〟を分析してみるのも参考になるのではないかということになった。

富田氏と編集・制作の内田光雄氏をまじえ、その方向を確認し、討論しながら、本書を書きすすめた。

「檄文昭和史の最後は、三島由紀夫の事件で終わるべきか、それとも、十六歳の少年の自殺でとめるべきか」——議論を重ねた。「さみしくってしようがない。どう生きていいかわからない」という少年の遺書は、昭和という時代を象徴的に語っているのではないか。少年の涙こそ、昭和の庶民の側からの自己主張ではないのか……と私は思う。

また、本書に収めることはできなかったが、昭和前史の神兵隊《しんぺいたい》事件、農村青年社、死なう団事件、昭和後史の社会党創立、食糧メーデーの際のプラカード事件、全学連結成、山《やま》崎晃嗣《ざきあきつぐ》の光クラブ事件、浅沼稲次郎委員長刺殺事件なども稿を起こした。いずれも、昭和史を語るうえで欠かせないと思う。が、残念ながら、紙数の関係で割愛しなければならなかった。

本書ができるまでに、辛抱づよく原稿ができるのを待ってくれた富田氏に謝意を表したい。校正の段階で、細部にわたりチェックし、ときに資料収集まで行なってくれた内田氏の労も記しておきたい。

いつもながら、一冊の本が上梓されるまでに、多くの人の協力があることを、実感として感じつつ筆をおきたい。

昭和五十五年七月

保阪正康

文庫版あとがき

かつて自らが歩いた道をふり返ってみたとき、どのような感情がわくのが望ましいのだろうか。

本書(単行本)を刊行したのは、昭和五十五年(一九八〇)八月十日であった。たまたま編集者と話をしていて、昭和史の檄文を集めたような書を刊行したらどうだろうか、という話題になった。それもいわゆる檄文といって狭い範囲に限るのではなく、何事かを身を賭して訴えた人たちのその言い分という範囲に広げてみたらどうだろうか、となって、編集者から刊行してみようと勧められた。私にも新しい発見があるかもしれないとの思いもあった。

古代中国では、板に敵の罪状や自らの正当性を訴える一文を書いて人びとに知らせたのだという。不正や不義に起ちあがることを呼びかけたりしたともいうのだ。それが檄文の本来の意味だという。そのような示唆を受けて編んだのが単行本であった。

当時、私は四十歳を超えたばかりで、昭和史研究の道を走り始めていた。昭和史に関する聞きがきを始めて五年ほどを経ていたが、この時代の奥には多くの人間の率直な表情が隠されていることを知り始めたころでもあった。本書もまたその関心から集めた出来事、事象によって編まれていた。

それから二十三年の時間が流れている。旧知の長田匡司氏（朝日新聞社出版本部文芸編集部）から、「この書を文庫にしないか」との連絡があった。一瞬、私には照れ臭さが走った。かつての自分の歩みのなかに、少なくとも現在よりはまだ感性もあり、社会的な関心も深く、そして体力も充分動かせる時代があったことを、この単行本を手にするたびに感じていたからだ。表現も練られていない部分もあるかと思うが、そうしたことを含めての照れでもあった。あるいは、老年のとば口に立った今、しばしば思いだす青年から壮年へ移行するときの活力に対する羨望でもあった。そのような照れと羨望にむかいあうことにしたのも、今いちど自分をふり返りたいと思ったからである。

昭和五十六年から六十四年一月までの昭和という時代のなかから、新たに四項の出来事や事象を補筆して文庫を編むことになった。できるだけ当時の感覚に沿いながら補筆を行なった。単行本段階の各編については、その後の私の感覚とは異なるところもあるが、あえて手直しししていない。事実の誤認はないが、それでも補足しておきたいことは、各編の末尾に四行から五行の範囲で付記としてつけ加えた。

加筆した四項の出来事や事象のほかにも、つけ加えるべき事象もあるかと思ったが、しかし現実社会になんらかの衝撃を与えたという枠内でこの四項にしぼった。

昭和五十年代半ばから六十年代にかけて、いわゆる檄文に類するものがあるか否かを調べてみると、政治にかかわる出来事が少ないことにも気づいた。バブルの時代、日本社会は誰もが浮足立って地に足のついた考えから遠ざかっていたのかもしれない。昭和という時代のさまざまな局面のひとつがこの時期からも浮かんでくるように思ったのである。

私としては、本書が文庫版として改めて多くの人の目にふれることで、昭和史のさまざまな局面を理解してほしいとの願いをもっている。昭和という時代には、多様な人たちの多彩な叫びがあったのだが、そのような声に耳を傾けておくことは必要である。文庫版にあたっても、やはりそうした意図をもって加筆、補筆を行なったことをつけ加えておきたい。

長田氏の励ましとご協力に改めて感謝したい。まだ二十代初めのとき、この書にふれて私を知ったという言を聞いたとき、この書が文庫版になることの喜びを私は心底から感じたのである。

また解説をひき受けていただいた半藤一利氏にも謝意を表したい。

平成十五年（二〇〇三）五月

保阪正康

新書版あとがき

本書を単行本で著したのは、もう四十年ほど前になるのだが、その後文庫版に収められることになって、いくつかを加筆したり、補筆を行った。今回平成という時代をふくめて改めて改訂版を刊行するにあたり、最後の二篇（沖縄県知事の平和宣言、平成の天皇の生前退位）を加えて、充実を図った。この二篇の他にもオウム真理教や3・11での忘れられない事件があり、遺族の追悼の言葉などもあらたな時代を感じさせるにせよ、事実がすべて解明されていないこともあり、文意をそこなうことになりかねないと掲載はやめることにした。

事件、事象の一つ一つには、当事者の意思や意向、意味がこめられている。とくに同じような傾向の事件、事象には必ずと言っていいほど共通点がある。私が檄文や蹶起趣意書に関心を持つのは、この共通点が面白いからである。例えば、五・一五事件では我々は軍閥を倒すという一節に驚く。二・二六事件ではこのことがさらに強い言葉で軍閥批判に向かっていく。五・一五事件と二・二六事件の二つは多くの点で共通点を持っていると見れば、分析の点でも重なりあう特徴を見出せるということになる。

昭和史の決行者たちはだいたいが美文調のかきものを残す。漢文の素養があったり、元々は活字によって人格錬磨する方法で生きてきたからだ。従って自らの行動を客体化して見つめる余裕も持っていた。本書で取り上げた事件、事象についてもうすこし語るならば、行動第一主義ともいうべき特徴を持つタイプが多い。本書で充分に読み抜けたか否かはわからないが、彼らの孤独感や寂寥《せきりょう》感は行為の後にそのカーブが高まっていくように思う。私はここに取り上げた人物はいずれも典型的な日本人だったと思う。


本書は昭和が中心だが、そのあとは平成や令和などの時代に入る、この二つの時代は昭和とどう違うのか、その相違点の比較がまた日本人論になるであろう。本書では、天皇の姿がもっとも異なることに触れているのだが、国民の間にはどういう変化が起こったか、その点を客観的に見ておく必要もある。

オウム真理教の過激さと指導者に黙々と従う姿を見て、これは昭和の軍隊と同じ姿ではないかとの不安も感じられた。私はいずれ日本にはまた危険なファシズム体制の時代が来るのではないかとの恐れも感じている。日本は戦争の真の悲劇を教訓としていない、そのことに気がつくと、改めて愕然としてしまうのだ。むろん太平洋戦争下の悲劇は同じ構図ではやってこない。形を変え、中身を変えて、さらにはその装いも変えてやってくる。そういうファシズムや全体主義に抵抗する精神がどのように成り立つのか、私たちはよく歴史に学ばなければならない。

令和という時代は、昭和、平成とは全く異なった時代背景を作りつつある。むろんそれはコロナ禍とも関わりを持っている。コロナ禍によって私たちはこれまで全く予期しない時代を迎えることになるように思う。政治的にはファシズム体制、心理的には合理的精神の破棄、そして社会から連帯の絆が消えていくことになるであろう。

つまりあまり住みやすい世の中とは言えないのではないかと思えるのである。そういう時代であればこそ、冷静に世の中を見つめ、自己省察する姿勢が必要なのであろう。

あえていえば檄文や蹶起趣意書が安易に書かれていいわけはないのである。時に独りよがりの陶酔の文章などに触れることの危険性を私たちは自覚しておかなければならない。

改訂版の刊行にあたり朝日新聞出版の宇都宮健太朗氏、長田匡司氏、上坊真果氏に改めて謝意を表したい。

令和三年（二〇二一）八月

保阪正康

文庫版解説

半藤一利

1

解説の名を借りて、いきなり一席ぶたしてもらうことにする。

嘉永六年（一八五三）六月三日（太陽暦の七月八日）の、ペリー提督の率いる黒船の来航によって、近代日本が開幕した。今年（西暦二〇〇三年）は、それからちょうど百五十年後になる。その日から慶応四年（明治元年、一八六八）の明治政府樹立まで、まさしく疾風怒濤の十五年間の、いろいろな文書をこのほど読み直す機会をもった。檄文あり、斬奸状あり、機密文書あり、草創の志士たちの書簡あり、問責書あり、上申書あり、それらの文字を追っていると、何となく激動波瀾の一大ドラマの渦中にいるような気になってくる。

そして、にぎやかな歴史記録をひろい読みしてみて、いまさらのように気づいたことがある。当時の尊皇攘夷派も、開国派も、佐幕派も、討幕派も一緒になって「皇国」「皇国」

と大合唱で叫んでいる。これには大そうびっくりした。

たとえば吉田松陰は、山縣太華との論争でやっている。

「凡そ皇国の皇国たる所以は、天子の尊、万古不易なるを以てなり。苟《いやしく》も天子を易《か》ふべくんば……則ち皇国を支那、印度と何を以て別たんや」

薩摩藩と土佐藩との間にひそかに結ばれた「盟約」では、文庫本にすれば二ページにもならない長さのなかに、「皇国」が六回もくり返されている。

幕末・維新をとおしていちばん覚めていた勝海舟も、山岡鉄太郎に託した西軍総督本部への嘆願書で、半ば脅しで使っている。

「……一点不正の御挙あらば、皇国の瓦解、乱臣賊子の名目、千載の下消ゆるところなからむか」

なるほど、この時代の国民的意思統合の原動力は「皇国」の二文字にあったのだなと、よくよく推察されたことであった。

2

さて、右の伝で本書について考えてみると、通読することで、昭和二十年の国家敗亡から再生、さらには経済国家再建という、世界歴史に類をみない波瀾の昭和時代をそのままに生きる、そんな貴重な歴史を再体験することになるであろう。

そして、おそらく第十三章の厚木航空隊事件まで、つまり昭和二十年八月までの、著者のいう「何事かを身を賭して訴えた人たちのその言い分」では、ほとんどに通底しているある存在に読者は気づかれるのではあるまいか。ある人はそれを真正面に掲げ、ある人は言外に語りかけようとし、またある人はまったくそれを秘している。全部が全部そうであるとまでは言わないけれど、その視点で読めば、明らかに時代の機軸としてのある存在が、行間からくっきりと浮かび上がってくる。そこに微妙この上ない面白さもある。幕末・維新に「皇国」がキー・ワードであったように、戦前の昭和日本においては「天皇陛下」がそれであったようである。まこと、わたくしたちの生きてきた昭和前半は昭和天皇の時代であったと思わせられる。

牽強附会を承知で結論的に言えば、多くの「檄文」の訴えることとは、八章の「磯部浅一の獄中日記」の叫びにつきるようである。

「天皇陛下　此の惨タンたる国民の現状を御覧下さい」

国内政治に、外交に、軍事に、「栄光ある孤立」を謳いつつ、破滅への道をひた走った大日本帝国の惨状を、はたして陛下はおわかりでありましょうか、とだれもが痛憤し訴えるのである。天皇直訴事件の北原二等卒も、五・一五事件の青年士官も、「他山の石」の桐生悠々も、そして特攻隊員も、同じ心の叫びを歴史に残している。

では、後半の戦後日本においては？　となると、保阪さんがとりあげたもののなかから「これ」というものが見つからない。というよりも、それが戦後日本というものを象徴するといえようか。つまり、国民的意思統合のための機軸が完全に失われたまま、廃墟からの国家再建がなされ、なにを国家目標とするかを見失ったまま国家運営が、浮遊しながら惰性的につづけられている。しかも、本書の後半が投げかけてくるのは、結果として混乱と頽廃と望みなき今日があるとしか言いようのない現実である。

焼け跡派のわたくしは敗戦直後、平和国家・文化国家の大理想が国家の機軸になると、人に馬鹿にされながらも信じつつ生きてきた。そこからくるいくつものイデオロギーの激しい衝突がつづき、長いこと国家が産みの苦しみに呻吟したのは事実である。そして、文化国家建設の大目標はいつか経済大国へと変貌したし、平和国家の大いなる夢も「なみの国家たらん」といまや風前の灯となっている。周りに残されているのはバブルのツケというものばかりで、虚偽の繁栄と、底知れない無責任体制のまま、多くの人は疎外感と無力感に苛まれている。あえて本書後半の共通項を探すとなれば、その疎外感・無力感ということになるであろうか。

二十二章「少年の自殺」も、二十三章「中国残留孤児」も二十五章「〝葬式ごっこ〟自殺」も、そうした時代感情のなかで、自分が必死に生きようとした証として書かれているが、それは抗議そのものではなくて、むしろ諦めに近いものとして歴史に哀しい爪痕を残している。二十四章「グリコ・森永事件」の最後に書かれている保阪さんの言葉がずしんと胸に響く。

「(捕まらなかった犯人グループは)バブルのあの昭和狂騒曲のなかで必死に国民にむかって時代への不満を演じたのではなかったか。そして、犯罪の「バブル化」

いまの日本は、すべてがバブル化しているのかも知れない。犯罪のみならず、政治も経済も外交も国防も、そして芸術も文学も。泡のごとくフワフワとしている。そこからは緊張感や真剣さ真面目さはどこにも感じられない。本書のために加筆された四つの章では、保阪さんはそれが言いたいために筆をとったのでもあろうか。

3

以上、解説にならざる解説を書いたようである。もともとが「檄文」一つ一つに寄せる保阪さんの細にわたり微に徹した解説によって成立している本なのである。余計なことを書けば書くほど、屋上に屋を重ねる愚を犯すことになる。すべて蛇足になる。やりづらいこと夥《おびただ》しいものがある。と、愚痴を申し述べたうえで、昭和史を語るためには欠かせない事件のいくつかを落とさざるをえなかったことを、保阪さんも「あとがき」で惜しんでいるが、わたくし自身も是非にも保阪さんの解説を読みたかったいくつかの秘録を参考までに挙げておきたい。東大紛争・最後の時計台放送。沖縄返還・日米共同声明。日航機御巣鷹山墜落事故・あるビジネスマンの遺書。いずれもわれわれの心に永遠に残るような問題を投げかけていると思うが。

保阪さんは二十数年前に書いたものがふたたび出版されることの面映ゆさを「文庫版あとがき」で語っているが、この気持はまことによくわかる。わたくしも三十年前に書いた『日本のいちばん長い日』が再お目見えするときに、同じ思いを味わったものであった。でも、筆に勢いの強さがあり、闊達さもあり、テーマの取り組み方に真剣勝負的な一途さもある。嘘も隠しもなく、存分に楽しんで読むことができた。壮心旺盛な時代とはいいもんだよな、と保阪さんに申しあげ、文庫化をともに喜びたい。

いま保阪さんは夫人のよき助力をえつつ、「保阪正康責任編集」で年二回発行の雑誌「昭和史講座」を自費で発行している。発行所「昭和史を語り継ぐ会」で、代表が保阪さんである。本年二月刊の最新号の第九号の編集後記に「本誌は『読んでもらいたくない人』という像を想定して編んでいます。商業誌ではないのでこの点は本誌の譲れない一線です」とある。まったく嬉しくなる方針である。「読んでもらいたくない人」すなわち、世の風潮にただ乗りしたような、調子だけがいい巧言令色の徒輩であろう。そうした人びとが、とっかえひっかえでいまのマスコミに多く登場しすぎる。それらに背を向け、昭和史研究に全精根をそそぐ保阪さんの生き方には脱帽する。そして本文庫が大そうよく売れて、貴重な仕事の継続の資となるようにと祈りたい。読者よ、周りの人々に大いに宣伝されんことを。

それにしても、この「解説」を書くために本書を読んで、桐生悠々への保阪さんの入れこみようが早い時期であることをはじめて知った。若い保阪さんは力をこめて書く。「家計は底をついていた。彼のだす個人雑誌『他山の石』の購読料だけが、収入のすべてであった。しかし軍部に徹底して抗するこの雑誌の読者は、着実に減っていた。読者であることは、それだけで特高や憲兵ににらまれるからである。抵抗は貧乏を意味していた」

いまの昭和史研究家にしてジャーナリスト保阪正康は、もうこのころから一筋の道を歩き出していたのである。

（はんどう・かずとし　作家）

保阪正康 ほさか・まさやす
1939年、北海道生まれ。ノンフィクション作家。同志社大学文学部社会学科卒業。編集者を経て作家活動に。「昭和史を語り継ぐ会」主宰。延べ4千人に及ぶ関係者の肉声を記録してきた。2004年、第52回菊池寛賞受賞。『昭和陸軍の研究（上・下）』『昭和の怪物 七つの謎（正・続）』『昭和史の急所』『負けてたまるか！ 日本人』（共著）『陰謀の日本近現代史』など著書多数。

朝日新書
839

「檄文《げきぶん》」の日本近現代史《にほんきんげんだいし》

二・二六から天皇退位のおことばまで

2021年10月30日第1刷発行

著者 保阪正康

発行者 三宮博信
カバーデザイン アンスガー・フォルマー 田嶋佳子
印刷所 凸版印刷株式会社
発行所 朝日新聞出版
〒104-8011 東京都中央区築地5-3-2
電話 03-5541-8832（編集）
03-5540-7793（販売）

Published in Japan by Asahi Shimbun Publications Inc.
ISBN 978-4-02-295143-4
定価はカバーに表示してあります。

落丁・乱丁の場合は弊社業務部(電話03-5540-7800)へご連絡ください。
送料弊社負担にてお取り替えいたします。

歴史のダイヤグラム
鉄道に見る日本近現代史

原 武史

特別車両で密談する秩父宮、大宮vs.浦和問題を語る田山花袋、鶴見俊輔と竹内好の駅弁論争……。鉄道が結ぶ小さな出来事と大きな事件から全く知らなかった日本近現代史が浮かび上がる。朝日新聞土曜別刷り「be」の好評連載、待望の新書化。

警察庁長官
知られざる警察トップの仕事と素顔

野地秩嘉

30万人の警察官を率いるトップ、警察庁長官はどんな仕事をしているのか。警視総監の仕事と何が違うのか。どのようなキャリアパスを経て長官は選ばれるのか――。國松孝次第16代長官をはじめとした5人の元長官と1人の元警視総監にロングインタビューし、素顔に迫る。

ベスト・オブ・齋藤孝
頭を良くする全技法

齋藤 孝

読む・書く・話す技術、コミュニケーションの極意、魂を磨く読書、武器としての名言、人生を照らすアイデアの出し方――知的生産をテーマに500冊以上の書籍を書きついできた著者既刊から、珠玉のエッセンスを凝縮した「ベスト本」。頭が動くとはこういうことだ。

世界100年カレンダー
少子高齢化する地球でこれから起きること

河合雅司

未来を知るには、人口を読め。20世紀の人口爆発の裏で起きていたのは、今世紀中に始まる「世界人口減少」への序章だった。少子化と高齢化を世界規模で徹底的に分析し、早ければ43年後に始まる〝人類滅亡〟への道に警鐘を鳴らす人口学者の予言の書。

朝日新書

米中戦争
「台湾危機」驚愕のシナリオ

宮家邦彦

米中の武力衝突のリスクが日に日に高まっている。中国が台湾を攻撃し米国が参戦すれば、日本が巻き込まれ、核兵器が使用される「世界大戦」の火種となりかねない。安全保障学の重鎮が、複雑に絡み合う国際情勢を解きほぐし、米・中・台の行方と日本の今後を示す。

江戸の旅行の裏事情
大名・将軍・庶民 それぞれのお楽しみ

安藤優一郎

日本人の旅行好きは江戸時代の観光ブームから始まった。農民も町人も男も女も、こぞって物見遊山へ！ その知られざる実態と背景を詳述。土産物好きのワケ、関所通過の裏技、男も宿場も喜ばす飯盛女、漬物石まで運んだ大名行列……。誰かに話したくなる一冊！

データサイエンスが解く邪馬台国
北部九州説はゆるがない

安本美典

古代史最大のナゾである邪馬台国の所在地は、データサイエンスの手法を使えば、北部九州で決着する。畿内ではありえない。その理由を古代鏡や鉄の矢じりなどの発掘地の統計学的分析を駆使しながら、誰にも分かりやすく解説。その所在地はズバリここだと示す。

「檄文《げきぶん》」の日本近現代史
二・二六から天皇退位のおことばまで

保阪正康

2・26事件の蹶起趣意書、特攻隊員の遺書、三島由紀夫の「檄」など、昭和史に残る檄文に秘められた真実に迫る。天皇（現上皇）陛下の退位の際のおことば、亡くなった翁長前沖縄県知事の平和宣言など、印象に残る平成のメッセージについても論じる。